张雪莹 著

国家自然科学基金项目"政府债务对货币政策的影响
——基于利率传导渠道的研究(71573155)"资助出版

政府债务对货币政策的影响研究

A Study on the Impact of Government
Debt on Monetary Policy

中国财经出版传媒集团
经济科学出版社
Economic Science Press

图书在版编目（CIP）数据

政府债务对货币政策的影响研究/张雪莹著．—北京：
经济科学出版社，2020.4
ISBN 978 - 7 - 5218 - 1514 - 6

Ⅰ．①政… Ⅱ．①张… Ⅲ．①地方政府 - 债务管理 -
影响 - 货币政策 - 研究 - 中国 Ⅳ．①F822.0

中国版本图书馆 CIP 数据核字（2020）第 067650 号

责任编辑：于海汛 陈 晨
责任校对：杨 海
责任印制：李 鹏 范 艳

政府债务对货币政策的影响研究

张雪莹 著

经济科学出版社出版、发行 新华书店经销
社址：北京市海淀区阜成路甲 28 号 邮编：100142
总编部电话：010 - 88191217 发行部电话：010 - 88191522
网址：www. esp. com. cn
电子邮件：esp@ esp. com. cn
天猫网店：经济科学出版社旗舰店
网址：http://jjkxcbs. tmall. com
北京季蜂印刷有限公司印装
710×1000 16 开 13.5 印张 210000 字
2020 年 4 月第 1 版 2020 年 4 月第 1 次印刷
ISBN 978 - 7 - 5218 - 1514 - 6 定价：58.00 元
（图书出现印装问题，本社负责调换。电话：010 - 88191510）
（版权所有 侵权必究 打击盗版 举报热线：010 - 88191661
QQ：2242791300 营销中心电话：010 - 88191537
电子邮箱：dbts@ esp. com. cn）

Preface | 前　言

近些年来，在各国政府债务规模呈现持续增长的态势下，政府债务管理与货币政策的关系问题受到理论界和决策部门的高度重视。与之相关的一些问题也引发热烈的争论。2018 年夏天，我国中央银行与财政系统的高层研究人员之间发生了所谓的"财政金融之争"。一些专家提出："从政策层面看，我国财政政策与货币政策之间的冲突仍然较多。国债的发行规模和期限，简单从财政功能出发，只考虑财政赤字、平衡预算以及降低发行成本的需要，忽略了国债的金融属性及其在金融市场运行和货币政策调控的重要作用。应该合理界定财政政策、货币政策各自的边界，加强财政政策与货币政策的协调，形成政策合力。"2019 年 2 月，美国联邦政府债务突破 22 万亿美元，社会各界对政府债务可持续性的忧虑重燃，问世 30 余年、一直不被主流经济学接受的所谓"现代货币理论（modern monetary theory，MMT）"重新在学界和媒体兴起，其对政府债务问题的核心观点是"央行可以通过货币发行来解决财政收支不平衡，主权国家的政府债务不会违约。政府可以无限制负债，政府债务可以货币化"。这一理论触发美国学术圈和政经界的极大关注，支持者与反对者都不乏理论界和决策层的重要人物。

由上述背景看，笔者在 2015 年申报的国家自然科学基金面上项目"政府债务对货币政策的影响——基于利率传导渠道的研究"获得立项，体现出一定的前瞻性。作为过去 4 年来研究成果的总结，本书的出版在目前的环境下具有较为重要的理论价值和政策意涵。本书重点基于货币政策的利率传导渠道研究政府债务对货币政策的影响。通过构建理论分析框架并结合国内外实际数据建立计量模型进行实证检验，主要回答三个问题：

一是政府债务变量如何影响基准利率的制定，即货币政策反应；二是政府债务变量如何影响货币政策基准利率向市场利率的传导；三是政府债务变化对货币政策的最终效果有何影响。在此基础上，本书探讨政府债务管理与货币政策操作的关系，总结政府债务管理与货币政策操作协调机制构建的国际经验。最后结合中国实际情况，分析政府债务治理对货币政策的影响。

本书丰富和拓展了政府债务与货币政策关系的研究，为央行在政府债务压力约束下，把握好货币政策的节奏和力度、准确掌控货币政策的传导机制、加强货币政策与政府债务管理及财政政策之间的有效协调与配合提供了理论支持；对于我们理解中国地方政府债务风险、构建即时有效的地方政府性债务风险预警和防范机制也具有一定的参考价值。

在课题研究和写作过程中得到了山东大学曹廷求教授，山东财经大学冯玉梅教授、张亦工教授、安起光教授和马恩涛教授等专家的鼓励和支持，我指导的博士生焦健、王玉林、王聪聪等同学也在数据处理和资料收集等方面给予了高效的协助，在此一并表示感谢。

张雪莹

2020 年 4 月

Contents | **目 录**

第1章 绪论 ………………………………………………………………… 1

1.1 本书的研究背景和意义 ………………………………………… 1

1.2 相关概念阐释 …………………………………………………… 4

1.3 相关研究述评 …………………………………………………… 7

1.4 本书的主要研究内容与创新之处 …………………………… 21

第2章 政府债务因素对货币政策反应的影响 ……………………… 23

2.1 货币政策反应规则的研究综述 ……………………………… 23

2.2 引入政府债务变量的货币政策反应规则的理论与实证 …… 27

2.3 政府债务因素影响货币政策反应的动态一般均衡分析 …… 40

第3章 政府债务因素对货币政策传导的影响 ……………………… 50

3.1 政府债务因素影响货币政策传导机制的理论基础 ………… 50

3.2 政府债务因素影响货币政策传导的实证检验 ……………… 56

第4章 政府债务因素对货币政策效果的影响 ……………………… 91

4.1 政府债务影响货币政策效果的理论基础 …………………… 91

4.2 政府债务影响货币政策效果的 DSGE 模型分析 ………… 102

第5章 政府债务管理与货币政策的协调 …………………………… 123

5.1 政府债务管理与货币政策关系的理论演变与国际
实践经验 …………………………………………………… 123

5.2　构建政府债务管理与货币政策协调机制的国际经验 ········· 134

5.3　政府债务管理与货币政策协调的绩效评价 ····················· 141

第6章　中国政府债务治理对货币政策的影响 ···················· 146

6.1　中国政府债务状况简述 ··································· 146

6.2　中国地方政府性债务溢出对国债的溢出效应 ················· 155

6.3　地方政府债务置换对货币政策的影响 ····················· 174

参考文献 ··· 191

第1章

绪　　论

1.1　本书的研究背景和意义

较长一段时间以来，物价稳定和经济增长是货币政策的主要目标。为此，尽可能地保持中央银行（以下简称"央行"）货币政策独立性、避免通过增加货币发行为政府债务融资是各国央行的普遍做法。但这一原则并不意味着政府债务状况不会对货币政策的反应、传导与最终效果产生影响和约束。特别是近年来，随着宏观经济形势的变化，政府债务因素对货币政策的影响越来越引起理论界和决策部门的关注。其原因主要有两个方面：

第一，政府债务规模的扩大。世界主要经济体近些年来都实施了积极的经济刺激政策，导致政府债务规模显著上升，很多国家的政府债务占国内生产总值（GDP）的比重都达到近几十年来的高位。表 1 – 1 显示了近年来一些国家政府债务占 GDP 比重的变化情况。

第二，政府债务管理制度和目标的变化。出于对潜在通货膨胀和财政状况可持续性的担忧，越来越多的国家开始意识到政府债务管理在目标与职责方面应该与货币政策和财政政策有所区分和独立，并且从制度上创设了具有不同程度自主权力的债务管理机构。而近年来金融风险计量和控制技术的发展，也使得政府债务管理由早期的注重宏观经济稳定，转变为借鉴微观的金融资产组合管理方法，确定借债规模及债务的期限结构，以熨平政府现金流头寸的代际波动，降低债务成本和风险。政府债务管理部门决策机制和政策目标独立性的增强使得其与货币政策之间发生冲突的可能性增加。在上述背景下，政府债务因素对货币政策的影响有可能更加显著。

表 1-1　　　　近年来一些国家的政府总债务占 GDP 的比重　　　　单位：%

国家	2007 年	2010 年	2017 年	2018 年	2020 年预测
加拿大	66.8	81.3	90.1	90.6	84.7
法国	64.4	85.3	98.5	98.6	98.7
德国	63.5	81.0	63.9	59.8	53.8
日本	183.0	270.9	235.0	237.1	237.0
英国	42.2	75.2	87.1	86.9	84.4
美国	64.0	95.4	106.2	105.8	107.5
欧元区国家平均	64.9	84.6	86.8	85.0	81.8
G20 发达国家平均	77.1	105.9	112.0	111.2	111.8

资料来源：FISCAL MONITOR：CURBING CORRUPTION，International Monetary Fund，April 2019.

由于利率渠道在央行货币政策传导中处于极为重要的地位，而政府债务又与国债供给、进而国债利率期限结构紧密相关，因而政府债务变化很有可能通过利率渠道对货币政策产生影响，特别是近年来欧美国家非常规货币政策的实施与退出使得央行直接参与中长期国债市场交易，其对市场利率的作用效果直接受到中长期国债市场的另一行为主体——政府债务管理部门操作的干扰。例如汉密尔顿和吴（Hamilton & Wu，2012）、密宁和朱（Meaning & Zhu，2012）的研究显示：面对高赤字政府债务危机的压力，政府债务管理者增加中长期债券发行的操作会与央行通过增加中长期债券需求以降低中长期利率的非常规货币政策发生冲突。美国财政部增加长期债券发行量引起 10 年期债券利率上升约 7 基点（bp），这一幅度是美联储实施"卖短买长"扭曲操作、引导利率下降效应的两倍。如果没有财政部增加国债（特别是长期国债）供给所带来的反向作用，那么美联储大规模购买国债的货币政策对长期利率的降低效果将更大。另外，由于央行在实施量化宽松货币政策时购入了大量的长期债券，庞大的债券资产头寸使得央行在退出量化宽松政策时卖出长期债券的任何行动、甚至仅仅是减少长期债券的购买规模，都有可能显著推升长期利率，增加财政部门的发债成本，不利于政府财政状况的改善，这也要求央行在退出量化宽松货币政策时，要考虑政府债务管理政策的配合。由于欧美国家和地区的政府债务状况与货币政策对包括中国在内的整个世界经济有着极为重要的影响，特别是美国政府债务状况的演变及其对货币政策的影响决定了美国国债价格及中长期利率水平的变化，而美国国债是我国外汇储备投资组合的重要组成部分，这不但直接关系到我国外汇储备投资的收益水平和风险程度，还将影响我国汇率和利率水平的变动。

对我国而言，一方面，尽管目前的政府债务规模处于相对较低的水平，但受地方政府债务及人口老龄化等因素的影响，我国政府债务规模呈现持续增长的趋势，中央政府的偿债压力与政府债务管理的紧迫性逐渐显现。另一方面，尽管货币政策利率传导渠道在我国仍受到一些因素制约，但利率市场化进程的不断推进使得货币政策通过利率渠道对实体经济产生的作用越来越明显。许多研究，如潘敏等（2011）、姚余栋和谭海鸣（2011）、孙皓和石柱鲜（2012）、曾耿明和牛霖琳（2013）、刘澜飚和沈鑫（2014）、闫红蕾和张自力（2018）等均显示：随着国债市场的发展，国债市场及国债利率期限结构在我国货币政策制定和传导中的地位越来越重要。党的十八届三中全会通过的《中共中央关于全面深化改革若干重大问题的决定》明确提出"健全反映市场供求关系的国债收益率曲线"，也凸显出国债利率期限结构地位的重要性。在此背景下，我国政府债务攀升引发的财政政策和货币政策的冲突问题引起管理层和市场的广泛关注。例如，徐忠（2018）指出："从政策层面看，财政政策与货币政策之间的冲突仍然较多。国债的发行规模和期限，简单从财政功能出发，只考虑财政赤字、平衡预算以及降低发行成本的需要，忽略国债的金融属性及其在金融市场运行和货币政策调控中的重要作用。应该合理界定财政政策、货币政策各自边界，加强财政政策与货币政策的协调，形成政策合力。政府债券发行应充分考虑对金融市场的影响和作用"。2019 年 1 月 16 日,财政部国库司负责人在"2019 年债券市场投资论坛"上表示,要"拓展政府债券功能,准备研究将国债与央行货币政策操作衔接起来,同时扩大国债在货币政策操作中的运用,推动实施国债作为公开市场操作主要工具的货币政策机制,健全国债收益率曲线的利率传导机制,强化国债作为基准金融资产的作用,使国债达到准货币的效果",这一表述引发市场广泛关注,有些学者认为目前国债与央行货币政策操作已经存在比较好的衔接,这主要体现在国债作为公开市场操作的抵押品上面。同时,国债的市场流动性相对较好,国债收益率是市场重要的利率定价基准和货币政策的主要传导渠道,但央行直接购买国债,或者说财政货币化,与现在的中国国情不符,即使在发达国家历史来看,也属于较为极端的宏观调控方式。但也有学者认为:在经济下行、通胀压力较小、财政部有完善的赎回机制等条件下,可支持实施国债准货币化以弥补赤字。

总地看来,理论界对于财政政策与货币政策的相互作用及协调问题已经进行了大量的研究,但其重点主要集中于财政支出、税收政策与货币政策工具的配合。而随着政府债务规模的扩大和政府债务风险的加剧,有必要更加重视政府债务因素对货币政策影响的相关研究,这有助于我们准确认识政府债务管理政策应如何合理定位,更加深入地分析货币政策制定和执行所面临的复杂因素,尽可能地减少政策目标制定和执行过程中的冲突,提高宏观经济决策的前瞻性和科学性。

1.2 相关概念阐释

在考察"政府债务对货币政策的影响问题"之前,首先要对何谓"政府债务"进行界定。政府债务这一概念从字面上解释即:政府作为债务人,凭借其信誉,与债权人之间按照有偿原则发生信用关系来筹集资金以实现其经济利益与服务的一种信用方式。为更清楚地理解"政府债务"这一概念,需要对政府的范畴加以阐释。埃尔文(Irwin, 2015)用图 1 - 1 加以表述。

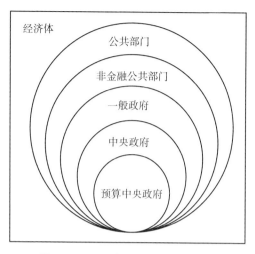

图 1 - 1　"政府"定义的 5 个层次

　　由图 1 - 1 可见，在狭义的范围内，政府可以被定义为一个法律实体，国家的支出和收入表现为政府预算中的资金流，这一实体可称为"预算中央政府"（budgetary central government）。然而，这个定义对于许多研究来说过于狭隘，因为政府还创建了法律上不同的，但由政府控制且由税收资助的机构来执行其政策，在包括这些机构的情况下扩展得到所谓的"中央政府"（central government）；在此基础上进一步增加地方政府和附属机构，即扩展为"一般政府"（general government）。有些研究还将政府持有的非金融公司引入"政府"的范畴，即所谓的"非金融公共部门"（nonfinancial public sector）；再进一步引入中央银行等金融部门，即最终形成包含范围最广的、所谓公共部门（public sector）。阿巴斯等（Abbas et al.，2019）将公共部门及其主要组成部分表示如图 1 - 2 所示。

　　基于上述，与政府债务相关的概念主要包括公债、政府债务、国债、主权债务、中央政府债务、地方政府债务等。公债或公共债务（public debt），即公共部门的债务，是最为宽泛的概念，包括所有政府部门（包括中央和地方各级政府）和准政府部门（如公共企业）的全部债务关系。由于准政府部门的债务在一定条件下可能转化为政府的债务，进而影响到政府的收支和信誉，因此，在实际中有时也将准政府部门的债务纳入政府债务的计算范围。相比较而言，政府债务相比公共债务的统计口径要窄，其主要是指需要政府部门偿还或担保的债务。中央政府债务和地方政府债务都是政府债务的组成部分。而国债，则一般是指一国中央政府以债券形式发行的债务。主权债务，是指一国以自己的主权为担保向外（包括国际货币基金组织、世界银行等国际组织以及其他国家、组织、甚至个人）借款形成的债务。通常来讲，主权债务既包括主权国家直接向国际组织和其他国家、组织和个人的借款，也包括主权国家以政府和政府部门名义所发行的为国外持有人所持有的债务，主权国家为其国内的非政府部门或个人担保向国外所借债务也属于主权债务。而主权国家发行的为国内持有人所持有的债务不属于主权债务。因此，主权债务既不同于公债、政府债务，也不同于国债。

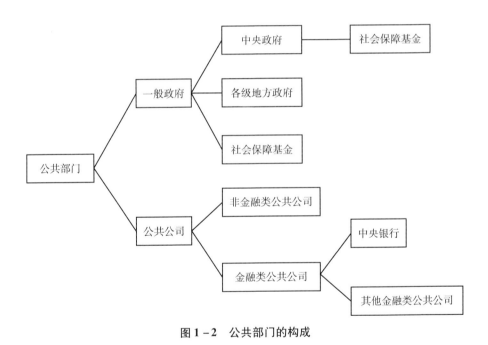

图 1-2　公共部门的构成

不同国家关于政府债务实际使用的统计口径存在差别。例如，根据《马斯特里赫特条约》，欧盟统计局关于欧洲国家政府债务的界定是指各级政府和社会保险基金的债务之和。由于美国的州和地方政府的财政相对独立，并且也有允许地方政府破产的先例，因此在计算美国政府债务时通常只计算联邦政府债务，即主要包括联邦政府财政部发行的政府债券。日本的政府债务通常也主要是指其中央政府的债务，不包括地方各级政府的债务。我国的政府债务按发行主体也可分为中央政府债务和地方政府债务。严格意义上的所谓"中央政府债务"主要是指由中央财政资金偿还的国债债券、国际金融组织和外国政府贷款。另外一个常见的概念是"政府性债务"，这一概念主要是近年随着我国地方融资平台问题的出现而出现的。主要是指政府机关事业单位及地方政府专门成立的基础设施性企业为提供基础性、公益性服务直接借入的债务和地方政府机关提供担保形成的债务。目前，我国对"政府债务"与"政府性债务"做了明确区分，"政府性债务"可分为政府负有偿还责任的债务、政府负有担保责任的债务和政府可能承担一定救助责任的债务三种类型。其中，第一种特指需由财政资金偿还的债务，属于"政府债务"，其他两种不在"政府债务"范畴内。由于本书主要研究政府债务对一个国家货币政策的影响，因此在未明确注明的情况下，本书所指的"政府债务"，主要是指中央政府债务。

1.3 相关研究述评

1.3.1 政府债务影响货币政策反应的研究

所谓货币政策反应，主要是指中央银行面对某些宏观经济变量实际值与目标值的偏离而调节利率或基础货币。泰勒（Taylor，1993）提出的"泰勒规则"，描述了货币政策利率对通货膨胀缺口和产出缺口的反应特征，是分析货币政策反应的标准框架。

从理论分析上看，首先，一些文献认为中央银行的货币政策目标除了包括传统的通货膨胀和产出目标之外，还应该包括控制政府债务违约风险目标，尽管这一目标与通货膨胀率目标可能存在冲突。例如，古德哈特（Goodhart，2012）指出，2008 年金融危机之后，在较高的政府赤字和公共债务水平的背景下，央行在制定货币政策时要考虑到利率水平的变化可能会造成债务利息负担加重，并影响政府债务的可持续性。为防止政府债务继续膨胀，必须尽可能地控制市场利率以降低债务利息成本，从而阻碍未来央行面对潜在通货膨胀压力而实施提高利率的货币政策操作。索科洛娃（Sokolova，2015）构建的理论模型表明：在财政紧张的情况下，通货膨胀率水平与政府债务违约率之间存在负相关关系，央行允许通货膨胀率上升将会减轻政府债务违约风险；由此，中央银行的货币政策反应是在控制政府债务违约风险的约束条件下，调节货币政策利率，以满足通货膨胀率的控制目标；该文的研究显示，欧洲中央银行的实际操作可以较好地用这一理论框架加以解释。其次，一些文献从货币政策与财政政策博弈互动关系的角度，阐述政府债务变量对货币政策反应规则的影响。例如，哈利特和李维斯（Hallett & Lewis，2015）指出：政府债务管理政策和货币政策制定者之间的战略互动可能采取纳什博弈的形式，也可能采取斯塔克尔伯格（Stackelberg）博弈，即所谓的主从博弈。对于前者，每个政策制定者都对另一方的行动作出积极反应，以减少另一方对该决策者主要目标的影响。在这种情况下，货币政策制定者可能会提高货币政策利率，以抵消财政过度扩张或收缩对于通货膨胀率的影响；而对于斯塔克尔伯格（Stackelberg）博弈，处于跟随地位的一方会根据领导者的行为而做出反应，以达到自己的目标或者共同协作的目标。在这种情况下，面对较高的政府债务规模，中央银行可能会采取降低利率以适应宽松的财政政策。无论哪种情况，作为财政政策关注的核心变量，政府债务指标的变化，必然会对货币政策反应产生显著影响。另外，由于政府债务规模指标能够反映政府财政状况（平衡）的可持续性、进而反映金融市场的稳定性，这也对于近些年来广泛实施的基于宏观审慎的货币政策规则尤其重要。

从实证检验方法上看，关于政府债务影响货币政策反应问题的研究，基本路线有两大类：

第一，直接将政府债务指标作为解释变量引入货币政策规则，其一般形式可简单表示为：

$$i = \alpha + \beta_{\pi} \cdot f(\pi) + \beta_{y} \cdot \phi(y) + \beta_{b} \cdot Debt \qquad (1-1)$$

意味着影响货币政策利率 i 的解释变量中除了通货膨胀率 π 及产出 y

等泰勒规则中传统的变量之外，还包括政府债务变量 *Debt*。哈利特和李维斯（Hallett & Lewis，2015）利用欧元区国家 1994～2008 年的数据，采用两阶段 GMM 方法对于类似上述形式的 Taylor 规则进行估计，结果发现：在样本期内，无论是采用前瞻值还是同期值，模型中政府债务规模变量前的系数显著为正，政府债务规模占 GDP 比例每增加 1%，货币政策利率上升 11bp。从这个意义上讲，在样本期对应的时间段内，欧洲中央银行制定货币政策时确实考虑政府债务因素，而且两者之间是央行为主导的非合作博弈，即央行并不是被动地降低利率以适应（支持）财政扩张（宽松），而是通过主动提高货币政策利率以抵消政府债务增长所带来的影响。莱齐亚克（Lyziak，2017）认为：一方面，面对政府债务水平的上升，央行应该降低利率以减轻政府债务利息负担、防止财政不平衡引发金融市场的不稳定，这意味着政府债务规模与货币政策利率呈负相关。但另一方面，如果外债在政府债务构成中所占比例较大，货币政策利率下降，反而会导致本币贬值，债务负担加重，即货币政策利率与政府债务规模之间呈正相关。由此政府债务变量对货币政策利率的影响方向不确定。作者以 1998～2014 年捷克、匈牙利和波兰这三个国家的季度数据为样本，在传统的 Taylor 规则中引入政府债务占 GDP 比例这一变量，采用 GMM 方法及 Markov-switching 模型进行估计。估计结果显示：这三个国家的货币政策利率都对政府债务变化做出显著的反应，但反应方向存在差别。在捷克和波兰的货币政策规则估计模型中，政府债务占 GDP 比例这一变量前的系数显著为负，这在一定程度上反映出央行愿意配合或者参与政府债务管理，面对政府债务规模的上升，央行降低利率以减轻政府债务利息负担；而在匈牙利的货币政策规则估计模型中，政府债务规模变量前的系数显著为正，则表明央行试图通过提高货币政策利率以遏制政府债务规模的扩张，这与匈牙利的政府债务构成中，外债占相当大的比重有关。例如，2013 年，捷克和波兰的外债占比分别只有 19.6% 和 29.7%，而匈牙利的外债占政府总债务的比重则达到 42.1%；在这种背景下，提高货币政策利率有助于降低资本外逃、本币贬值导致外债规模上升的压力。弗兰塔等（Franta et al.，2018）选择 1980～2008 年美国、英国、加拿大、瑞士、日本和澳大利亚 6 个国家的季度数据，采用时变参数的向量自回归模型

(TVP – VAR 模型），考察货币政策对于政府债务扩张的反应，研究结果显示：在样本期内，美国采取"适应式货币政策（monetary accommoda-tion)"，降低利率以适应（支持）政府债务规模的扩张；而英国、加拿大、瑞士和澳大利亚的央行则采取抵消式货币政策（monetary offsetting)"，提高利率以抑制政府债务规模的扩张。造成这种差别的原因可能与后者的货币政策框架实行明确的通货膨胀目标制有关。

第二，即使货币政策规则的目标变量不直接包括政府债务变量，但这并不意味着货币政策利率对通货膨胀和产出的反应系数不会受到政府债务因素的约束和干扰。由此，一些文献采取类似于如下形式的检验模型：

$$i_t = \alpha + \beta_\pi(Debt) \cdot f(\pi) + \beta_y(Debt) \cdot \phi(y) \qquad (1-2)$$

即政府债务变量进入通货膨胀目标变量或者产出目标变量前的反应系数、进而影响货币政策利率的决定。例如，基于上述逻辑，斯罗博纳（Srobona，2007）通过引入含有政府债务规模变量的总需求函数方程，与 Philips 曲线共同构成约束条件，对货币政策目标函数优化问题进行求解，得到货币政策利率 i_t 对预期通货膨胀率 $E_t\pi_{t+1}$ 的反应函数：$i_t = \beta'_\pi(b) \cdot E_t\pi_{t+1} + \varepsilon'_t$，相对于传统的未考虑政府债务变量的货币政策利率反应函数 $i_t = \beta_\pi E_t\pi_{t+1} + \varepsilon_t$，斯罗博纳证明了：如果 $b < b^*$，有 $\beta'_\pi(b) = \beta_\pi$；即当政府债务规模 b 处于低于某个临界水平 b^* 时，货币政策利率对通货膨胀率的反应系数与未考虑政府债务因素时的情况相同。但当 $b > b^*$ 时，此时 $\beta'_\pi(b) < \beta_\pi$，利率对预期通货膨胀率的反应系数将降低，表明在较高政府债务水平的压力下，央行为抑制通货膨胀而提高利率的货币政策将受到影响和约束。斯罗博纳（2007）利用该模型对加拿大数据进行研究，结果显示：当政府债务占 GDP 的比重突破 50.2% 的临界水平时，央行货币政策利率对预期通货膨胀率上升的反应系数将下降。预期通货膨胀率每增加 1 个百分点，央行隔夜利率的上调幅度比不考虑债务因素情况下的上调幅度低 0.99%。对此的一个解释是央行为抑制通货膨胀而提高利率的货币政策会受到来自较高政府债务成本的压力。巴西利奥（Basilio，2012，2013）利用非线性最小二乘法（NLS）对一些国家的泰勒规则进行估计，结果表明：在很多国家的泰勒规则中，利率对通货膨胀率的反应系数在 2007 ~ 2011 年债务危机发生期间与这段时期之前相比，发生了显著变化。另外，

中央银行独立程度、国家的对外开放程度，以及政府债务规模都会影响货币政策利率对通胀变化的响应程度。常和夸克（Chang & Kwaak，2017）基于美国 1949～2014 年的季度数据，构建了区制转移形式的货币政策规则，实证结果表明：货币政策利率对通货膨胀率的反应系数受到隐性的政策区制因子（policy regime factors）的影响，而这一政策区制因子本身又与政府债务指标有关。

1.3.2 政府债务影响货币政策传导的研究

在各种货币政策传导渠道中，利率传导渠道处于极为重要的地位。市场化利率体制下，央行可以较为直接和有效地对短期利率进行控制并传导到长期利率、进而改变经济实体的资本成本、影响投资需求和宏观经济。由于国债利率期限结构反映了短长期利率之间的关系，政府债务规模和期限的变化通过改变国债供求对比、影响国债利率期限结构、进而对货币政策利率的传导产生直接的影响。关于政府债务对货币政策传导的研究，可分为两大类：

一些学者通过计量模型实证检验政府债务规模或期限结构对长期（均衡）利率水平的影响效应。例如，普罗索（Plosser，1987）、伊万斯（Evans，1987）等的研究发现政府债务对长期均衡利率影响不显著；而劳巴赫（Laubach，2009）、切可瑞塔和罗瑟（Checherita & Rother，2010）、蒙托罗等（Montoro et al.，2012）、李和魏（Li & Wei，2012）等的研究则显示政府债务规模越大或者增长速度越快，市场利率越高。例如，切可瑞塔和罗瑟（Checherita & Rother，2010）以 12 个欧元区国家的数据为样本进行的研究表明：政府债务占 GDP 比率的增长速度每增加 1%，将引起真实长期利率上升 0.07%，名义长期利率上升 0.11%。李和魏（Li & Wei，2012）利用美国 1994～2007 年的数据进行实证研究，结果发现即使在引入 CPI、市场波动率指标、外国投资者购买量等控制因素之后，国债面值总额占 GDP 比重每上升 1%，10 年期、5 年期以及 2 年期国债利率相对于 1 年期利率的期限利差将分别增加 14 个 bp，10.5 个 bp 和 6.3 个 bp。相关的解释是政府债务增加，引起与债务可持续性相关的风险溢价增加，进而推动市场利率水平上升。瓦亚诺斯和维拉（Vayanos & Vila，2009）、格林伍德和瓦亚诺斯（Greenwoo & Vayanos，2014）等对利率期限结构优先偏好理论（preferred habitat theory）进行扩展，针对国债市场上三类不同的交易主体①分别构建其行为方程，以描述其在一定目标机制下调整国债供求数量与期限结构的行为，在此基础上推导出含有政府债务变量的利率期限结构模型，揭示政府债务影响货币政策利率传导的微观机制。理论分析与实证检验显示：长期国债净供给量的增加，或者市场上流通国债平均期限的延长，都将延长套利者债券组合的久期，进而套利者需要更高的风险补偿，由此导致债券价格下降，整个债券市场的利率水平上升。高特勒和卡拉迪（Gertler & Karadi，2012）、埃里森和蒂什比尔克（Ellison & Tischbirek，2013）等以动态随机一般均衡模型（DSGE）为理论分析框架，在研究央行购买长期国债对利率期限结构的影响效应时，涉及政府债务因素的约束效应。汉密尔顿和吴（Hamilton & Wu，2012）指出：美国第二轮量化宽松政策（QE2）的资产购买计划未能完全吸收和抵消财政部新增的中长期国债发行量，10 年期以上国债所占比例甚至在 QE2 实施期间持续增加，由此导致 QE2 降低长期利率的实际效果并不理想。埃勒斯（Ehlers，2012）的研究发现，美国市场上流通国债的平均期限持续增加，使得央行"扭曲操作"公布时对长期利率的降低效应在一个月内就已消失。

另外一些研究则认为：政府债务规模的变化对长期利率的影响方向不确定，但会影响短长期利率关系、即短期利率向长期利率的传导效果。莫汉蒂和特纳（Mohanty & Turner，2011）认为政府债务负担影响长期利率至少可通过四个路径加以分析：一是当政府负债比例较高时，面对危机的违约风险增加；二是李嘉图等价和非李嘉图等价视角下私人部门的反应；三是财政占优（fiscal dominance）还是货币占优（monetary dominance）；四是政府债务的初始状况。由此，政府债务占 GDP 比值较高对长期利率

---

① 一是只持有某种特定期限债券的所谓的优先偏好投资者，例如养老金管理者、银行国债投资部门等；二是对不同期限债券没有特定偏好的套利者；三是作为国债发行方的政府债务管理者。

的影响方向并不明确，但总的来看，政府债务规模过大，将会使长短期债券之间的替代程度下降，增加未来利率变化路径的不确定性，从而削弱货币政策的传导效果。瓦尔加斯等（Vargas et al.，2012）以哥伦比亚数据为样本，考察了货币政策利率冲击向债券市场利率、存款利率及贷款利率等长期利率的传导是否受到政府债务平均期限变动的影响，结果显示：政府债务平均期限的延长能够显著提高货币政策短期利率向长期市场利率传导的效率。王海慧和李伟（2015）以我国银行间市场 1 年期和 10 年期国债利率为对象研究利率的传导效应，从货币政策预期、国债流动性、国债规模和平均期限等方面对近年来利率传导效率有所减弱的原因进行分析。阿克拉姆和李（Akram & Li，2017）基于美国 1960～2014 年的季度数据，采用向量误差修正模型（VECM）研究 3 月期国债利率与 10 年期国债利率之间的传导关系。结果表明，政府债务规模变量对两者间的长期均衡关系及短期调整关系都有显著的影响，但影响方向有所不同。阿沃伊-多维等（Avouyi-Dovi et al.，2017）以欧元区 6 个国家 2003～2014 年的月度数据为样本，采用马尔可夫链蒙特卡罗方法（MCMC），研究了货币政策利率与银行贷款利率之间的传导机制。结果表明：货币政策利率到银行贷款利率的传导关系并不稳定。在 2010 年 1 月以希腊主权债务评级下调为导火线的欧洲主权债务危机爆发之后，银行贷款利率对于货币政策利率变动的反应系数明显下降。纽因（Nguyen，2018）利用 1952～2017 年的美国国债季度数据，实证检验了国债利率期限结构的斜率（长短期利差）与政府债务变量之间的关系，结果显示，政府债务负担的加重将导致利率期限结构的斜率增陡、长短期利差扩大。

1.3.3 政府债务影响货币政策效果的研究

由于经济增长与物价稳定通常是衡量货币政策效果的主要目标，一些文献直接考察政府债务变量对经济增长和通货膨胀的影响。

第一，国内外许多学者的理论及实证研究均表明，政府债务对经济增长的影响存在阈值效应、倒 U 形特征或者"债务拐点"，即适当的政府债务规模可以有效地促进经济增长；但当政府债务负担过重时，则会对经济增长造成显著不利影响。例如，切可瑞塔－威斯特法尔和罗瑟（Checheri-ta-Westphal & Rother，2012）利用欧元区国家 1970～2011 年的面板数据，构建了包含政府债务与 GDP 之比平方项的回归方程，结果发现政府债务与经济增长之间存在非线性关系并呈现倒 U 形特征，当政府债务占 GDP 的比例超过 90%～100% 区间时，政府债务对经济增长由促进作用向抑制作用转化。刘澜飚等（2018）从政府债务和经济增长关系的一般理论框架出发，通过建立线性回归和门槛效应模型，基于资金成本和系统性风险视角，检验我国政府债务对经济增长的影响。研究发现：在考虑经济中存在的不同区制及可能造成的非线性效应的情况下，我国中央政府债务率（政府债务占 GDP 比率）水平对经济增长的影响存在门限效应，门限值或债务拐点大致出现在 60.20% 左右，当债务率小于 60.20% 时，政府债务增长对经济具有一定的促进作用；当债务率高于 60.20% 时，继续提高政府债务水平会对经济产生一定的不利影响。这一数值与新兴经济体的水平相近。赵新泉和陈旭（2018）基于世代交叠模型的分析框架，从理论层面论证了政府债务对经济增长的影响存在非线性效应，并运用 1980～2014 年 97 个国家的面板数据分别估算了总体样本、欧元区国家和 G7 国家及新兴经济体的政府债务对经济增长影响的转折点。研究结果表明：总体样本国家的政府债务转折点为 95.56%～102.68%，但是政府债务阈值的大小在欧元区国家和七国集团（G7）、新兴经济体之间存在显著差异。欧元区国家和 G7 国家的政府债务转折点为 111.42%～128.37%，而新兴经济体的政府债务阈值为 92.69%～110.68%，欧元区国家和 G7 国家政府对债务的承受能力明显高于新兴经济体。相较于政府债务与经济增长之间的倒 U 形关系，较多的研究表明政府债务与通货膨胀之间存在正向的关系。政府倾向于通过提高通货膨胀率以应对债务负担的增长。法拉利亚等（Faraglia et al.，2013）构建了垄断竞争和黏性价格特征的新 Keynes 模型，通过数值模拟显示较高的债务水平和较长的债务期限会导致较高的及更持久的通货膨胀。纳斯坦斯基等（Nastansky et al.，2014）以德国 1991～2010 年的季度数据为样本，利用向量误差修正模型分析政府债务通过货币供给及长期利率影响通货膨胀的效果，结果显示政府债务水平对于消费者物价指数有显著的正向影响。纽因（Nguyen，2015）以包括亚洲、南美洲和非洲在内的 60 个国家 1990～2014 年的数据为样本，采用 difference pan-el GMM 方法进行的研究也发现政府债务对通货膨胀率有显著的正向影响效应。

第二，一些文献在财政政策与货币政策相配合的框架下研究政府债务变量对产出和通货膨胀的影响。例如，绍洛等（Saulo et al.，2013），巴塔拉依塔尔等（Bhattarai et al，2014）在动态一般均衡模型框架下，研究政府债务变化如何影响财政政策与货币政策的搭配效果。克利姆等（Kliem et al.，2016）构建动态一般均衡模型（DSGE），以美国、德国、意大利的历史实际数据为样本，揭示了政府债务货币化融资与通胀之间的相关程度取决于财政政策和货币政策之间的相互作用与搭配。在主动型货币政策与被动型财政政策搭配时期（即所谓的货币政策主导期），政府债务货币化与通货膨胀率之间的相关程度较低；而在被动型货币政策与主动型财政政策搭配时期（即所谓的财政政策主导期），政府债务货币化与通货膨胀率之间的相关程度较高。陈小亮和马啸（2016）将财政支出作为政府债务和产出缺口的反应函数，构建含有高债务和通缩特征的 DSGE 模型，研究发现：货币政策与财政政策双宽松，一方面有助于减轻政府的实际债务负担和融资成本，为财政政策创造新的空间。另一方面能够产生一定的"再通胀"效应，减轻货币政策为了实现"再通胀"而需要的宽松力度，从而节省货币政策空间。加利（Gali，2017）构建了由家庭、企业和政府组成的三部门 DSGE 模型，从对产出、通货膨胀率、进而社会福利三方面，比较了债务货币化融资支持下的财政刺激政策（money-financed fiscal stimulus）与债券融资支持下的财政刺激政策（debt-financed fiscal stimulus）的实施效果。在考虑工资和价格黏性因素的情况下，货币化融资支持下的财政刺激政策仅会引起温和的通货膨胀，而其对产出的刺激效果却十分显著；再加上该融资方式带来的货币供应量增加能够有效降低实际利率进而促进消费和投资的快速增长，所以与债务融资方式相比较，货币化融资支持下的财政刺激政策能够更加有效地提高社会福利水平。卡瓦尔坎蒂等（Cavalcanti et al.，2018）以政府债务利息负担问题较为严重的巴西为研究对象，构建了包括"李嘉图行为人"和"非李嘉图行为人"的 DSGE 模型，考察政府债务渠道对货币政策与财政政策互动关系的影响。货币政策利率的提高会导致政府债务融资成本增加，为保持政府债务的可持续性，需要采取更加严格的财政政策，这将加剧货币政策对产出和通货膨胀的紧缩效应。朱军等（2018）将化减财政压力、保证政府债务可持续性的政府行为设定为"财政整顿"的概念，并在"财政—金融"联通的宏观DSGE 模型中保留扩张性财政政策规则，以显性的政府债务规则替代税收规则，以分析应对政府债务问题的最优财政政策和货币政策的选择和搭配。

第三，一些文献从银行微观行为机制出发，分析政府债务因素影响银行资产负债表及信贷行为、进而影响产出和通货膨胀。例如，夸克和伯根（Kwaak & Wijnbergen，2014）建立的 DSGE 模型中，引入了考虑政府债务违约因素之后的金融中介部门（银行）行为方程和政府债务约束方程。在该理论框架下，主权债务危机会通过银行资产负债表渠道而对产出、投资、利率等宏观变量产生放大的紧缩效应。例如，当政府债务规模过高而导致主权债务危机冲击时，银行部门持有的政府债券价格下降，由此导致银行净资产下降，资产负债表状况恶化。在这种情况下，银行被迫减少信贷，提高贷款利率，对私人部门信贷产生所谓的"挤出效应"，造成投资、税收收入及产出下降。而较低的税收收入和高市场利率又会增加未来的政府赤字和债务负担，在这种情况下政府扩大债券发行规模，将会使政府债券违约风险进一步增大、债券价格下跌、银行净资产状况进一步恶化，并触发宏观经济新一轮的紧缩效应。拉卡瓦拉等（Lakawala et al.，2018）等通过构建两国家的 DSGE 模型，揭示了政府债务危机通过银行间市场抵押品渠道影响货币政策的效果。欧洲各大银行在其资产组合中配置了大量政府主权债券，并且以其作为银行间市场交易的主要抵押品。据统计显示，作为重要的担保工具，各国的政府主权债券在欧洲银行间市场可抵押资产中所占的比例接近50%。在这种情况下，当主权债务危机发生时，银行持有的政府债券风险溢价上升，导致作为抵押品的债券价格下降，银行被迫收缩其在银行间市场上的同业拆借规模，并进一步传导到对企业部门的贷款份额，使产出下降。

第四，一些研究者采用比较静态的思想，通过模拟比较不同政府债务变量参数情况下，面对货币政策冲击，通货膨胀和产出变量做出响应达到的最大程度、达到最大程度的时间，以及该响应衰退至稳态的时间等方面，来反映货币政策冲击对宏观变量产生作用的程度是否受到政府债务因素的影响。例如，布劳德和弗格（Braude & Flug，2012）通过以色列的实际经历，比较了在经历 2001～2003 年和 2008～2009 年两次外部经济冲击时，由于初始的政府债务负担状况不同而导致货币政策的不同效果。利珀和利斯（Leeper & Leith，2016）建立了包含 IS 方程、Philips 方程、货币政策规则和财政政策规则的 DSGE 模型，通过数学模拟揭示了政府债务期限不同的情况下，货币紧缩冲击对产出、通货膨胀等宏观变量的不同影响。结果显示：货币政策紧缩冲击会导致产出和通货膨胀在短期内下降然后回升，达到峰值后逐步回归到稳态水平；但政府债务平均期限越长，产出和通货膨胀初始的下降幅度越大，达到峰值后恢复至稳态所需要的时间也越长。路易吉和邱博（Luigi & Huber，2018）以 DSGE 模型为理论基础，选取美国 1967～2012 年的季度宏观经济数据，按照政府债务占 GDP 的比例将宏观经济所处的状态分为高债务水平区间和低债务水平区间，以此构建门限向量自回归模型，结果显示：当政府债务规模处于较高水平时，产出、通胀、消费和投资等宏观变量对于货币政策冲击的反应明显弱于低政府债务水平下的情况。面对货币政策利率下降引致货币政策扩张冲击时，产出和消费呈现出先增长后逐渐衰减的态势，但当政府债务处于高水平区间时，货币政策扩张对产出和消费刺激效应的衰减速度显著快于低债务水平区间时的情况。在高债务水平下，货币扩张对投资的刺激效果也不如低债务水平时的情况。造成上述现象的主要原因是当政府债务水平较高时，尽管货币政策利率下降在短期内对消费和投资有刺激作用，但由于政府债务规模过高导致家庭和企业对未来税收负担的担忧及风险厌恶程度增加，继续扩大消费和投资的信心不足，消费、投资进而产出出现较快回落，并导致通货膨胀率对于货币政策扩张的反应强度也明显弱于低政府债务水平下的情况，这都降低了货币政策的有效性。毕等（Bi et al.，2018）考虑到"政府债务规模攀升至某一临界点后会触发部分政府债务违约"这一情况，在构建的 DSGE 模型中，引入包括政府债务违约临界值和违约率的家庭行为方程、政府行为方程（货币政策规则、财政政策规则和政府预算约束），考察政府债务因素对货币政策紧缩效果的影响。结果显示：当政府债务规模远离债务危机爆发的临界点时，由于债务违约概率为零，紧缩货币政策具有通常的效果，即通货膨胀率和产出短暂下降后恢复至稳态水平。而当政府债务规模较高、接近甚至突破临界点时，紧缩性货币政策短期内几乎不会降低通胀，预期政府债务违约概率上升和政府债券风险溢价提高就会起主导作用，造成更高的市场利率、债务成本和税率，产出进一步下降，通货膨胀也将大幅持续上升。博格特和施密特（Burgert & Schmidt，2014）扩展到考察不同政府债务水平下，面对技术冲击、需求冲击或者财政政策冲击，名义利率、通货膨胀率及产出等宏观变量的脉冲响应及动态变化路径存在的差别。

1.3.4　总结与述评

首先，由于在过去很长一段时间里，政府债务管理政策一直被看作是财政政策的一部分，因此理论界较多的研究是基于财政政策与货币政策的关系，其最终的立足点仍是财政支出、税收政策对货币政策工具的配合，而直接基于利率传导渠道研究政府债务对货币政策影响的文献比较少。但随着政府债务管理从目标、工具等方面与财政政策的独立性日益增强，政府债务因素本身对货币政策反应、传导及效果存在何种影响，这方面的研究还有待于丰富和拓展。例如，关于货币政策在面对外部冲击时的反应如何受到政府债务因素的约束这一问题，斯罗博纳（Srobona，2007）做出了初步的探索，但研究只以一个国家的时间序列数据为研究对象，发现货币政策利率对通货膨胀变动的反应系数受到政府债务规模的影响，那么利率对于产出缺口的反应是否也受到政府债务因素的影响？采用不同国别之间的数据进行的检验是否也能体现出相同的规律？另外，关于政府债务因素如何影响货币政策利率传导的问题，目前较多的研究仅通过计量模型实证检验政府债务变量与利率的关系，在理论模型的构建方面尚有待更加深入的研究。长期利率与短期利率之间的关系，决定了货币政策当局能否通过调节短期利率来影响长期利率、进而影响宏观经济运行。传统的利率期限结构预期理论的基本出发点是：短期利率是其他期限利率的基准，长期利率则是经风险调整的预期短期利率的均值。在这一分析框架中，并未充分考虑长短期债券之间的非完全替代性，以及供求因素的影响。近些年来流行的利率期限结构宏观金融模型也仍是以预期理论为基础，缺乏相应的微观约束方程来描述国债市场供求力量的变化。而这一缺陷恰恰是分析近些年来，政府债务管理影响货币政策传导的关键。在关于政府债务因素对货币政策效果有何影响方面，目前一些研究建立的动态随机一般均衡（DSGE）模型尚有待扩展和修订。如托瓦（Tovar，2013）指出，DSGE 模型通常暗含着"李嘉图等价"这一假设，即在特定前提下，具有理性预期的家庭认为现期债券相当于未来税收，政府是通过发行国债还是通过税收来融资，以及政府发行债券的路径安排（政府债务融资规模和期限结构）并不会影响经济中的消费、投资、产出和利率水平。因此，一些文献建立的 DSGE 模型在设定家庭部门的交易约束时，未考虑持有长期债券规模和期限的变化，由此得到的消费者最优行为方程只反映消费与闲暇、当期消费与未来消费之间的替代关系，从而货币政策也只通过影响上述两种替代关系改变家庭消费、进而影响实体经济波动。在这种分析框架下，政府债务规模和期限结构与通货膨胀率和产出的决定无关。而其他一些研究者利用 DSGE 模型分析货币政策的冲击效应时，没有从政府债务管理的角度将市场利率作为影响长期债券供给的重要因素，从而未能有效反映政府债务管理部门面对市场利率变化而调节债券规模和期限结构、进而对货币政策效果产生约束和影响。例如，库利什（Kulish，2011）和陈等（Chen et al.，2011）假设政府长期债券供给是服从自回归过程的外生变量；高特勒和卡拉迪（Gertler & Karadi，2012）将政府对长期债券的供给设定为一常数；埃里森和蒂什比尔克（Ellison & Tischbirek，2013）则假设长期债券的发行量由总产出决定。模型的这些设定显然存在缺陷。由于降低发债成本是国债政策的直接目标之一，市场利率水平的变化，将会影响政府债务管理者的发债规模或者期限结构，这一推论已经被较多的研究证实。基于上述，本书试图对 DSGE 模型的一些设定加以扩展，从而更加全面地分析政府债务因素对货币政策效果的影响。

其次，在政府债务对货币政策的影响方面，基于我国制度背景和市场数据的研究仍比较缺乏。由于我国国债市场规模相对较小，政府债务管理的独立性尚不够明确，而且央行对国债的操作通常只限于在货币市场内以流动性预调和微调为目的的短期回购，直接进入国债市场进行大规模单向交易进而影响国债供求和利率期限结构的情况还极少；因此我国目前的相关研究主要侧重于讨论如何控制或化解政府债务风险，而从利率传导渠道的角度分析政府债务对货币政策影响的文献相对较少。少数研究仍是将政府债务作为财政政策规则的影响变量之一，进而在财政政策与货币政策关系框架下涉及政府债务对货币政策的影响。例如，张志栋和靳玉英（2011）考虑到由于名义政府债券存量变动带来的财富效应、进而检验财政政策和货币政策与价格的关系；周波（2012）将政府债务稳定作为财政政策反应规则的目标之一，构建了内生捕捉我国财政政策体制变化的财政规则，进而指出：假定财政政策体制总是固定的货币政策规则研究应该慎重。孔丹凤（2012）、王雪标等（2014）在研究货币政策和财政政策组合搭配对稳定物价的效果时，也考虑了政府债务因素的影响。一些研究者，如沈根祥（2011）、何东和王红林（2011）、张雪莹（2012）、袁靖和薛伟（2012）、张雪莹和何飞平（2014）等考察了货币政策与国债利率期限结构特征的关系，但都未引入国债供求因素；范等（Fan et al.，2012）将商业银行存贷比和官方贷款利率作为反映商业银行国债需求的指标，只考察国债需求因素对利率期限结构的影响；但只以 1~5 年期的关键期限利率为样本，未考虑整个国债收益率曲线的变化特征。

最后，近些年来，以隐性的融资平台债务扩张为主要驱动，我国地方政府债务出现较快增长。造成这种现象的重要原因之一是地方政府举债融资秉持的中央救助预期。在中央政府为地方政府举债融资提供隐性担保的大国制度环境下，地方政府寄望通过"公共池"分享举债成本和谋求事后救助（郭玉清等，2016）。由于地方债务风险的不断累积有可能危及中央财政的稳定与良性运行，为了缓解地方政府存量债务问题，2015 年起，财政部开始启动存量债务置换。地方政府债务治理对于货币政策有何影响，仍缺乏深入的分析。

1.4 本书的主要研究内容与创新之处

本书重点基于货币政策的利率传导渠道研究政府债务对货币政策的影响。在市场化利率体制下，央行对实际经济变量与货币政策目标的偏离做出反应，通过调节货币政策基准利率，影响和引导中长期市场利率体系，最终影响产出、通货膨胀等宏观经济变量。在这一过程中，政府债务因素会影响货币政策反应、货币政策传导及货币政策效果。基于这一研究逻辑，本书通过分别在货币政策利率规则、利率期限结构模型，以及动态一般均衡模型中引入政府债务变量，构建理论分析框架并结合国内外实际数据建立计量模型进行实证检验，进而回答三个问题：一是政府债务变量如何影响基准利率的制定、即货币政策反应、即利率规则的制定；二是政府债务变量如何影响货币政策基准利率向市场利率的传导；三是政府债务变化对货币政策的最终效果有何影响。在此基础上，本书探讨政府债务管理与货币政策操作的关系及如何构建政府债务管理与货币政策操作的协调机制。最后结合中国实际情况，分析政府债务治理对货币政策的影响。由此，本书的主要研究框架如图 1-3 所示。

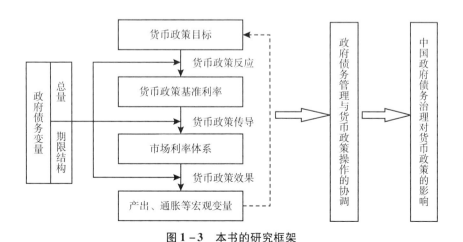

图 1-3 本书的研究框架

具体来说，我们的研究目标和创新之处包括：

（1）通过构建引入政府债务变量的利率规则，研究货币政策利率对通货膨胀和产出的时变反应与政府债务状况的关系，从理论上丰富和拓展货币政策规则的相关研究，从实践上为央行在政府债务压力约束下合理确定和调整基准利率、把握好货币政策的节奏和力度、提高货币政策的精准度，提供理论支持。

（2）通过构建含有政府债务变量的利率期限结构模型，分析政府债务变量对长短期利率关系可能产生的影响，以拓展和深化利率期限结构模型的相关研究，更加深入地剖析新形势下货币政策的传导机制，为央行准确掌握和预测基准利率变动向中长期市场利率传导的实际状况、提高利率作为货币政策中介目标的可控性提供理论支持。

（3）通过建立引入政府债务变量的动态一般均衡模型，探究货币政策变动对通货膨胀和产出等宏观变量产生作用的灵敏性及持久性，以及社会福利损失等是否受到政府债务状况的影响，以拓展和深化政府债务状况与货币政策效果、财政政策搭配等问题的相关研究。

（4）通过梳理和总结政府债务管理与货币政策操作协调的理论演变与国际经验，结合我国政府债务状况的实际特点，探讨我国政府债务管理的具体实践对货币政策的影响，为构建两者间长期有效的协调机制、推进政府债务风险化解提供理论支持。

第2章

政府债务因素对货币政策反应的影响

2.1 货币政策反应规则的研究综述

货币政策利率、通货膨胀和实际产出之间的内在联系历来是经济学界普遍关注的热点问题。泰勒（Taylor，1993）提出的所谓货币政策"泰勒规则"，可以较好地描述名义利率对通货膨胀缺口和产出缺口的反应特征，对于央行使用利率手段来保持较低且稳定的通货膨胀率以及避免产出和就业的剧烈波动具有重要的指导意义。自该规则被提出以来，一直受到理论界和实务界的广泛重视，已经成为描述和分析货币政策反应行为的一种标准方法。其基本的形式和研究方向可分为两大类：

2.1.1 固定参数泰勒规则

泰勒（Taylor，1993）提出传统形式的泰勒规则：

$$i_t = \bar{r} + \pi_t + \alpha(\pi_t - \pi^*) + \beta y_t \qquad (2-1)$$

其中，i_t 为货币政策短期名义利率；$\bar{r}$ 为长期均衡实际利率；π_t 为通胀率，π^* 为目标通胀率；y_t 为产出缺口，即当前实际 GDP 与潜在 GDP 偏离的百分比。泰勒根据美国 1987～1992 年的历史数据应用实证方法发现，利率对通胀缺口和产出缺口的调整参数各自占 50% 的固定权重，即传统形

式的泰勒规则可表示为:

$$i_t = \bar{r} + \pi_t + 0.5(\pi_t - \pi^*) + 0.5y_t$$

为了增强泰勒规则的适用性,一些研究者从增加货币当局的决策变量或者货币政策目标的角度,对传统型泰勒规则进行扩展,提高该类规则型货币政策的适应性。例如,加利和克拉丽达(Gali & Clarida, 1997)认为货币当局不是完全根据目标利率设定当期的政策利率,而是根据目标利率进行部分调整,即泰勒规则应该考虑利率平滑性,其形式可表示为:

$$i_t = (1-\rho)\left[\bar{r} + \pi_t + \alpha(\pi_t - \pi^*) + \beta y_t\right] + \rho i_{t-1} + v_t \qquad (2-2)$$

石柱鲜(2009)和童健(2012)利用利率平滑技术对中国的货币政策规则进行了泰勒规则的实证检验,得出的利率平滑系数都接近1。

另外,有些学者认为,传统型泰勒规则为经典后顾型泰勒规则,而央行在实际制定政策的过程中,要同时考虑前期政策的滞后性影响和未来经济形势预期的影响,因此泰勒规则应该同时包含预期(前瞻性)变量和滞后(后顾性)变量,进而产生所谓的混合型泰勒规则:

$$i_t = \bar{r} + \pi_t + \alpha_k(E_t(\pi_{t+k}) - \pi^*) + \beta_k E_t(y_{t+k})$$
$$+ \sum \gamma_i(\pi_{t-i} - \pi^*) + \sum \phi_i y_{t-i} \qquad (2-3)$$

索尔和斯图姆(Sauer & Sturm, 2007)在分析欧洲中央银行货币政策时考虑到了前瞻性泰勒规则对货币当局制定政策的重要性。卞志村(2006)、张屹山和张代强(2007)等发现中国利率市场符合混合型泰勒规则。近些年来,在经济全球化的背景下,基础货币、汇率等能反映开放经济现实的变量以及其他衡量金融稳定指数的变量也被加入泰勒规则中,例如加入汇率的泰勒规则可表示为:

$$i_t = r^* + \pi_t + \alpha(\pi_t - \pi^*) + \beta y_t + de_t \qquad (2-4)$$

肖奎喜和徐世长(2011)将利率、汇率、基础货币、金融资产价格等相关指标加入泰勒规则,实证检验表明这种广义形式的泰勒规则在理论上可以作为央行货币政策的反应函数。耿中元、李薇和翟雪(2016)还将金融稳定指数纳入泰勒规则,实证检验发现该模型能更好地拟合我国货币政策规则。

2.1.2　时变参数泰勒规则

上述学者对传统泰勒规则的扩展仍基于固定参数模型的分析框架，即货币政策利率对各种决策目标变量的反应系数在样本期内保持不变，但越来越多的学者发现，货币政策利率对通胀缺口和产出缺口等变量的反应系数具有了明显的时变性，固定参数的泰勒规则模型已经不能准确捕捉货币政策利率对通胀和产出缺口的调整机制，在这一背景下，一些学者提出如下形式的时变参数泰勒规则模型：

$$R_t = (1 - \rho_t)[\bar{R}_t + \alpha_t(\pi_t - \pi^*) + \beta_t y_t] + \rho_t R_{t-1} + v_t \qquad (2-5)$$

例如，王建国（2006）通过简单的分阶段估计和 Chow 转变点检验等方法利用实际宏观数据实证检验我国的货币政策利率规则，研究结果显示：在 1997 年以后，货币政策利率对通货膨胀缺口的反应强度明显增强，货币政策的灵敏度有所增加。刘金全和张小宇（2012）选取我国 1992 年第一季度至 2010 年第二季度的数据，使用基于贝叶斯技术的 Gibbs 抽样方法估计了模型的时变参数，结果表明，时变参数泰勒规则能更好地识别我国名义利率的调整机制，能更好地捕捉名义利率对实际产出和通货膨胀的时变反应特征，同时表明我国名义均衡利率和利率平滑参数均具有时变性。王少林（2015）基于兼顾货币政策目标维度与系数时变性的动态模型，利用我国 1996 年第一季度到 2014 年第二季度的数据研究发现，我国利率调整无论是在目标维度方面还是各目标对利率的影响强度，都存在明显的时变性。

为了对泰勒规则模型中各参数的时变特进行更加准确的刻画，还有些研究者提出了具有机制转换特征的时变参数泰勒规则，根据其具体的研究方法，可细分以下三类：马尔科夫机制转换（MRS）模型、门限自回归（TR）模型和平滑转换回归模型（STR）。

（1）马尔科夫机制转换（MRS）模型。该类模型是通过设定一条外生不可观测马尔科夫链，通过其随机转移的特点来达到机制转换的目的。引入马尔科夫区制转移过程的泰勒规则模型可以表示为：

$$i_t = (1 - \rho_{S_t})[\bar{r} + \pi_t + \alpha_{S_t}(\pi_t - \pi^*) + \beta_{S_t} y_t] + \rho_{S_t} i_{t-1} + v_t \qquad (2-6)$$

迈克尔等（Michael et al., 2013）利用印度 1987 年第一季度至 2008 年第四季度的数据，基于马尔科夫转换模型估计了印度央行的时变型泰勒规则，结果发现，货币政策反应参数的变化因货币政策制度的变化而具有区制转移特征，其中货币政策制度主要分为两种："鹰派"体制（货币政策的首要目标是缓解通胀）和"鸽派"体制（货币政策的首要目标是缩小产出缺口）。郑挺国和刘金全（2010）对我国 1992～2009 年货币政策反应关系进行实证研究，结果表明，我国货币政策反应具有明显的区制转移特征，可以将我国货币政策规则性分为"惰性"区制和"活性"区制，不同区制反映了利率对通胀缺口和实际产出缺口的不同政策反应。程建华和王冲（2015）选取我国 1996 年第一季度到 2014 年第二季度的数据为研究样本，研究我国货币政策泰勒规则的时变参数特征，结果表明具有马尔科夫区制转移的泰勒规则能更好地适用中国的实际政策，利率对通货膨胀的调整存在积极和消极两个区制状态，但对产出并未起到调节作用。沈等（Shen et al., 2016）选取了我国 1998 年第一季度至 2013 年第三季度的数据，并按照通货膨胀和资产价格增长率设定临界值来将样本分成高价区制和低价区制，通过实证发现货币政策反应系数的变化服从区制转移，央行在高价区制中更重视缓解通胀，在低价区制中则更重视缩小产出缺口，这与迈克尔等（Michael et al., 2013）中所谓的货币政策"鹰派"和"鸽派"体制相一致。

（2）门限回归模型。这类方法通过选择某个可观测变量作为门限变量，门限内外的模型具有的不同参数特征。门限回归形式的泰勒规则模型可简单表示为：

$$i_t = \begin{cases} (1-\rho_1)\{\bar{r} + \pi^* + \alpha_1[\pi_{t+n} - \pi^*] + \beta_1 y_{t+k}\} + \rho_1 i_{t-1} + \varepsilon_{1t}, & z_t \leq \gamma \\ (1-\rho_2)\{\bar{r} + \pi^* + \alpha_2[\pi_{t+n} - \pi^*] + \beta_2 y_{t+k}\} + \rho_2 i_{t-1} + \varepsilon_{2t}, & z_t \geq \gamma \end{cases}$$

$$(2-7)$$

其中，Z_t 为门限变量，γ 为门限参数，α_1 和 β_1、α_2 和 β_2 分别为名义利率在两种区制下对通胀缺口和产出缺口的反应参数。张小宇（2013）利用 GDP 累计同比增速作为门限变量构建门限回归模型，按照估计的门限参数值对我国的经济周期进行划分，并对不同区制内的泰勒规则模型进行参数估计。检验发现在经济周期的不同阶段，央行针对通胀缺口和产出缺口调整名义利率的机制和模式是不同的。朱等（Zhu et al.，2017）利用美国 1995 年第二季度到 2015 年第四季度的数据，使用 MCMC 方法估计了一个前瞻性门限泰勒规则，实证结果表明带有时变门限值的前瞻性门限泰勒规则能很好地拟合美国的货币政策操作。

（3）平滑转换回归模型是通过设定一个平滑的连续转换函数，作为权值函数对条件均值加权，以达到机制转换目的。平滑转换回归的泰勒规则模型形式为：

$$R_t = \rho R_{t-1} + (1-\rho)\{\beta_1' x_t [1 - F_1(x_{jt};\ \gamma_1,\ c_1,\ c_2)]$$
$$+ \beta_2' x_t F_1(x_{jt};\ \gamma_1,\ c_1)\}[1 - F_2(t;\ \gamma_2,\ c_3)]$$
$$+ (1-\rho)\{\beta_3' x_t [1 - F_1(x_{jt};\ \gamma_1,\ c_1,\ c_2)]$$
$$+ \beta_4' x_t F_1(x_{jt};\ \gamma_1,\ c_1,\ c_2)\} F_2(t;\ \gamma_2,\ c_3) + \varepsilon_t \qquad (2-8)$$

其中，$x_t = (1,\ \pi_t - \pi^*,\ y_t)'$，$\beta_i (i = 1,\ 2,\ 3,\ 4)$ 代表在不同区制组合下，利率对通胀缺口和产出缺口的调整参数；转移函数 F_1 的转移变量 x_{jt} 可取产出缺口或通胀缺口，转移函数 F_2 的转移变量取时间趋势 t；γ 为转移函数中的斜率参数，测度变量由一区制转向另一区制时的平滑程度，γ 越小代表区制转换速度越慢；c 是位置参数，测度变量进行区制转换的转折点。耿中元、李薇和翟雪（2016）使用我国 2001 年第四季度至 2014 年第四季度的数据，通过平滑转换回归模型，展开对考虑金融稳定目标的非线性泰勒规则的实证检验，发现加入金融稳定并以滞后一期产出缺口为转换变量的泰勒规则呈现时变参数特征，且拟合优度更好。

2.2　引入政府债务变量的货币政策反应规则的理论与实证

理论上讲，中央银行货币政策具有独立性，不能通过增加货币发行为政府债务融资，因此货币政策规则的目标变量通常未包括政府债务因素，但这并不意味着货币政策规则对通货膨胀和产出的反应系数不会受到政府债务因素的约束和干扰。本节基于凯恩斯主义的分析框架，对传统的泰勒规则进行扩展，推导出含有政府债务约束的货币反应规则；并以多个国家的实际数据为样本，通过多元门限回归模型进行实证检验。

2.2.1 理论模型

按照克拉丽达、加利和格特勒（Clarida，Gali & Gertler，1999）给出的理论框架，假设中央银行货币政策的目标是最小化如下形式的二次损失函数：

$$\min\left\{\frac{1}{2}\left[\alpha x_t^2 + \pi_t^2\right]\right\}$$

其中，$x_t = y_t - z_t$ 表示 t 时期的产出缺口，可看作是 t 时期的名义产出 Y_t 的对数 $y_t = \log(Y_t)$ 相对于其长期趋势值 z_t 的偏离。假设目标通货膨胀率为 0，实际通货膨胀率 π_t 也反映其与目标通货膨胀率的偏离。将通货膨胀在目标函数中的权重名义化为 1，参数 α 反映了产出缺口在货币政策目标函数中所占的权重。

约束方程主要包括：

$$x_t = -\varphi\left[i_t - E\pi_{t+1}\right] + E_t x_{t+1} + \varepsilon_t \qquad (2-9)$$

$$\pi_t = \lambda x_t + \beta E_t \pi_{t+1} + u_t \qquad (2-10)$$

$$u_t = \rho u_{t-1} + \hat{u}_t, \quad \hat{u}_t \sim i.i.d(0, \sigma_u^2), \quad 0 < \rho < 1 \qquad (2-11)$$

其中，式（2-9）为含有预期的 IS 曲线，它可以由代表性家庭效用最大化条件下的消费欧拉方程推导而得，表示当前产出缺口与预期真实利率和预期产出缺口之间分别呈现负向和正向的关系。式（2-10）为传统的 Phlips 曲线，描述本期通货膨胀率与产出缺口及预期通货膨胀率之间的关系。u_t 反映来自成本推动的冲击，$\hat{u}_t$ 和 ε_t 是零均值和常数方差项的独立同分布干扰项。

克拉丽达、加利和格特勒（Clarida，Gali & Gertler，1998）通过求解上述最优化问题，得到目标政策利率对预期通货膨胀率的反应函数：

$$i_t = \beta_\pi E_t \pi_{t+1} + \frac{1}{\varphi}\varepsilon_t \qquad (2-12)$$

这一货币政策规则已经同时考虑了产出和通货膨胀率的调控目标，

$\beta_\pi = 1 + \dfrac{(1-\rho)\lambda}{\rho\varphi\alpha} > 1$，表示预期通货膨胀率的上升需要名义短期利率更大幅度地提高，以使真实利率上升、进而影响真实产出和通货膨胀率水平。

然而，这一形式的利率规则并没有反映当政府债务规模过高时，货币政策规则可能受到的约束。当政府债务规模较低时，税收净收入可满足政府的偿债需求和债务冲击，因而不会对政府支出产生影响；但当政府债务规模较高、政府债务占 GDP 的比例超过一定水平时，仅靠税收收入将无法承受债务负担的增长，政府支出将面临缩减的压力。为此，引入如下关系式：

$$\left(\frac{G_{t+1}}{Y_{t+1}}\right) = \phi_0 - \phi_1\left[(r_{t+1} - \hat{y}_{t+1})b_t\right] + \eta_{t+1}, \quad \eta_t \sim i.i.d\ (0,\ \sigma_\eta^2)$$

$$(2-13)$$

式（2-13）表示未来的政府支出依赖于现有政府债务水平及付息支出的增加。其中，$\dfrac{G_t}{Y_t}$ 为政府支出占 GDP 的比例，r_t 为真实利率，$\hat{y}_t = y_t - y_{t-1}$ 为产出增长率，b_t 是政府债务占 GDP 的比例。存在某一临界值 b^*，当 $b_t > b^*$ 时，$\phi_1 > 0$，意味着当中央银行提高货币政策利率时，不但影响家庭部门的消费，还会加重政府债务负担、降低政府支出（不但影响消费，还会受到加重政府债务负担、缩减政府支出的约束）；而当 $b_t \leqslant b^*$，$\phi_1 = 0$，此时利率的调整无须考虑对政府支出的影响。结合上述各方程，斯罗博纳（Srobona，2007）得到含有政府债务变量情况下的货币政策利率与通货膨胀率之间的反应函数：

$$i_t = \beta_\pi' E_t \pi_{t+1} + \left(\frac{\phi_1 \cdot b}{\phi + \phi_1 b}\right) \cdot r_{t+1}^e + \frac{\lambda}{\alpha} \cdot \left(\frac{\phi_1 \cdot b}{\phi + \phi_1 b}\right) \cdot \pi_{t-1} + \left(\frac{1}{\phi + \phi_1 b}\right) \cdot \varepsilon_t'$$

$$(2-14)$$

其中，$r_{t+1}^e = E_t(i_{t+1} - \pi_{t+2})$ 表示预期真实利率。

$$\beta_\pi' = \beta_\pi + \left(\frac{\varphi}{\varphi + \phi_1 b} - 1\right) \cdot \beta_\pi + \frac{\phi_1 \cdot \varphi}{\varphi + \phi_1 \cdot b} \cdot \left(\frac{(\rho(\alpha+\lambda) - 2\lambda) \cdot b}{\alpha\rho\varphi}\right)$$

$$(2-15)$$

由式（2-15）可见，如果 $b < b^*$，$\phi_1 = 0$，$\beta_\pi' = \beta_\pi$，式（2-14）将

退变为式（2-12），表明当政府债务规模处于较低水平时，货币政策利率对通货膨胀率的反应函数与未考虑政府债务因素时的情况相同。但当 $b > b^*$ 时，$\phi_1 > 0$，此时式（2-9）中的第二项 $\frac{\varphi}{\varphi + \phi_1 \cdot b} - 1 < 0$，而第三项 $\frac{\phi_1 \cdot \varphi}{\varphi + \phi_1 \cdot b} \cdot \left(\frac{(\rho(\alpha + \lambda) - 2\lambda) \cdot b}{\alpha \rho \varphi} \right)$ 的符号依赖于 α 和 λ 的相对大小。由于 $0 < \rho < 1$，当 $\alpha \leqslant \lambda$，即产出波动在央行目标决策函数中所占的权重较低、货币当局较为关注通货膨胀目标（比如实行明确的通货膨胀目标制的国家）时，$\frac{\phi_1 \cdot \varphi}{\varphi + \phi_1 \cdot b} \cdot \left(\frac{(\rho(\alpha + \lambda) - 2\lambda) \cdot b}{\alpha \rho \varphi} \right)$ 也为负值，此时 $\beta_\pi' < \beta_\pi$；而且 β_π' 对 b 进行求导，$\frac{\partial}{\partial b} \beta_\pi' < 0$，可见，随着政府债务规模的增加（$b_t$ 增大），利率对预期通货膨胀率的反应系数 β_π' 将降低。这充分地体现出：在较高的政府债务水平和增长幅度的"压力"（情况）下，货币当局应对通货膨胀而调控利率的程度将受到影响和约束。另外，式（2-14）中的第 2 项和第 3 项分别描述了当期利率对预期未来利率和前期通货膨胀率的反应。两项系数均为正值，表明未来预期利率上升或者前期通货膨胀率上升都将推升本期利率，各自的反应系数也受到政府债务变量的影响。综合上述各方面，如果政府债务占 GDP 的比例高于某一临界水平，货币政策利率对通货膨胀预期的响应降低。随着政府债务水平的增长，货币政策应对通货膨胀的能力受到约束，这可能使得中央银行在提高货币政策利率以应对预期未来较高的通货膨胀压力时会面临短期利率上升导致国债融资负担加重、政府债务成本增加的压力，货币政策利率对预期通货膨胀的反应系数下降。

2.2.2　实证检验模型设计

根据罗杰（Roger，2009）、阿曼德和罗杰（Armand & Roger，2013）等人对实行通货膨胀目标制国家及其开始实行该制度时间的统计，本书首先选择英国、澳大利亚、新西兰、瑞典等 4 个高收入国家以及泰国、墨西哥、南非等 3 个新兴市场国家共 7 个国家为研究样本，对包含政府债务约束的货币政策反应方程进行实证检验，估计出政府债务变量（政府债务占 GDP 比例）的临界值水平，以及货币政策利率对预期通货膨胀率及产出缺口的反应系数。

根据本章第一节所述，经典的带有利率平滑特征的前瞻性泰勒规则可表示为：

$$i_t = (1-\rho)\alpha + (1-\rho)\beta \cdot \pi_{t+n} + (1-\rho)\gamma \cdot y_{t+n} + \rho \cdot i_{t-1} + \varepsilon_t$$

$$(2-16)$$

其中，i_t 表示作为货币政策中介变量的短期名义利率，$\rho \in [0,1]$ 是利率平滑参数，表示货币当局的当期利率决定兼顾滞后一期的利率水平。π_{t+n} 是 $t+n$ 期相对 t 期的通胀率。y_{t+n} 是预期的产出缺口。β 和 γ 分别反映了央行面对预期通货膨胀和产出缺口做出反应的政策参数。ε_t 为随机扰动项。基于上一小节的理论推导，我们对式（2-16）进行扩展，建立如下式所示的含门限变量的多元回归模型：

$$i_t = (1-\rho')\alpha' + (1-\rho')\beta' \cdot \pi_{t+n} + (1-\rho')\theta_1 (DUM) \pi_{t+n}$$
$$+ (1-\rho')\gamma' \cdot y_{t+n} + \rho' \cdot i_{t-1} + \nu_t \qquad (2-17)$$

其中，DUM 为虚拟变量，当政府债务占 GDP 的比例（debt/GDP）大于某一门限临界值 b^* 时，$DUM = 1$；否则，$DUM = 0$。根据式（2-14）和式（2-15）可知，θ_1 应为负值，表示当政府债务占 GDP 比例高于临界值时，货币政策利率对预期通货膨胀率的反应系数将下降为：

$$(1-\rho') \cdot (\beta' + \theta_1)$$

为了更好地对模型（2-17）进行实证检验，可将其重新写成如下形式：

$$i_t = \tilde{\alpha} + \tilde{\beta} \pi_{t+n} + \tilde{\theta} (DUM) \pi_{t+n} + \tilde{\gamma} y_{t+n} + \rho' i_{t-1} + \nu_t \qquad (2-18)$$

其中，$\tilde{\alpha} = (1-\rho')\alpha'$，$\tilde{\beta} = (1-\rho')\beta'$，$\tilde{\gamma} = (1-\rho')\gamma'$，$\tilde{\theta} = (1-\rho')\theta_1$。

考虑到存在序列相关和自回归条件异方差，对于本文样本中包括的每一个国家，我们采用 GMM 方法估计式（2-18）的参数向量 $[\tilde{\alpha}, \tilde{\beta}, \tilde{\theta}, \tilde{\gamma}, \rho']$，并进一步计算出式（2-17）中的各参数 $[\alpha', \beta', \theta_1, \gamma', \rho']$。由于选用季度数据，本书设定 $n=4$。采用纽威和外斯特（Newey & West, 1987）的异方差和自相关一致协方差最优加权矩阵进行加权。在用工具变量的滞后项计算自协方差矩阵时，借鉴卡志村（2006）、李琼和王志伟（2009）、郑挺国和王霞（2011）、怀尔德（Wilde, 2012）以及维拉维琴西奥（Villavicencio，2013）等人的做法，模型的工具变量集合包括滞后的产出缺口 y_t、通货膨胀率 π_t、短期利率 i_t 和产出增长率 g_t，这些变量能够预测产出和通货膨胀，并且外生于短期利率。在利用 GMM 方法估计过程中根据各个样本国家的实际情况选择各工具变量的滞后阶数。样本国家工具变量使用情况及其门限的临界值，如表 2 - 1 所示。

表 2 - 1　　　　　样本国家工具变量使用情况及其门限的临界值

国家名称	工具变量及其滞后阶数
英国	π_{t-1}，π_{t-2}，π_{t-3}；y_{t-1}，y_{t-2}，y_{t-3}；i_{t-1}，i_{t-2}，i_{t-3}；g_{t-1}，g_{t-2}，g_{t-3}
澳大利亚	π_{t-1}，π_{t-2}，π_{t-3}，π_{t-4}；y_{t-1}，y_{t-2}，y_{t-3}，y_{t-4}；i_{t-1}，i_{t-2}，i_{t-3}，i_{t-4}；g_{t-1}，g_{t-2}，g_{t-3}，g_{t-4}
新西兰	π_{t-1}，π_{t-2}，π_{t-3}；y_{t-1}，y_{t-2}；i_{t-1}，i_{t-2}；g_{t-1}，g_{t-2}，g_{t-3}
瑞典	π_{t-1}，π_{t-2}，π_{t-3}；y_{t-1}，y_{t-2}，y_{t-3}，y_{t-4}；i_{t-1}，i_{t-2}，i_{t-3}；g_{t-1}，g_{t-2}，g_{t-3}
泰国	π_{t-1}，π_{t-2}，π_{t-3}；y_{t-1}，y_{t-2}，y_{t-3}；i_{t-1}，i_{t-2}，i_{t-3}；g_{t-1}，g_{t-2}，g_{t-3}
瑞士	π_{t-1}，π_{t-2}，π_{t-3}，π_{t-4}；y_{t-1}，y_{t-2}，y_{t-3}，y_{t-4}；i_{t-1}，i_{t-2}，i_{t-3}，i_{t-4}；g_{t-1}，g_{t-2}，g_{t-3}，g_{t-4}
墨西哥	π_{t-1}，π_{t-2}；y_{t-1}，y_{t-2}；i_{t-1}，i_{t-2}；g_{t-1}，g_{t-2}
南非	π_{t-1}，π_{t-2}；y_{t-1}，y_{t-2}；i_{t-1}，i_{t-2}；g_{t-1}，g_{t-2}

对于样本中的每一个国家，根据该国实行通货膨胀目标制的时间来确定样本区间。在样本区间内，统计得到该国政府债务占 GDP 比例的变化范围，然后在该区间内按间隔 0.1%，依次对政府债务占 GDP 比例的临界值 b^* 进行赋值；对于每一次试取的门限临界值 b^*，利用 Eviews 软件，得到式（2.18）在该门限取值下的 GMM 参数估计值及相应的 Hansen-J 统计量。然后对得到的一系列 J 统计量值进行检索比较，选择 J 统计量最小时的门限临界值 b^* 及相应的 GMM 参数估计值为模型最终的估计结果。整个过程利用 Eviews 7.0 编程完成。

模型中具体指标的选取及相关的数据处理如下所述:

（1）短期利率: 所选国家银行间月度基准利率或国债短期利率, 进行简单加和求平均得到每季度的短期利率。

（2）通货膨胀率: 所选国家月度同比 CPI 或月度通货膨胀率, 将季度内各月 CPI 数据的算术平均数作为季度 CPI。

（3）产出缺口: 所选国家季度 GDP, 并利用 $X-11$ 季节调整方法, 剔除实际季度 GDP 的季节成分得到实际 GDP, 即实际产出 Yt; 再采用 $H-P$ 滤波方法测算潜在产出 Zt, 进而得到产出缺口 = (实际产出 - 潜在产出)/潜在产出 × 100%。

（4）产出增长率: (本季度 GDP - 上一季度 GDP)/上一季度 GDP × 100%。

（5）debt 占 GDP 比例: 样本国家每年的政府债务总额占 GDP 的比, 并利用 Eviews 软件作频率转换把年度 debt - GDP 的比转化成季度 debt - GDP 的比。以上除了政府债务占 GDP 比例数据来源于世界银行网站之外, 其他均来自 Wind 数据库。

2.2.3　统 计 与 检 验 结 果 分 析

1. 描述性统计分析

样本期中各国家的政府债务占 GDP 比例的描述性统计如图 2 - 1 和表 2 - 2 所示。在高收入国家中, 英国的 debt/GDP 在 1990 年第一季度至 2013 年第四季度期间一直维持在较高水平, 整个样本区间内 debt/GDP 在 [30.9%, 90.21%] 之间波动, 均值高达 47.74%, 且波动幅度较大, 标准差为 17.79。而瑞典、新西兰和澳大利亚政府债务率水平相对较低, 均值分别为 45.07%、28.86% 和 20.87%。相比之下, 三个样本新兴市场国家的政府债务率的波动幅度（标准差）较小。结合图 2 - 1 （各国政府债务占 GDP 走势）我们发现, 2008 年金融危机之后, 各国政府为刺激经济增长开始实行积极的财政政策, 致使 debt/GDP 呈现快速的上升态势, 其中英国、澳大利亚和新西兰及南非的政府债务率增长最为明显。

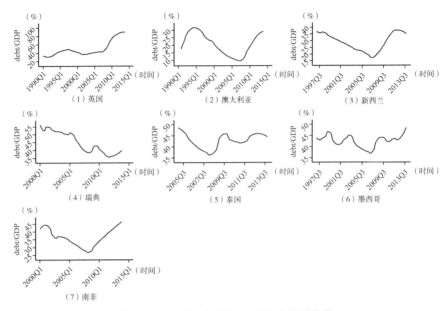

图 2 - 1　各国政府债务占 GDP 比率的变化

表 2 - 2　　　　　　　　　　　样本国家政府债务率变化情况

国家	样本期	政府债务占 GDP 比例的情况			
		均值（%）	标准差	最小值（%）	最大值（%）
英国	1990.1 ~ 2013.12	49.5	17.79	30.9	90.21
澳大利亚	1991.1 ~ 2013.12	20.87	7.26	9.422	31.81
新西兰	1997.1 ~ 2013.12	28.86	6.603	17.21	37.84
瑞典	2000.1 ~ 2013.12	45.07	6.744	35.79	56.05
泰国	2005.1 ~ 2013.12	42.85	3.329	36.26	48.66
墨西哥	1996.7 ~ 2013.12	42.73	2.594	36.78	48.38
南非	2001.1 ~ 2013.12	36.38	5.642	26.79	46.38

2. 实证检验结果分析

为克服模型中的内生解释变量问题，按前文所述的过程，我们使用广义矩（GMM）方法估计含有政府债务门限值的前瞻性泰勒规则以得到参数的一致估计量；各样本国家的政府债务门限值和参数估计结果如表 2 - 3 所示。

表 2 - 3　　　　　　　　　　样本国家的门限值及参数估计结果

国家名称	门限值 b^*	参数估计值及标准差				
		α'	β'	γ'	θ'	ρ'
英国	45.7%	4.545 *** (0.226)	1.608 *** (0.097)	0.19 *** (0.062)	-0.788 *** (0.1446)	0.784 *** (0.043)
澳大利亚	21.8%	2.34 *** (0.759)	2.04 *** (0.07)	-0.788 *** (0.025)	-1.625 *** (0.042)	0.921 *** (0.028)
新西兰	28.3%	0.589 (0.412)	2.42 *** (0.153)	0.795 *** (0.075)	-0.932 *** (0.112)	0.838 *** (0.046)
瑞典	38.8%	2.857 *** (0.125)	2.19 *** (0.142)	1.571 *** (0.035)	-1.857 *** (0.146)	0.93 *** (0.055)
泰国	43.3%	-1.01 *** (0.20)	1.55 *** (0.03)	2.53 *** (0.021)	-0.355 *** (0.04)	0.80 *** (0.058)
墨西哥	45.1%	-0.432 (0.524)	1.636 *** (0.146)	0.71 *** (0.069)	-1.318 *** (0.219)	0.78 *** (0.098)
南非	42.1%	-0.097 (0.823)	1.294 *** (0.087)	1.32 *** (0.073)	-0.941 *** (0.095)	0.831 *** (0.056)

注：表中的各参数即为式（2 - 11）中参数估计结果，即利用 GMM 方法估计式（2 - 12）后所得参数除以（$1 - \rho'$)，如 $\alpha' = \dfrac{\tilde{\alpha}}{(1 - \rho')}$，以此类推。

　　结果显示，模型中的大部分系数均在 1% 的水平上显著，说明含有政府债务门限效应的前瞻性泰勒规则能够较好拟合样本国家的短期利率走势。利率平滑参数 ρ 在各个国家的前瞻性泰勒规则的估计结果中均显著为正，且小于 1，说明各国的货币当局不是完全根据目标利率设定当期的利率水平，每次利率调整幅度仅消除前一期利率水平和当期目标利率之间的偏差（$1 - \rho$），货币政策具有明显的利率平滑特点；其中澳大利亚和瑞典的利率平滑参数相较于其他国家来说最高，分别为 0.921 和 0.93，表明这两个国家的短期利率的平滑特点更加明显，货币当局更加注重利率的平滑性以避免利率剧烈变化引起市场过度扰动。除澳大利亚外，其他各国的短期名义利率对产出缺口的反应系数 γ' 均大于 0，说明实际产出超出潜在产出，中央银行会提高短期利率，以使经济恢复均衡产出的水平。模型中短期利率对通货膨胀的反应系数 β' 均大于 1，预期通货膨胀上升需要短期利率更大幅度的提高，从而使实际利率上升，进而影响产出和通货膨胀（Clarida et al.，1999），这一结果也说明前瞻性泰勒规则可以较好地描述样本国家的货币政策。但是，在引入政府债务因素的影响后，在各国家的前瞻性泰勒规则方程中关键解释变量 $(DUM)\pi_{t+4}$ 前的系数 θ' 均显著为负，这一结果表明：当一国政府债务率超过门限值 b^* 时，过高的政府债务将会对中央银行的货币政策操作产生约束效应，央行在提高货币政策利率以应对预期未来较高的通货膨胀压力时，会面临利率上升导致国债融资成本增加、政府债务负担加重的压力，短期名义利率对预期通货膨胀的反应系数降至 $(\beta' + \theta')$。相反，当政府债务水平低于门限值时，央行的利率调整无须考虑对政府债务的影响，短期名义利率对预期通货膨胀的反应系数仍为 β'。例如，在表 2 - 3 的估计结果中，英国的政府债务门限值为45.7%，当政府债务在这一水平以下时，货币政策短期利率对预期通货膨胀率的反应系数 β' 为 1.608（大于1），符合泰勒规则；当政府债务超出这一水平时，短期利率对预期通货膨胀率的调整受到政府债务过高的限制，此时预期通货膨胀率每提高 1 个百分点，央行的货币政策利率仅提高 $0.82(\beta' + \theta' = 1.608 - 0.788)$。图 2 - 2 显示，2008 年一季度之后英国政府债务占 GDP 比率超过 45.7% 的门限值并迅速增长，在这种情况下，尽管 2009 年三季度至 2011 年通货膨胀率也有明显上升，但短期利率并未因此而有明显的上升。新西兰的政府债务门限值为 28.3%，当政府债务在这一水平以下时，货币政策短期利率对预期通货膨胀率的反应系数 β' 为2.42（大于1），符合泰勒规则；但当政府债务超出这一水平时，由于较高的利率会提高政府债务成本，因此预期通货膨胀率每提高 1 个百分点，货币政策利率仅提高 $1.488(\beta' + \theta' = 2.42 - 0.932)$。图 2 - 3 显示，2008年四季度之后新西兰政府债占 GDP 比率迅速增长，而在 2010 年四季度至 2011 年四季度期间通货膨胀率也有明显上升，但是短期利率的走势显示，在通货膨胀率明显上升的这段时间前后，利率并未因当前及未来通货膨胀率的上升而呈现明显的上升趋势。

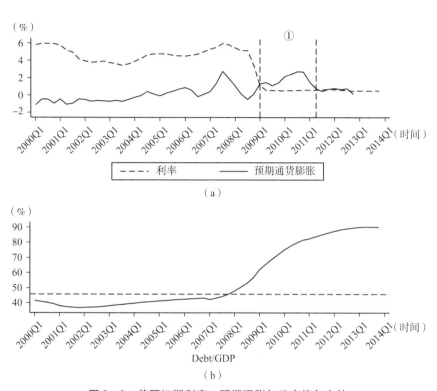

（a）

（b）

图 2 - 2　英国短期利率、预期通胀与政府债务走势

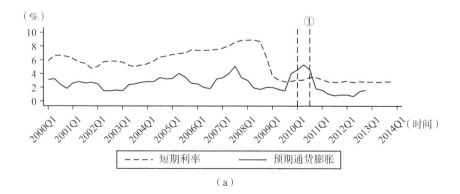

（a）

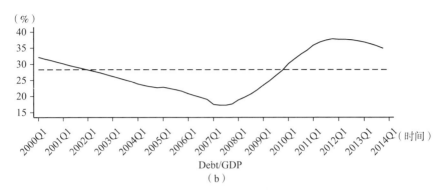

图 2 - 3　新西兰短期利率、预期通胀与政府债务走势

　　国内已经有较多的文献实证检验了利率泰勒规则在中国的适用性，如谢平和罗雄（2002），卞志村（2006）、肖奎喜和徐世长（2011）等。针对泰勒规则系数存在不稳定性和时变性，我们进一步用式（2 - 18）所示的含有政府债务因素的利率泰勒规则对我国的数据进行实证检验。借鉴以往研究的做法，我们选择 7 天银行间同业拆借利率作为名义短期利率的指标，其他指标变量均如前所述。模型的估计结果如表 2 - 4 所示。

表 2 - 4　　含有政府债务变量的中国利率泰勒规则模型估计结果

国家	门限值 b^*	参数估计值及标准差				
		α'	β'	γ'	θ'	ρ'
中国	18.70%	1.340 *** (0.073)	2.124 *** (0.05)	1.303 *** (0.038)	- 1.236 *** (0.052)	0.911 *** (0.019)

　　利率平滑参数 ρ 的估计结果为 0.911，显著异于 0，说明我国货币当局在调整利率水平时遵循平滑行为，避免利率的频繁波动带来市场扰动。名义利率对未来预期产出缺口的反应系数 γ' 为 1.303，说明若预期实际产出超出潜在产出，货币当局会提高短期利率，以使经济恢复均衡产出的水平。在引入了政府债务因素之后，利率泰勒规则中的短期利率对通胀缺口的反应系数 β' 为 2.124，显著大于 1，预期通货膨胀率（DUM）π_{t+4} 前的系数 θ' 为 - 1.236，显著为负，这一结果表明：当我国政府债务率超过一定

水平时，中央银行在提高货币政策利率以应对预期未来较高的通货膨胀压力时，会面临利率上升导致国债融资成本增加、政府债务负担加重的压力，短期名义利率对预期通货膨胀的反应系数降至（$\beta' + \theta' = 2.124 - 1.236 = 0.888$）。由图 2 – 4 可见，我国自 2000 年以来的大部分时间里，政府债务占 GDP 的比例接近或者超过模型估计的门限临界水平；在某些时段，比如①和②，对应于政府债务占 GDP 比例突破门限临界值，短期利率的上升幅度显然低于预期通货膨胀率的上升幅度。这可以在一定程度上解释刘金全和张小宇（2012）"我国名义利率对通胀缺口的时变反应系数在大部分样本时期内显著小于1"的研究结果。

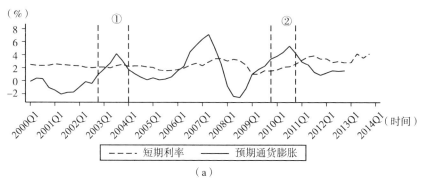

（a）

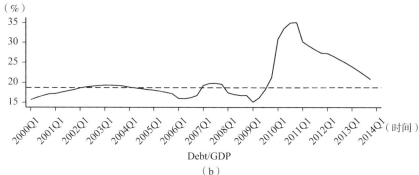

Debt/GDP

（b）

图 2 – 4　中国短期利率、预期通胀与政府债务走势

总之，中央银行根据货币政策规则调节基准利率的做法有助于提高货币政策的有效性、可信性和透明度。一些研究者已经用带有时变参数的利率规则模型来描述和刻画利率对预期通胀率的时变调整。为进一步深入探究货币政策反应的这种时变特征是否与政府债务状况有关，本节在传统泰勒规则模型的基础上，从政府债务对于家庭部门具有净财富效应、政府债务状况影响政府预算进而影响政府支出这两个方面，推导出含有政府债务变量的货币政策规则，其中利率对预期通胀的反应系数与政府债务占 GDP 比重有关；在此基础上，进一步利用多个国家的宏观数据检验含有政府债务门限值的前瞻性"泰勒规则"模型。实证结果显示：当一国政府债务率超过门限值时，过高的政府债务将会对中央银行的货币政策操作产生约束效应，中央银行在提高货币政策利率以应对预期未来较高的通货膨胀压力时，会面临利率上升导致国债融资成本增加、政府债务负担加重的压力，货币政策利率对预期通货膨胀的反应系数下降。

当然，值得说明的是，在货币政策利率规则中，关于通货膨胀和产出目标权重的选择、潜在值进而缺口的测算、基准利率指标的选择、当前值和滞后值的设定等，理论界仍有一定的争议或者不同量化方法和标准。这会对引入政府债务变量情况下，估测货币政策利率对通胀变动的反应系数带来一定的影响。未来对这一问题的深入探索，将从理论上完善和丰富了货币政策利率规则的相关理论，从实践上也有助于货币政策当局面对政府债务状况的变化，合理确定和调整基准利率、把握好货币政策的节奏和力度。

2.3 政府债务因素影响货币政策反应的动态一般均衡分析

本节进一步利用动态一般均衡模型（DSGE），建立政府债务因素影响货币政策反应的理论框架。很多应用 DSGE 模型的研究在设定家庭部门的交易约束以及政府预算约束条件时，通常依据"李嘉图等价"这一假设，即在特定前提（例如完备的资本市场、一次总付税、代际利他和债券增长不能超越经济增长）下，政府是通过发行国债还是通过税收来融资，以及政府发行债券的路径安排（政府债务融资规模和期限结构）并不会影响经济中的消费、投资、产出和利率水平。因此只引入设定单期收益率的银行存款或者短期债券，而未考虑持有长期债券规模和期限的变化。少数一些采用 DSGE 模型分析非常规货币政策效应的研究文献尽管引入了政府长期债券变量，但却没有将市场利率作为影响政府发债成本进而债券规模的重要因素，例如，库利什（Kulish，2007）、库迪亚和费列罗（Cúrdia & Ferrero，2011）假设政府长期债券规模是服从自回归过程的外生变量；高特勒和卡拉迪（Gertler & Karadi，2012）将政府长期债券规模设定为一常数；埃里森和蒂什比尔克（Ellison & Tischbirek，2013）则假设长期债券的发行量由总产出决定。模型的这些设定显然未能反映政府债务管理部门面对市场利率变化而调节债券发行规模的情况。查达等（Chadha et al.，2013）指出：债务管理者预期未来利率上升时会增加目前长期债券的发行，以锁定当前相对较低的利率水平，由此造成市场上流通债券的平均期限延长；反之，则会更多地发行短期债券，造成市场上短期债券占比上升，债券的平均期限缩短。基于上述，与相关文献相比，本节的扩展之处在于：建立的 DSGE 模型除了在家庭交易约束和政府预算约束中引入政府债券余额之外，还引入可变的债券期限参数，以及政府发债数量受市场利率影响的行为方程，由此分析政府债务规模、债券期限及其政府发债数量对利率的敏感度这三方面因素对货币政策的约束效应。

2.3.1　模型设定

1. 家庭部门

假设代表性家庭的最优化决策是面对交易约束条件，通过选择合适的消费、劳动、储蓄和政府债券，实现跨期效用最大化，即：

$$\max E_0\Big[\sum_{t=0}^{\infty}\beta^t\Big(\frac{1}{1-\sigma}C_t^{1-\sigma}-\frac{N_t^{1+\phi}}{1+\phi}\Big)\Big] \quad (2-19)$$

其中，C_t 为家庭 t 时期的消费水平，N_t 为劳动，$0<\beta<1$ 为贴现因子，反映未来效用函数和当前效用函数之间的替代关系。σ 表示跨期替代弹性，$\phi\geq0$ 为劳动力供给弹性的倒数。

借鉴伍德福德（Woodford，2001）、尤塞皮和普雷斯顿（Eusepiy &

Prestonz，2013）的做法，交易约束条件可设定为：

$$P_t \cdot C_t + B_t + P_t^L \cdot B_t^L + T_t = P_t \cdot W_t \cdot N_t + (1 + \rho \cdot P_t^L) \cdot B_{t-1}^L + R_{t-1} \cdot B_{t-1}$$

$$(2-20)$$

表示家庭将劳动获得的工资收入和前期的金融资产收益，用于消费、缴税及当期的金融投资。其中，P_t 为名义价格水平，T_t 为名义一次性总付税（名义变量），W_t 为单位实际工资水平。B_t 和 R_t 分别表示居民储蓄和名义短期利率水平。B_t^L 和 P_t^L 分别表示政府债券面值及价格。ρ 为反映政府债券平均期限的参数。根据伍德福德（Woodford，2001），假设 t 时点发行的政府债券在未来 $t+j+1$（$j=0$，1，2，…）时点支付的票息率为 ρ^j，$0 \leqslant \rho \leqslant 1$。当 ρ 较高时，意味着票息率的衰减速度缓慢，现金流分布于未来较长时期；ρ 较低，则表明票息率的衰减速度较快，现金流的支付集中于较近时期。这一方法实际是用一个参数 ρ 反映了不同期限债券的现金流特征，ρ 越大，说明家庭持有债券的期限越长。显然，$\rho = 1$ 表示永久债券、即无限期债券；$\rho = 0$，则退化为单期债券。另外，可以证明：多期债券 $t-1$ 时点的价格 P_{t-1}^L 与 t 时点的价格 P_t^L 之间服从关系式：$P_{t-1}^L = (1 + \rho \cdot P_t^L)$，债券的实际期限可表示为 $(1 - \beta \cdot \rho)^{-1}$。由此，我们可以通过调整 ρ 的取值，考察债券期限结构的变化对货币政策及社会福利的影响。

由上述设定可知，家庭部门决策的最优化条件分别为：

$$W_t = C_t^\sigma \cdot N_t^\phi \qquad (2-21)$$

$$\beta \cdot R_t \cdot E_t \left[\left(\frac{C_t}{C_{t+1}} \right)^\sigma \cdot \frac{1}{\pi_{t+1}} \right] = 1 \qquad (2-22)$$

$$P_t^L = \beta \cdot E_t \left[\left(\frac{C_t}{C_{t+1}} \right)^\sigma \cdot \frac{1}{\pi_{t+1}} \cdot (1 + \rho \cdot P_{t+1}^L) \right] \qquad (2-23)$$

其中，$\pi_{t+1} = \dfrac{P_{t+1}}{P_t}$ 为总通货膨胀率。式（2-21）是描述消费边际效用函数和劳动力供给边际效用函数替代关系的方程式，它显示实际工资等于消费与闲暇的边际替代率。式（2-22）是描述居民当前消费和未来消费替代关系的欧拉方程式，显示当期和未来消费水平的变化主要取决于短期利率和通货膨胀率水平。式（2-23）显示出家庭消费还受到债券价格的相对变化及债券期限结构参数的影响。

2. 企业部门

由于本书的重点在于分析政府债券规模和期限因素对货币政策的影响，因此为保持整个模型理论的一致性和模型求解的易处理性，本书借鉴尤塞皮和普雷斯顿（Eusepiy & Prestonz，2013）、埃里森和蒂什比尔克（Ellison & Tischbirek，2013）及金中夏和洪浩（2013）等文的做法，不再将企业区分为最终生产商和中间生产商等。定义典型企业的生产函数为：

$$Y_t = Z_t \cdot N_t \tag{2-24}$$

其中，Z_t 表示技术冲击，满足：

$$\ln(Z_t) = \rho_Z \cdot \ln(Z_{t-1}) + \varepsilon_t^Z \tag{2-25}$$

另外，按照许多文献的标准作法，假设企业每期以 $1-\theta$ 的概率重新设定最优价格水平，则可得到所谓的新凯恩斯主义菲利普斯曲线（new keynesian phillips curve，NKPC）[具体推导参见克里斯蒂亚诺（Christiano，2010），金中夏和洪浩（2013）]。

$$\hat{\pi}_t = \frac{(1-\theta)(1-\theta\beta)}{\theta \cdot \sigma} \cdot \hat{Y}_t + \beta E_t \bar{\pi}_{t+1} + \varepsilon_t^\pi \tag{2-26}$$

其中，$\hat{Y}_t = \ln(Y_t) - \ln(Y)$ 和 $\hat{\pi}_t = \ln(\pi_t) - \ln(\pi)$ 分别表示对数线性化之后的国内生产总值和通货膨胀率。变量 Y 和 π 为国内生产总值和通货膨胀率的稳态值[①]。

3. 政府

包括财政政策规则、货币政策规则、政府债券供给及政府预算约束方程四个方面。

关于财政政策规则，本书借鉴约翰逊（Johnson，2001），格罗尔和乌里韦（Grohe & Uribe，2007），法拉吉亚达（Falagiarda，2013）等研究中的做法，采用所谓的约翰逊（Johnson）财政政策规则，即：

---

① 对于任一变量 X_t，本文用 $\hat{X}_t = \ln(X_t) - \ln(X)$ 表示其对数线性化形式；未加时间下标的变量、即 X 表示其稳态值。由数学知识可知，$\hat{X}_t$ 近似地等于变量 X 相对于其稳态值的偏离。后文同。

$$\tau_t = \tau + \phi_\tau \cdot (b_{t-1}^L \cdot P_{t-1}^L - b^L \cdot P^L) + \varepsilon_t^\tau \qquad (2-27)$$

其中，$\tau_t = \left(\dfrac{T_t}{P_t}\right)$，$b_{t-1}^L = \left(\dfrac{B_{t-1}^L}{P_{t-1}^L}\right)$ 分别表示税收和政府债券在 t 期和 $t-1$ 期的实际余额。ε_t^τ 为税收政策冲击。式（2-27）意味着：政府债券实际市场价值（$b_{t-1}^L \cdot P_{t-1}^L$）相对于其稳态值（$b^L \cdot P^L$）的偏离将决定下一期的政府实际税收。

货币政策规则采用常见的 Taylor 型政策反应函数形式：

$$\ln\left(\frac{R_t}{R}\right) = \rho_m \cdot \ln\left(\frac{R_{t-1}}{R}\right) + \phi_\pi \cdot \ln\left(\frac{P_t}{P_{t-1}}\right) + \varepsilon_t^R \qquad (2-28)$$

其中，ε_t^R 反映了货币政策冲击。这一政策规则描述了货币政策的延续性和央行稳定价格的目标。货币政策的延续性由短期利率的一阶自回归系数 ρ_m 反映；而稳定价格目标体现在中央银行对通货膨胀率的偏离的反应系数 ϕ_π。

类似地，本书设定如下形式的政府债券供给方程，表示政府债券实际余额相对于均衡值的变化除了受到前期自身值的影响之外，还受到前期利率变化的影响：

$$\ln\left(\frac{b_t^L}{b^L}\right) = \rho_{bL} \cdot \ln\left(\frac{b_{t-1}^L}{b^L}\right) + \rho_{bR} \cdot \ln\left(\frac{R_{t-1}}{R}\right) + v_t^{bL} \qquad (2-29)$$

其中，ρ_{bL} 描述了政府债券发行的持续性，ρ_{bR} 反映了政府债券供给对市场利率水平的敏感度，$\rho_{bR}<0$，表示利率水平越低，政府债务成本越低，从而政府债务规模越大。v_t^{bL} 为长期债券供给冲击。

另外，政府的名义预算约束表示为：

$$P_t^L \cdot B_t^L = (1 + \rho \cdot P_t^L) \cdot B_{t-1}^L + G_t \cdot P_t - T_t$$

用实际值表示为：

$$P_t^L \cdot b_t^L = \frac{1}{\pi_t}(1 + \rho \cdot P_t^L) \cdot b_{t-1}^L + G_t - \tau_t \qquad (2-30)$$

最后，市场出清条件为：

$$Y_t = C_t + G_t \qquad (2-31)$$

由上述可见，式（2-21）至式（2-31）构成了包括 Y_t、π_t、W_t、C_t、N_t、R_t、P_t^L、b_t^L、τ_t、G_t、Z_t 共 11 个变量的模型系统。这些方程大部分是

非线性的，因此我们先将其对数线性化，然后进行理论分析和数值模拟。

2.3.2　数值模拟与分析

1. 模型的参数校准

对于模型中用到的 DSGE 模型中一些常用参数，我们直接采用之前国外相关文献中的取值，如扎加利亚（Zagaglia，2009），尤塞皮和普雷斯顿（Eusepiy & Prestonz，2011），法拉吉亚达（Falagiarda，2013）等。具体地，季度贴现因子 β 取值为 0.99，消费者跨期替代弹性系数 σ 和劳动力供给弹性的倒数 ϕ 均取 2，反映企业价格调整粘性的参数 θ 取值为 0.75。货币政策参数方面，反映货币政策延续性的系数 ρ_m 设为 0.70，货币政策对通货膨胀的反应系数 ϕ_π 设为 1.2。财政政策参数方面，实际税收对上一期政府债务余额偏离的反应系数 ϕ_τ 设定为 0.92，这意味着政府采取消极（passive）的财政政策[①]。反映政府债券发行持续性的系数 ρ_{bL} 设定为 0.90，反映政府债券供给对市场利率水平敏感度的系数 ρ_{bR} 设定为 −0.50。通货膨胀（预期）冲击 ε_t^π、货币政策冲击 ε_t^R、技术冲击 ε_t^Z、税收政策冲击 ε_t^τ 和长期债券供给冲击 v_t^{bL} 是均值为 0，标准差分别为 0.5%、0.5%、1%、1% 和 1% 的独立同分布。稳态时，模型中的一些内生变量，如实际税收、消费和政府支出占总产出的比例（即 τ/Y、C/Y 和 G/Y）分别为 0.1972、0.8 和 0.2，就业 N 取 1/3。

2. 数值模拟与脉冲响应分析

本书重点考察面对正向的通货膨胀冲击 ε_t^π，货币政策利率的脉冲响应状况。为了探寻政府债务规模、政府债务期限，以及政府债务规模对利率的敏感程度这三方面因素对货币政策利率响应的不同影响，我们首先在保持其他参数不变（政府债务期限参数 ρ 为 0.8、对应实际平均期限为

[①]　尤塞皮和普雷斯顿（Eusepiy & Prestonz，2011）将其设定为 1.5，对应着积极的财政政策。本书的模拟结果显示，该参数的变化不影响主要结论。

4.5 年；债务成本对利率的敏感系数 ρ_{bR} 为 -0.5）的情况下，将政府债务规模参数（用政府实际债务余额占 GDP 的比重表示，记为 b^l/Y）分别设定为 0.45、0.7、1.5 和 2.0。[①]，借助于 Dynare 软件对模型进行多次模拟，从而得到不同债务规模情况下，利率对通货膨胀冲击的脉冲响应情况，如图 2-5 所示；其次，仍保持债务规模对利率敏感系数不变，而将期限参数调整为 0.9、对应的政府债务平均期限为 10 年，从而分别模拟不同债券规模情况下货币政策利率的脉冲响应函数，相应地得到图 2-6。最后，再保持债务规模参数 $b^l/Y=0.7$、政府债务平均期限为 10 年不变的情况下，将政府债务规模对利率的敏感系数 ρ_{bR} 分别设定为 0、-0.5 和 -1，模拟不同债务成本敏感度时的货币政策利率脉冲响应，对应得到图 2-7。各图均模拟了货币政策利率对通货膨胀一个单位标准差正向冲击的脉冲响应，其中横坐标表示以季度为单位的时间，纵坐标表示利率相对于均衡值的偏离程度。

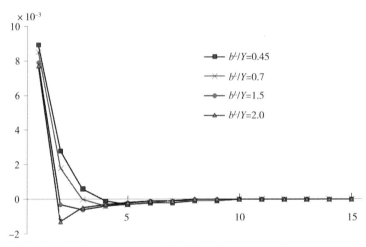

图 2-5　政府债务平均期限为 4.5 年情况下的货币政策利率脉冲响应

---

① 关于政府债务余额占 GDP 的比例，尤塞皮和普雷斯顿（Eusepiy & Prestonz，2011）以美国和日本数据计算，分别为 0.7 和 2。扎格利亚（Zagaglia，2009）以 6 个欧洲货币联盟（EMU）成员国数据计算，平均值为 0.45。

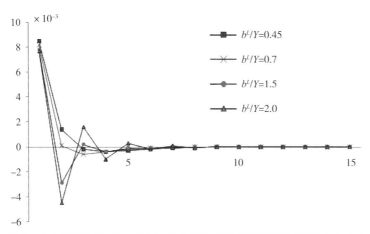

图 2 - 6　政府债务平均期限为 10 年情况下的货币政策利率脉冲响应图

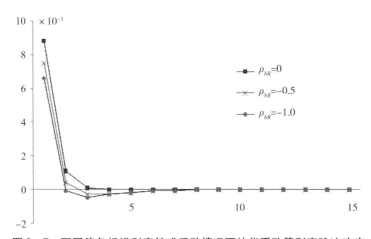

图 2 - 7　不同债务规模利率敏感系数情况下的货币政策利率脉冲响应

图 2 - 5 表明：通货膨胀率的正向冲击在短期内会使得货币政策利率上升，但政府债务规模不同，货币政策利率响应的演变状况有所不同。在图 2 - 5 中，当政府债务规模较低时（如 $b/Y = 0.45$ 和 0.7），面对通货膨胀率的意外上升，货币政策利率也将上升，而且这一正向反应将持续相对较长时间（3 个季度之内）。而如果政府债务规模较高，如（$b/Y = 1.5$ 和 2.0），面对通货膨胀率的意外上升，货币政策利率只在第一期（季度）做出正向反应（随之上升），其后即发生转向。可见，政府债务规模越大，

利率上升对政府债务成本的影响越大，进而货币政策在应对通货膨胀率上升时受到的约束越大。这一结论与斯罗博纳（Srobona，2007）基于加拿大数据进行的实证研究结果相近。该文结果显示：当政府债务占 GDP 的比重突破 50.2% 的临界水平时，中央银行货币政策利率对预期通货膨胀率上升的反应程度将下降。预期通货膨胀率每增加 1 个百分点，央行隔夜利率的上调幅度比不考虑债务因素情况下的上调幅度低 0.99%。对此的一个解释是：央行为抑制通货膨胀而提高利率的货币政策会受到来自较高政府债务成本的压力。

另外，政府债务规模对货币政策响应的约束效应还随着政府债务平均期限的延长而变得更加明显。对比图 2-5 和图 2-6 可知，当政府债务平均期限参数 rho 由 0.8 变为 0.9、即对应的平均期限由 4.5 年变为 10 年左右时，面对通货膨胀率的正向冲击，货币政策利率发生转向的时间提前，转向的幅度也较大。例如，在政府债务平均期限较长的情况下，当政府债务规模较低时，货币政策利率保持上升反应的时间缩短至两个季度；而当政府债务规模较高时，面对通货膨胀率的正向冲击，货币政策利率在第二季度转为下降的幅度也远大于图 2-5 所示的情况。对此的一个解释是政府债务期限越长，债券久期越大，债券价格受利率变化的影响越大，进而对央行货币政策利率实施的约束越大。

图 2-7 显示，在给定政府债务期限与规模的情况下，政府债务规模对利率变化越敏感，面对通货膨胀率的正向冲击，货币政策利率上调的幅度越小，持续的时间越短。这也反映出政府债务成本因素对货币政策反应的约束。

3. 结论性评述

本书通过建立一个由家庭、企业和政府组成的 DSGE 模型，考察了政府债务因素对于货币利率政策的约束效应。模型在家庭交易约束和政府预算约束中都引入了政府债券余额和可变的期限参数，并且政府行为方程中除了包括财政政策规则和货币政策规则之外，还包括了政府发债数量受市场利率影响的行为方程。基于这些设定，通过严格的理论推导和模拟分析，本书的研究揭示：在面对通货膨胀率冲击时，货币政策利率的反应受到政府债务因素的约束和影响。在其他因素不变的情况下，政府债务规模越大，预期通货膨胀率变动引起货币政策利率的反应幅度越小，持续时间也越短。而且政府债券平均期限的延长、政府债务规模对利率变化的敏感度增加，都会加剧政府债务对货币政策利率响应的约束效应。从这个意义上讲，尽管许多发达国家都建立了独立的中央银行，但仍然不能忽视政府债务管理部门对货币当局及货币政策传导机制可能产生的约束；而且对于一些政府债务负担较重的新兴市场国家，在没有降低政府债务水平的情况下采取所谓"通货膨胀率目标制（inflation-target）"的货币政策框架，其有效性也值得怀疑。

随着我国利率市场化进程的推进，利率在货币政策传导中的作用越来越大；而受地方政府债务及人口老龄化等因素的影响，我国近些年来的政府债务规模呈现持续增长的趋势，中央政府的偿债压力进而政府债务管理的紧迫性逐渐显现，利率波动对我国国债发行成本、进而政府债务管理的影响也越来越大。在这种背景下，未来政府债务管理与货币政策之间相互影响和制约将会日益明显，本节的研究结论表明：相关部门在制定货币政策及分析其效应时，应该对政府债务规模及期限变化所可能产生的影响给予足够的重视。

第3章

政府债务因素对货币政策传导的影响

3.1 政府债务因素影响货币政策传导机制的理论基础

3.1.1 货币政策的传导机制及短长期利率关系的经典理论

货币政策传导是指央行通过货币政策工具影响中介目标，进而影响重要的宏观经济变量，以实现既定的货币政策目标的传导途径与作用机理。常规货币政策的传导渠道主要有利率传导、信贷传导、金融资产价格传导和汇率传导渠道四种，其中，利率传导渠道被认为是最重要的货币政策传导渠道。凯恩斯在1936年出版的《就业、利息与货币通论》里将货币政策利率传导过程概括为三个环节。第一个环节是货币供给量变动引起利率变动。人们的流动性偏好一定时，如果货币供给量增加，人们会将多余的货币资金用于购买债券，造成债券价格上升，利率下降。第二个环节是利率变动引起投资规模的变化。企业的投资规模取决于利率与资本边际效率的关系，当利率低于资本边际效率时企业才会扩大投资规模。凯恩斯认为短期内资本边际效率保持不变，所以利率下降到一定水平时投资会相应增加。第三个环节是投资规模变动引起产出的变化。随着投资规模的扩大，增加的投资支出在乘数效应的作用下将提高总需求 AD，引起国民收入和产出 Y 的数倍增加。总的来说，货币扩张政策的传导过程可表示为：

$$M\uparrow\rightarrow r\downarrow\rightarrow I\uparrow\rightarrow AD\uparrow\rightarrow Y\uparrow$$

但值得注意的是，常规货币政策下，中央银行通常只能影响短期利率 SR，而引导企业投资 I 发生变化的是长期利率 LR，因此上述过程可进一步细化为：

$$M\uparrow\rightarrow SR\downarrow\rightarrow LR\downarrow\rightarrow I\uparrow\rightarrow AD\uparrow\rightarrow Y\uparrow$$

其中，M 表示货币供应量，SR 表示短期利率，LR 表示长期利率，I 表示投资、耐消费品和住宅支出，Y 表示产出。由短期利率 SR 向长期利率 LR 的传导过程，是货币政策利率传导过程的核心。两者之间的关系通常用利率期限结构或者国债收益率曲线来反映。央行可以通过对短期利率的调控，并利用有效的利率传导机制，影响长期利率及整条收益率曲线，最终使货币政策起到调控实体经济的目的。或者形象的表述为：中央银行"舞动"收益率曲线的短边，让收益率曲线的长边轻轻"飞扬"，从而通过利率期限结构的变化，对中长期利率乃至利率的风险结构产生影响。只有长期利率与短期利率之间的关系稳定，才能保证货币政策当局能够通过调节短期利率来影响长期利率、进而宏观经济运行。

曼昆（Mankiw，1986）指出"由于长期利率可能是影响总需求的最重要因素，因而不能准确解释长短期利率之间的关系是最令人懊丧的"。许多学者对于短长期利率关系进行了大量的研究。代表性的理论主要有：

（1）预期理论。其主要思想是认为投资者的资金可以在长期和短期债券市场中自由转移，收益率高的债券吸引资金流入，反之，收益率低的债券使得资金流出；根据市场的无套利（no arbitrage）原则，在均衡状态下，不论投资于何种期限的债券，投资者在同一时期跨度内所获得的收益水平将趋于一致。由此，长期债券在 n 个时期中的收益率等于每个一期债券在 n 期中的复合收益率。

$$\left(1+R_t^{(n)}\right)^n = \left(1+r_t\right)\left(1+E_t r_{t+1}^{(1)}\right)\left(1+E_t r_{t+2}^{(1)}\right)\cdots\left(1+E_t r_{t+n-1}^{(1)}\right)$$

$$(3-1)$$

对等式两边取自然对数，近似地可以得到：

$$R_t^{(n)} = (1/n)\left[r_t + E_t r_{t+1}^{(1)} + E_t r_{t+2}^{(1)} + \cdots + E_t r_{t+n-1}^{(1)}\right] \qquad (3-2)$$

可见，长期利率是该期限内预期的短期利率的加权平均值。由此，一条上升的收益率曲线（长期利率大于短期利率）可以解释为投资者预期未来利率将上升。同样地，一条下降的收益率曲线可以解释为投资者预期未来利率将下降。

（2）市场分割理论。卡伯特森（Culbertson，1957）提出市场分割（market segmentation）假设认为，不同投资者对长期和短期债券都有自己的强烈偏好，债券的短期市场和长期市场是完全有效分割的。例如保险公司和养老基金由于负债结构的匹配要求，主要投资于长期债券；而证券投资基金则主要投资于短期债券，它们分别在相互分离的市场中交易，某种期限债券期望收益率的变动不影响市场对另一种期限债券的需求，债券投资的短期收益和长期收益由各自市场上的、分割的供给与需求决定。在目前的市场上，投资者的数量众多，市场之间的联系日益紧密，所以完全的市场分割假设显然不符合市场现实。

（3）流动性偏好及期限风险溢价理论。在预期理论中，投资者并不偏好某种期限的债券，各种期限债券互为完全替代品。但在实践中，人们发现在相同的收益水平下，人们似乎更偏好短期债券，未来总是充满太多的不确定性变化，长期债券唯有价格更低、收益率更高方能吸引投资者。希克斯（1939）提出利率期限结构的流动性偏好理论。在希克斯看来，为稳定未来的资金供给，资金的借方总是希望借贷期越长越好；资金的贷方为避免未来收益的不确定性则希望借贷期越短越好，期限越长资金的流动性越差；投机者的存在弥合了资金借贷、供求在期限长短上的错位，他们借短而贷长，同时索求相应的期限溢价以补偿损失的资金流动性和所承担的风险。由此，长期债券收益水平要高于未来短期债券的预期即期利率，两者之间的差额就是所谓的期限风险溢价。

坎贝尔（Campbell，1986）、卡斯伯森（Cuthbertson，2005）用式（3-3）来反映长期利率与预期未来短期利率之间的关系：

$$R_t^{(n)} = \frac{1}{n}\sum_{k=0}^{n-1}E_t[r_{t+k}] + \Phi_t^{(n)} \tag{3-3}$$

其中，$R_t^{(n)}$ 为到期期限为 n 的长期债券利率，r_{t+k} 代表不同时刻的短期利率，$\Phi_t^{(n)}$ 反映了长期债券相对于短期债券的风险溢价，而 E_t 表示在 t

时刻的市场信息基础上的条件期望。由于大量的研究发现决定风险溢价的因素多且复杂，造成风险溢酬可正可负，甚至会随着时间不断变化，因此造成了短期利率与长期利率之间存在多种可能的关系，即不同形状的利率期限结构曲线。而政府债务变化是影响期限风险溢价 $\Phi_t^{(n)}$、进而短长期利率关系的重要因素。

3.1.2　政府债务变量影响利率期限结构的现代理论模型

在传统的利率期限结构理论中，短期利率是其他期限利率的基准，长期利率则是经风险调整的预期短期利率的平均值。在这一分析框架中，并未考虑长短期债券之间的非完全替代性，以及供求因素的影响。瓦亚诺斯和维拉（Vayanos & Vila，2009）提出的扩展后的优先偏好（Preferred habitat）模型成为近些年来研究国债供求因素与利率期限结构关系的主流框架。其主要内容是：假设市场上有两大类投资者，一类是只持有某种特定期限债券的投资者，即所谓的优先偏好投资者（preferred-habitat investors）。例如，养老金管理者偏好于 15 年期以上的债券，而银行国债投资部门则偏好于 10 年期以下的债券；这些投资者对特定期限债券的需求量是该类期限利率的递增函数；另一类投资者是对不同期限债券没有特定偏好的套利者（arbitrageurs），他们在风险调整后的期望财富最大化目标函数下构建包含不同期限债券的投资组合，其交易行为使得均衡状态下的不同期限利率之间满足无套利条件；以此为出发点，可推导出包含供求因素的利率期限结构模型。而格林伍德和瓦亚诺斯（Greenwood & Vayanos，2010）在上述框架中则引入政府这一发债主体，其对某个期限债券的供给是该期限债券利率的增函数，由此建立了包括供给因素与需求因素在内的多因素分析模型。基于格林伍德和瓦亚诺斯（Greenwood & Vayanos，2010）的研究，假设分别各有一个因素影响国债供给和国债需求，给出简化情形下的相关结论。

具体地，假设国债市场上有三个交易主体：政府、优先偏好投资者和套利者。对于期限为 n 的国债，利率 $R_t^{(n)}$ 增加，一方面会抬高国债发行成本，减少政府的发债数量；另一方面则增加了优先偏好者对债券的需求，两者的共同效应使得政府债券供给减去优先偏好投资者债券需求得到的国债净供给量 $s_t^{(n)}$ 可表示为利率 $R_t^{(n)}$ 的线性递减函数，其形式可表示为：

$$s_t^{(n)} = \alpha(n) n \left[\beta_t^{(n)} - R_t^{(n)} \right] \tag{3-4}$$

其中，$\alpha(n)$ 为不限形式的任意函数，但 $\alpha(n) > 0$；$\beta_t^{(n)} = \bar{\beta} + \theta_1(n) \cdot \beta_{1,t} + \theta_2(n) \cdot \beta_{2,t}$，$\bar{\beta}$ 为一常数，$\beta_{1,t}$ 和 $\beta_{2,t}$ 分别反映一个国债供给因素与一个国债需求因素，而 $\theta_1(n)$ 与 $\theta_2(n)$ 则分别表示在没有套利者的情况下，国债供给因素和需求因素变化对期限为 n 的债券净供给量 $s_t^{(n)}$ 的影响系数。显然，对应于国债供给和需求总量的增加，应该有 $\theta_1(n) > 0$ 和 $\theta_2(n) < 0$。但对于总量不变的情况下改变期限分布，例如，美联储卖短买长的扭曲操作，则意味着对于 n 大于某个期限（比如 10 年期以上），$\theta_2(n) < 0$；而对于 n 处于某个期限以下，$\theta_2(n) > 0$。

进一步，假设供给因子 $\beta_{1,t}$ 和需求因子 $\beta_{2,t}$ 的变化遵循常用的 Ornstien-Uhlenbeck 过程：

$$d\beta_{1,t} = -\phi_{\beta 1} \cdot \beta_{1,t} \cdot dt + \sigma_{\beta 1} \cdot dB_{\beta,1,t} \tag{3-5}$$

$$d\beta_{2,t} = -\phi_{\beta 2} \cdot \beta_{2,t} \cdot dt + \sigma_{\beta 2} \cdot dB_{\beta,2,t} \tag{3-6}$$

其中，$B_{\beta,1,t}$ 与 $B_{\beta,2,t}$ 分别为标准布朗运动。对不同期限债券没有特定偏好的套利者而言，可以在各期限债券之间进行套利，假设其行为机制符合以下最优化问题：

$$\max_{\left| x_t^{(n)} \right| n \in (0,T]} \left[E_t(dW_t) - \frac{a}{2} Var_t(dW_t) \right] \tag{3-7}$$

其中，W_t 表示套利者在时间 t 时的财富；$x_t^{(n)}$ 表示其对期限为 n 的债券的投资额，a 为风险厌恶系数。显然有：

$$dW_t = \left(W_t - \int_0^T x_t^{(n)} \right) \cdot r_t \cdot dt + \int_0^T x_t^{(n)} \cdot \frac{dP_t^{(n)}}{P_t^{(n)}} \tag{3-8}$$

其中，r_t 代表无风险的短期利率，假设其变化也遵循 Ornstien-Uhlenbeck 过程：

$$dr_t = -\phi_r \cdot r_t \cdot dt + \sigma_r \cdot dB_t \tag{3-9}$$

因此，式（3-8）中的第一项实际上反映了套利者持有国债资产以外的无风险短期资产的收益，而第二项代表了其持有国债的收益。另外，$s_t^{(n)} + x_t^{(n)} = 0$，表示套利者对期限为 n 的债券需求等于政府与优先偏好投资者对该期限债券的净供给。套利者在无风险短期资产与债券之间、不同期限债券之间的资产配置和套利行为使得无风险短期利率与债券利率之间、不同期限债券利率之间形成一定的均衡关系。假设期限为 n 的国债价格具有如下常见的形式：

$$P_t^{(n)} = e^{-\left[A_r(n)\cdot r_t + A_{\beta,1}(n)\cdot\beta_{1,t} + A_{\beta,2}(n)\cdot\beta_{2,t} + C(n)\right]} \tag{3-10}$$

进而期限为 n 的国债即期利率可表示为无风险短期利率 r_t、国债供给因子 $\beta_{1,t}$ 和国债需求因子 $\beta_{2,t}$ 的仿射函数：

$$R_t^{(n)} = -\frac{\log(P_t^{(n)})}{n} = \frac{1}{n}\left[A_r(n)\cdot r_t + A_{\beta,1}(n)\cdot\beta_{1,t} + A_{\beta,2}(n)\cdot\beta_{2,t} + C(n)\right] \tag{3-11}$$

其中，函数 $A_r(n)$、$A_{\beta,1}(n)$、$A_{\beta,2}(n)$ 分别代表 n 期国债利率对于 r_t、$\beta_{1,t}$ 和 $\beta_{2,t}$ 这三个因子变化的敏感系数。可以证明，在套利者套利行为最优化的条件下：

$$A_{\beta,1}(n) = \frac{a\sigma_r^2 \int_0^T \alpha(n)n\theta_1(n)\cdot\frac{1-e^{-\phi_r\cdot n}}{\phi_r}\cdot \mathrm{d}n}{\phi_r - \phi_{\beta,1}} \cdot \left(\frac{1-e^{-\phi_{\beta,1}\cdot n}}{\phi_{\beta,1}} - \frac{1-e^{-\phi_r\cdot n}}{\phi_r}\right) \tag{3-12}$$

$$A_{\beta,2}(n) = \frac{a\sigma_r^2 \int_0^T \alpha(n)n\theta_2(n)\cdot\frac{1-e^{-\phi_r\cdot n}}{\phi_r}\cdot \mathrm{d}n}{\phi_r - \phi_{\beta,2}} \cdot \left(\frac{1-e^{-\phi_{\beta,2}\cdot n}}{\phi_{\beta,2}} - \frac{1-e^{-\phi_r\cdot n}}{\phi_r}\right) \tag{3-13}$$

进而，国债供给因子 $\beta_{1,t}$ 与国债需求因子 $\beta_{2,t}$ 变化对 n 期国债利率的影响系数分别为：

$$\frac{\partial R_t^{(n)}}{\partial \beta_{1,t}} = \frac{A_{\beta,1}(n)}{n} \approx \frac{a\sigma_r^2 \int_0^T \alpha(n)n\theta_1(n)\cdot\frac{1-e^{-\phi_r\cdot n}}{\phi_r}\cdot \mathrm{d}n}{\phi_r - \phi_{\beta,1}} \cdot \left(\frac{1-e^{-\phi_{\beta,1}\cdot n}}{\phi_{\beta,1}\cdot n} - \frac{1-e^{-\phi_r\cdot n}}{\phi_r\cdot n}\right) \tag{3-14}$$

$$\frac{\partial R_t^{(n)}}{\partial \beta_{2,t}} = \frac{A_{\beta,2}(n)}{n} \approx \frac{a\sigma_r^2 \int_0^T \alpha(n)n\theta_2(n)\cdot\frac{1-e^{-\phi_r\cdot n}}{\phi_r}\cdot \mathrm{d}n}{\phi_r - \phi_{\beta,2}} \cdot \left(\frac{1-e^{-\phi_{\beta,2}\cdot n}}{\phi_{\beta,2}\cdot n} - \frac{1-e^{-\phi_r\cdot n}}{\phi_r\cdot n}\right) \tag{3-15}$$

对于式（3-14），格林伍德和瓦亚诺斯（Greenwood & Vayanos，2010）证明其符号为正，这意味着，国债供给因子的正向冲击（变化），将提高所有期限的利率。进一步讲，这表明：某些期限国债供给的变化，例如市场上流通国债平均期限的延长，或者长期国债占国债总额比重的增加将不但影响长期利率，还会传导到短期利率，即对各期限国债利率都产生影响。类似地，式（3-15）的符号为负，意味着某些期限国债需求的增加（如美联储购买长期国债）对利率的影响效应将不仅限于长期利率，而且也会扩散到整条利率期限结构曲线。对此，瓦亚诺斯和维拉（Vayanos & Vila，2009），格林伍德和瓦亚诺斯（Greenwood & Vayanos，2010）给出的经济解释可简单表述为：长期国债净供给量的相对增加，会延长套利者债券组合的久期，进而套利者需要更高的风险补偿，由此会提升整个债券市场的利率水平。而美联储购买长期国债导致长期国债净供给量的下降，会缩短套利者债券组合的久期，降低其风险溢价，进而会使整条利率期限结构曲线下移。[①]

3.2 政府债务因素影响货币政策传导的实证检验

3.2.1 货币政策利率传导关系的国际经验

20世纪90年代初，美国放弃了原来的以货币供应量为中介目标的货币政策操作框架，转而实行以联邦基金利率为中介目标。联邦基金利率主要是指商业银行之间隔夜拆借资金的利率，美联储瞄准并调节联邦基金利率，影响商业银行的资金成本并且传递给工商企业，进而影响消费、投资和国民经济。早期的研究，如格雷戈里·曼昆（Gregory Mankiw）和萨默斯（Lawrence H. Summers，1984），蒂莫西和托马沙恩（Timothy & Thomas，1989）、埃德伯格和马歇尔（Edelberg & Marshall，1996）等通过对美

---

① 详细的推导和解释可见格林伍德和瓦亚诺斯（Greenwood & Vayanos，2010）。

国数据的研究，认为美国联邦基金利率与中长期国债利率之间呈现稳定的同向关系。但桑顿（Thornton，2010，2014）的研究显示早在 20 世纪 80 年代后期，美国联邦基金利率与中长期国债利率变化之间的联动性就已经有较大程度的减弱，美联储对利率变化的调控能力可能被夸大，进而货币政策不应该过分倚重于利率传导渠道。科梅尔（Cömert，2012）的实证检验表明美国联邦基金利率与长期利率自 2001 年开始即呈逐渐脱钩的迹象，美联储对长期利率的控制能力减弱。德米拉尔普和伊尔马兹（Demiralp & Yilmaz，2012）发现短期利率变动向长期利率的传导效应具有非对称现象，在货币紧缩期时长期利率对短期利率的反应更加强烈；帕帕达莫（Papadamou，2013）采用非对称误差修正模型进行的实证检验显示中央银行货币政策的透明程度对于短期利率向长期利率的传导效果有很大影响。

以美国短期利率和长期利率数据的实际表现为例，两者在 2000 年 1 月至 2018 年 12 月期间的月度变化情况如图 3 - 1 所示。

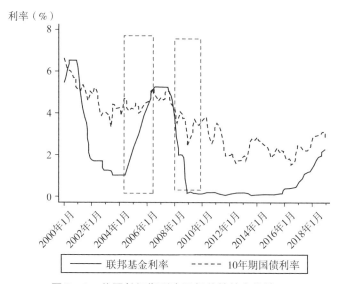

图 3 - 1 美国长短期利率及相关性的变化情况

资料来源：http：//www. federalreserve. gov/datadownload/Choose. aspx？rel = H15。

由图 3 - 1 可见，美国的短期利率指标和长期利率指标基本呈同步变化。而且，在大部分时间里，短期利率低于长期利率。这也符合经济学原理：长期投资者把资金锁定在相对更长的时间段内，因而往往要求较高的回报来弥补他们放弃投资资本的其他用途的权利。但也有一些阶段，短期利率与长期利率的走势出现非同步变化。例如，自 2004 年 6 月至 2006 年 5 月，经过连续 16 次升息，美联储将联邦基金利率由 1% 提高至 5%，而 10 年期国债利率却由 2004 年 6 月的 4.6% 逐波下探至 2005 年 3 月份的 4% 左右后，才小幅回升至目前的 4.7% 以上。这种长期利率与短期利率走势背离的现象甚至被前任联储主席格林斯潘称之为一个"谜"（Conundrum）。对于这一所谓"谜"，现任美联储主席本·伯南克在 2006 年 3 月的一篇演讲中，认为"对长期债券净需求的增加，导致长期债券期限溢价下降"，是分析这个"谜"且制定相应货币政策时所需要考虑的重要因素之一。"他还列举了导致长期债券净需求增加并降低了期限溢价的几个原因。例如，"许多政府（特别是亚洲国家）的中央银行，把大部分持有的美元投资于美国长期国债和类似的可替代证券，这些来自外国官方的需求压低了收益率。"利率期限结构的市场分割（market segmentation）假说认为：长期与短期收益主要由各自的、分割的市场供给与需求决定，投资者的种类和偏好成为债券期限结构收益率曲线形状的决定因素。例如，作为债券市场的重要投资者，养老基金的管理及其会计处理方法的变化也会影响到其对长期债券的需求，进而影响期限溢价的变化。人口老龄化问题也对养老基金的支付能力和安全性提出了更高的要求。2005 年 1 月，针对越来越多的固定收益养老金计划出现未能足额支付的现象，美国提出的养老金制度改革方案在缴款标准、会计核算方法等方面都更加严格。这些改革措施也促使养老金资产管理者增加债券、特别是长期国债的投资比重，以使资产和负债的久期更为匹配。美国财政部（Treasury Department）负责经济政策的助理部长沃肖斯基（Mark Warshawsky）在 2006 年 5 月份的一次演讲中提道："如果养老金制度改革正式实施，近 1.8 万亿美元的固定收益型（Defined Benefit）养老金资产中将会有 3000 亿美元左右由股票转为债券，其中对长期债券需求的增加将造成长期利率下降约 31 个基点，并在一定程度上导致国债收益率曲线的扁平化"。另外，值得注意的是，2008 年金融危机爆发以来，为应对次贷危机、刺激国内经济，美联储不断下调短期利率，联邦基金利率由 4% 以上降至 0 左右，即达到所谓的零利率下限（zerobound Limit）；但 10 年期国债利率下降缓慢，为此美联储被迫实施大规模资产购买，直接购买长期国债以降低长期利率。造成这种背离现象的原因是：2008 年下半年以来，为应对次贷危机、刺激国内经济，美国政府推出了巨额的金融救助计划，急剧扩大的政府资金需求，使得市场对于美国财政部将增加长期国债的发行规模产生强烈的预期。这种供给量增加的压力也是造成近些年来尽管宽松货币政策导致短期利率不断下调，而长期利率却下降缓慢的重要原因。

汉森等（Hanson et al.，2018）通过以下模型，利用 1971～2017 年的美国国债数据，实证检验了 10 年期国债收益率变化（$y_{t+h}^{(10)} - y_t^{(10)}$）与 1 年期国债收益率变化（$y_{t+h}^{(1)} - y_t^{(1)}$）之间的关系：

$$y_{t+h}^{(10)} - y_t^{(10)} = \alpha_h + \beta_h \left(y_{t+h}^{(1)} - y_t^{(1)} \right) + \varepsilon_{t,t+h} \qquad (3-16)$$

其中，除了采用日数据之外，还采用月末数据，选择不同的时间间隔 $h = 1$、3、6、12，分别表示国债收益率的月度变化、季度变化、半年度变化和年度变化，得到的回归结果如表 3-1 所示。

表 3-1　　　　　　　　　　　美国短长期利率关系检验结果

样本数据周期	1971～1999 年	2000～2017 年
日数据	0.56 *** [0.02]	0.86 *** [0.03]
月数据	0.46 *** [0.04]	0.64 *** [0.11]
季度数据	0.48 *** [0.04]	0.42 *** [0.07]
半年数据	0.50 *** [0.04]	0.31 *** [0.07]
年度数据	0.56 *** [0.05]	0.20 *** [0.04]

表 3 - 1 显示，从日数据看，短期利率（1 年期国债收益率）变化对长期利率（10 年期国债收益率）变化的影响系数在 2000 年之后显著增加，1971～1999 年的样本期内只有 0.56，而 2000～2017 年之间则上升至0.86；但随着变化时间间隔的延长，影响系数在分样本期之间的增加幅度呈下降趋势，例如短期利率月度变化对长期利率月度变化的影响系数由1971～1999 年样本期内的 0.46 上升至 2000～2017 年之间的 0.64；但短期利率年度变化对长期利率年度变化的影响系数则由 1971～1999 年样本期内的 0.56 下降至 2000～2017 年之间的 0.20。进一步按照研究样本分段，将短期利率对长期利率影响系数的变化如图 3 - 2 所示。

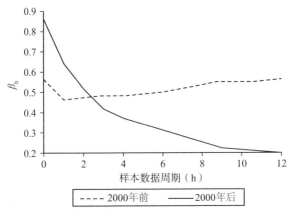

图 3 - 2　美国短期利率对长期利率影响系数的变化

综合表 3 - 1 与图 3 - 2，我们可以发现在 2000 年前短期利率与长期利率之间的传导系数则相对保持稳定，无论按何种时间间隔考量，短长期利率关系较为稳定；但 2000 年后，短期利率变动对长期利率变动的影响系数 β_h 随着时间间隔的增加而迅速下降；短期利率与长期利率日变化之间的联动关系变得更加紧密，β_h 达到 0.86；而考察的变化间隔越长，短长期利率变化之间的联动关系越弱。

其他一些国家货币政策的短长期利率传导关系也出现了类似的情况，如表 3 - 2 所示。

表 3-2　　　　　　　　　　一些国家的短长期利率关系实证检验结果

项目	英国		德国		加拿大	
	1985~1999 年	2000~2017 年	1972~1999 年	2000~2017 年	1986~1999 年	2000~2017 年
日数据	0.44 *** [0.04]	0.86 *** [0.03]		0.65 *** [0.03]	0.42 *** [0.03]	0.71 *** [0.03]
月数据	0.47 *** [0.06]	0.55 *** [0.13]	0.34 *** [0.05]	0.50 *** [0.10]	0.46 *** [0.05]	0.51 *** [0.08]
季度数据	0.49 *** [0.08]	0.43 *** [0.10]	0.41 *** [0.04]	0.44 *** [0.07]	0.51 *** [0.05]	0.38 *** [0.05]
半年数据	0.45 *** [0.09]	0.39 *** [0.08]	0.41 *** [0.04]	0.41 *** [0.08]	0.50 *** [0.07]	0.26 *** [0.05]
年度数据	0.38 *** [0.06]	0.29 ** [0.06]	0.43 *** [0.04]	0.33 *** [0.10]	0.43 *** [0.08]	0.12 * [0.06]

3.2.2　短长期利率关系的中国表现

近些年来，国内学者对我国短长期利率传导关系的稳定性也进行了一些有益的探索。张雪莹等（2010）的研究显示，与消费者物价指数（CPI）及市场资金面因素对长期利率的影响程度相比，短期央票利率对长期国债利率缺乏有效的影响。董睿琳（2011）的研究也表明我国短期利率对长期利率的影响微弱，利率间缺乏有效的传导机制。周学东等（2015）运用 DCC - GARCH 模型研究我国短长期利率联动关系及其稳定性，结果表明，我国短长期利率联动性比美国弱、但比美国稳定，说明我国短期利率到长期利率的传导阻滞较大但可控性尚好。王海慧和李伟（2015）以银行间市场 1 年期和 10 年期国债利率为对象研究利率的传导效应，在构建了能够反映国债利率期限传导效率的代理变量的基础上，从货币政策预期、国债流动性、国债规模和平均期限等方面对近年来国债利率期限传导效率有所减弱的原因进行分析。马骏等人（2015）以隔夜 SHIBOR 和 7 天加权拆借回购利率为短期利率的代表，用简单线性回归方法，研究其对各期限国债收益率的影响，结果显示与其他国家（美国、韩国、英国和印度）相比，我国短期利率变化对中长期收益率的影响程度相对较弱，与其他 4 国的平均值相比，我国各期限国债收益率对短期利率的敏感性约低30%。但这些文献只考察了一段时间内短长期利率间的传导关系，而本文采取滚动回归等方法揭示短长期利率传导关系的动态变化特征，并通过DSGE 模型分析短长期利率关系变化对货币政策反应和货币政策效果的影响。郭豫媚等（2018）基于 2008 年 1 月至 2017 年 6 月的宏观时间序列数据和微观调研数据，检验了中国货币政策利率对银行贷款利率的传导效率，结果显示：贷款利率浮动限制放开之后，货币市场利率对金融机构贷款利率的传导效率显著提升；对商业银行贷款利率定价的微观机制进行探讨后，该文发现贷款利率定价机制的变化是中国利率传导效率出现变化的主要原因。

我国长短期利率关系在 2006～2018 年的表现如图 3 - 3 所示。

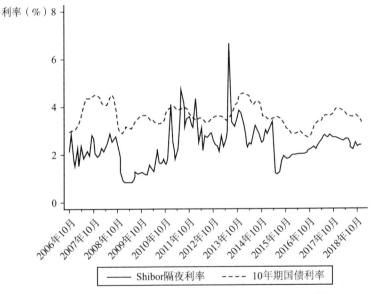

图 3 - 3　2006～2018 年我国短长期利率及其相关性变化情况

资料来源：Wind 数据库。

我们首先借鉴马骏等人（2016）的做法，通过简单的回归分析，初步考察短期利率与长期利率之间的传导关系：

$$R_t^L = \alpha + \beta R_t^S + \varepsilon_t \qquad (3-17)$$

其中，R_t^S 表示隔夜 Shibor 数据；R_t^L 表示长期利率；β 系数值反映了短长期利率的传导效率，即短期利率上升 1 个百分点，长期利率上升的幅度为 β 个百分点。β 值较低时，说明短期利率和长期利率之间存在传导阻滞。为了全面反映短长期利率关系，本节分别用 1 年、5 年和 10 年期的国债到期收益率代表长期利率。受隔夜 Shibor 数据的限制，数据样本为 2009 年 1 月至 2018 年 12 月的日度数据[①]。回归结果如表 3-3 和图 3-4 所示。

传统理论认为，当短期利率上升，市场参与者预期未来短期利率会上升，从而由短期利率所决定的长期利率也会上升，但同时短期利率的上升会使参与者预期未来通货膨胀率降低，在以上两方面的作用下，长期利率上升幅度会小于短期利率。因此在大部分时期内，短期利率对长期利率的

表 3-3　　　　　　Shibor 对各期限国债收益率影响系数（β）

项目	2009 年	2010 年	2011 年	2012 年	2013 年	2014 年	2015 年	2016 年	2017 年	2018 年	全样本
1Y	1.137 *** (18.83)	0.542 *** (16.17)	0.190 *** (9.03)	0.081 *** (3.63)	0.448 *** (11.68)	0.158 *** (7.33)	0.522 *** (25.46)	-0.011 (-0.12)	1.284 *** (26.41)	0.575 *** (10.64)	0.600 *** (34.69)
5Y	1.256 *** (16.28)	0.176 *** (5.68)	0.040 *** (3.28)	0.040 *** (2.60)	0.340 *** (8.88)	0.064 ** (2.18)	0.114 *** (9.83)	-0.093 (-0.95)	1.118 *** (26.05)	0.433 *** (9.03)	0.311 *** (26.56)
10Y	0.949 *** (14.89)	0.075 *** (3.06)	-0.014 (-1.49)	0.004 (0.43)	0.269 *** (8.10)	0.054 (1.43)	0.032 ** (2.31)	-0.001 (-0.01)	0.661 *** (17.45)	0.331 *** (8.36)	0.190 *** (22.37)

注：被解释变量：1Y、5Y、10Y，分别代表 1 年、5 年和 10 年期国债收益率解释变量：Shibor。括号中为 T 统计量，"**"和"***"分别表示在 5% 和 1% 的水平上显著。

---

① 部分日期 Shibor 利率属于异常值，我们剔除了当天的隔夜 Shibor 数据。数据来源于 Wind 资讯。

影响小于1。表3-3结果显示，在不考虑其他因素的情况下，除2016年外，我国短期利率（隔夜Shibor）变化会对各期限国债收益率产生显著影响，这种影响程度随着国债期限的延长而逐渐减弱。2009~2018年间全样本回归的结果显示，Shibor每上升1个百分点，1年期国债收益率上升0.6个百分点，5年期国债收益率上升0.311个百分点，而10年期国债收益率受到的影响最小，仅上升0.19个百分点。值得注意的是，隔夜Shibor对于各期限国债收益率的影响还具有时变特征。图3-4显示，Shibor对各期限国债收益率的影响效果走势大致相同，在2009~2012年短期利率Shibor对各期限国债收益率的影响呈现下降趋势，2012年以后，各期限国债收益率对于Shibor的敏感性都明显上升，短期利率向长期利率传导的效率明显提高。2009~2012年，隔夜Shibor对1年、5年和10年期国债收益率的平均影响系数分别为0.486、0.378和0.254，而2013~2018年期间则上升到0.496、0.329和0.224。

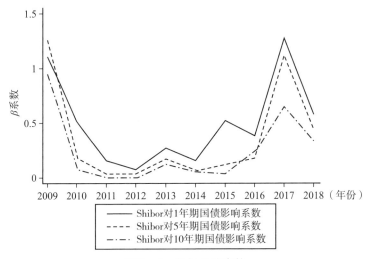

图3-4　各年 β 值走势

3.2.3　政府债务对货币政策利率传导关系的影响——基于线性回归模型的实证检验

瓦尔加斯等（Vargas et al.，2012）、汤姆西克（Tomsik，2012）则分别以哥伦比亚和捷克的数据为研究对象，考察了政府债务水平和期限对货币政策短长期利率关系的影响；阿克拉姆和李（Akram & Li，2017）以美国 1960～2014 年的季度数据为样本，对长期（10 年期）国债利率 R_{LT}、短期（3 月期）国债利率 R_{SL}、通货膨胀率 π、经济增长率 g、政府债务水平 V（政府净负债占 GDP 比重）等变量构建向量误差修正模型（VEC），得到反映各变量之间关系的长期均衡方程：

$$r_{LT} = 0.955 + 0.643 r_{ST} + 0.367\pi - 0.159V$$

反映各变量之间短期调整关系的误差修正模型：

$$\Delta r_{LT} = 0.281 - 0.212(r_{LT} - 0.643 r_{ST} - 0.367\pi + 0.159V) + 0.282\Delta r_{LTt-1}$$
$$- 0.349\Delta r_{LTt-5} - 0.14\Delta r_{STt-2} + 0.169\Delta r_{STt-5} - 0.421\Delta\pi_{t-1}$$
$$+ 0.249\Delta\pi_{t-3} + 0.131\Delta V_{t-2} - 0.298 DUM_{05q3}$$

由长期均衡方程中政府债务变量前的系数为 -0.159 可知，从长期看来，较高的政府债务水平（负担）对于长期国债利率有显著的负向影响，即政府债务负担的加重将导致国债收益率下降。对这种现象的一个合理解释是，政府支出增加会导致银行存款及商业银行准备金增加，这会对货币政策利率和短期利率产生下行压力，并进而带动（造成）长期利率下降。而在短期调整方程中，政府债务变量的系数为 0.131，表明政府债务规模的增加在短期内仍会推高长期利率。另外，在控制了政府债务、通货膨胀率等宏观经济变量之后，美国长期国债利率与短期利率之间存在显著的正向关系。

纽因（Nguyen，2018）利用 1952～2017 年的美国国债季度数据，通过以下模型，实证检验了国债利率期限结构的斜率（长短期利差）与政府债务变量之间的关系：

$$i_t^{(n)} - i_t^{(1)} = \beta_0 + \beta^{(n)} * MDGDP + X_t * \beta_2 + \varepsilon_t$$

其中 $n = 2$、3、4、5，$i_t^{(n)} - i_t^{(1)}$ 分别对应着 2 年期、3 年期、4 年期和 5 年期利率与 1 年期利率之间的利差；MDGDP 为期限加权平均后的政府债务规模占 GDP 的比例；X_t 为包括产出缺口、通货膨胀率、失业率等控制变量。结果显示，政府债务变量前的系数 $\beta^{(n)}$ 均显著为正，数值大约在 0.55 至 0.60 左右。这表明政府债务负担的加重将导致利率期限结构的斜率增陡、长短期利差扩大。

为初步探讨政府债务因素对短长期利率关系的影响，我们首先借鉴 Fan et. al（2013）的做法，引入银行间市场国债流通总额（VOL）反映国债供给因素，金融机构人民币贷款余额与存款余额比例（DCB）反映国债需求因素，通货膨胀率（CPI）作为控制变量，构建如下简单形式的多元回归模型：

$$R_t^L = \alpha + \beta_1 \cdot R_t^S + \beta_2 \cdot CPI_t + \beta_3 \cdot VOL_t + \beta_4 \cdot DCB_t + \varepsilon_t \quad (3-18)$$

长短期利率 R_t^L 和 R_t^S 分别用中债国债到期收益率月度平均值和 Shibor 隔夜数据的月度平均值。利用 2009 年 1 月至 2018 年 12 月的月度数据，按式（3-18）得到回归结果并与式（3-17）对比，如表 3-4 所示。

表 3-4　　　　　短长期利率关系月度数据的全样本回归

项目	1 年期国债利率		5 年期国债利率		10 年期国债利率	
	式（3-17）	式（3-18）	式（3-17）	式（3-18）	式（3-17）	式（3-18）
R_t^S（SHIBOR）	0.6475 *** (5.64)	0.6148 *** (4.33)	0.3228 *** (4.59)	0.2963 *** (3.46)	0.2010 *** (4.02)	0.1522 *** (2.79)
CPI		0.0317 (0.63)		0.0297 (0.93)		0.0600 ** (2.51)
DCB		3.5636 (0.90)		5.8419 * (1.79)		8.6383 *** (2.91)
VOL		0.6853 (0.22)		−0.3148 (−0.12)		−2.0632 (−0.85)
常数项	1.1366 *** (4.35)	1.1468 *** (4.50)	2.4700 *** (15.29)	2.4699 *** (15.88)	3.0678 *** (25.98)	3.0530 *** (28.15)
N	120	120	120	120	120	120
r2_a	0.5838	0.5801	0.3362	0.3435	0.1879	0.2465
F	31.8163	19.1767	21.0267	12.1431	16.1245	12.4284

注：括号中为 T 统计量，"*"、"**" 和 "***" 分别表示在 10%、5% 和 1% 的水平上显著。

回归结果显示，在引入宏观变量后，隔夜 Shibor 对各期限国债收益率仍有显著影响，但与单变量回归结果比较发现，其影响程度明显减弱。Shibor 对 1 年期，5 年期和 10 年期国债收益率的影响系数为 0.6148、0.2963 和 0.1522，意味着隔夜 Shibor 提高 1%，对应期限的国债收益率则上升 0.6148%、0.2963% 和 0.1522%。其他的解释变量中，通货膨胀率 CPI 对十年期国债利率的影响显著为正，通货膨胀上升使市场参与者预期中央银行提高利率遏制物价上涨，预期未来短期利率上升，因此 CPI 对长期利率的影响为正；金融机构贷存比（DCB）反映了金融机构资产运用中可配置于债券的资金数量，在模型回归结果中的系数显著为正，其原因是贷存比越高，可用于购买债券的资金数量、即债券的市场需求越低，各期限国债利率越高。国债流通总量（VOL）对 5 年期和 10 年期国债收益率的影响虽为负，但不显著，这也能一定程度上说明国债供给增加会降低国债价格，使国债收益率上升。以上结果说明，即使在引入宏观经济因素和国债市场供求变量的情况下，短期利率仍然是影响长期利率变化的重要因素。

我们借鉴肖恩（Thorn，2010）的做法，进一步采用滚动回归（rolling regression）的方法考察短长期利率关系的时变特征。滚动回归是指在整个时间序列样本中多次选取出连续一系列的小样本分别回归，具体做法是固定每次抽取样本观察值的个数，允许小样本的起始时间值（或终点值）向前推移，使得每次抽取的样本和回归结果都随时间而变化。具体而言，我们将 1 年期国债利率、5 年期国债利率和 10 年期国债利率分别作为长期利率指标，仍然采取式（3-18）中的变量，从 2009 年 1 月开始进行滚动回归，每次抽取的样本个数为 12 个月，即第一次回归样本是 2009 年 1 月至 2009 年 12 月，第二次为 2009 年 2 月至 2010 年 1 月……，以此类推，受数据所限，最后一次样本为 2018 年 1 月至 2018 年 12 月，总共进行 3 组、每组 108 次多元回归，得到引入控制变量情况下，Shibor 隔夜利率对 1 年期国债利率、5 年期国债利率和 10 年期国债利率影响系数及显著性检验统计量（t 值）的月度变化情况，分别如图 3-5 所示。

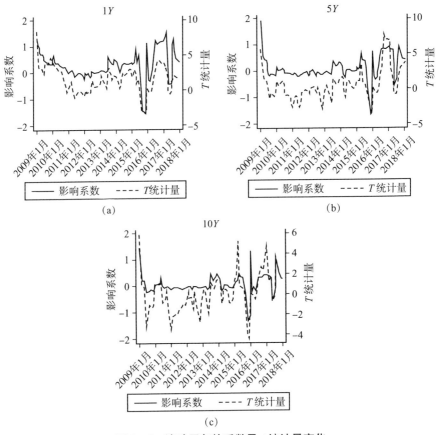

图 3-5 滚动回归的系数及 t 统计量变化

图 3-5 所示结果进一步表明，我国短长期利率关系具有明显的时变特征。随着样本期的改变，Shibor 前的系数有明显的变化，且趋势与图 1 单变量回归的结果大致相同，2009～2012 年的 1 年期、5 年期和 10 年期国债收益率对 Shibor 的敏感性都明显下降。图 3-5 中 t 统计量的结果显示，部分子样本中 Shibor 变量的影响系数在统计意义上不显著，这也说明我国短长期利率的传导效果稳定性较低。尤其是近年来，Shibor 对各期限国债利率的影响系数都在 0 附近徘徊，2016 年以来少数样本期内的影响系数甚至变为负值，短长期利率变动方向出现背离。这种现象可能与债券发行期限结构不合理、债券市场的流动性不足、衍生工具市场不发达、某些金融机构的市场准入受限等因素有关。

3.2.4 政府债务对货币政策利率传导关系的影响——基于 DRA 模型的实证检验

在上一节中仅是用短期利率对长期利率的影响系数来刻画货币政策的传导。本节进一步将研究对象扩展至整个利率期限结构的变化特征。研究政府债务变量对利率期限结构特征影响的文献很少，范、周和李（Fan，Li & Zhou，2012）构建的模型与安格和皮亚泽西（Ang & Piazzesi，2003）中的利率期限结构宏观金融模型类似，认为供求因素如同宏观变量那样作用于利率期限结构，并且基于中国数据进行实证研究，但是这一篇文章并没有考虑其他宏观经济变量。韩国文（2016）在瓦亚诺斯和维拉（Vayanos & Vila，2009）提出的两因子利率期限结构模型的基础上引入了政府供给因素，从而构建了国债供给影响利率期限结构的理论模型。但是，其实证部分也是直接利用多个关键期限利率数据来衡量利率期限结构，忽略了因子结构能够充分描述债券收益率的期限结构这一事实；而且文章只是采用简单的 OLS（普通最小二乘法）回归进行分析，不能得出更加丰富直观的结论。

本节在迪博尔德、鲁德布什和阿鲁巴（Diebold，Rudebusch & Aruoba，2006）提出的 DRA 模型基础上引入政府债务变量，分析政府债务、利率期限结构与宏观变量之间的动态关系。DRA 模型虽没有无套利限定，但对许多国家的国债数据拟合较好，样本内和样本外预测表现均较佳；而且比起无套利模型，DRA 模型不仅能考察宏观经济变量对收益率曲线的单向关系，而且还能考察收益率曲线对宏观经济变量的反向作用（吴吉林，2010）。另外，多数应用 DRA 模型的文献，如迪堡等（Diebold et al.，2006）、兰格（Lange，2013）、王雪标和龚莎（2013）等，是采用卡尔曼（kalman）滤波估计出潜在因子序列，再将其与宏观变量观测值序列一起构建 VAR 模型，这一做法只能对不可观测变量进行优化，而无法对其他宏观经济变量进行优化求解。为此，本书参考陈斯科特（Chen-Scott，1993）、法维罗、牛和萨拉（Favero，Niu & Sala，2007）的做法，采用极大似然估计方法求解包含国债供求变量的 DRA 模型参数，该方法利用样本数据的所有信息对不可观测变量和宏观经济变量同时进行优化求解，提高了模型的预测精度。

1. 计量模型与检验方法

DRA 模型可简单表示成动态 Nelson-Siegel 模型和 VAR 模型两个部分。其中，动态 Nelson-Siegel 模型从多个期限的利率时间序列中抽取出可以反映整个利率期限结构动态变化的三个潜在因子（β_{1t}、β_{2t}、β_{3t}），如下式：

$$y_t(\tau) = \beta_{1t} + \beta_{2t}\left(\frac{1-e^{\lambda\tau}}{\lambda\tau}\right) + \beta_{3t}\left(\frac{1-e^{-\lambda\tau}}{\lambda\tau} - e^{\lambda\tau}\right) \qquad (3-19)$$

其中，τ 为到期期限；β_{1t}、β_{2t} 和 β_{3t} 分别为水平因子、斜率因子和曲度因子。一般认为，水平因子代表利率的整体水平；斜率因子则对应着利率期限结构曲线的斜率，可以用短长期利差来表示；而曲度因子则主要与利率波动率有关。$\lambda \in [0, 1]$ 为衰减率，λ 越小，载荷衰减越慢，模型越适应期限较长的利率时间序列。为了考察利率期限结构与宏观变量之间的关系，DRA 模型将三个潜在因子（β_{1t}、β_{2t}、β_{3t}）与宏观变量一起组成状态因子向量 x_t，并假设其服从一阶向量自回归 VAR 过程。本书在宏观变量的选取中除了选用经济增长率 g_t，通货膨胀率 π_t 和银行间同业拆借加权平均利率 r_t 之外，还引入金融机构存贷比（Loan Balance，L_t）和银行间市场流通国债总额（Tradable bonds，TB_t），用以分别描述国债需求和政府债务规模两大因素，进而有 $x_t = (\beta_{1t}, \beta_{2t}, \beta_{3t}, g_t, \pi_t, r_t, L_t, TB_t)'$，相应地 VAR 模型可表示为：

$$\begin{pmatrix} \beta_{1t} \\ \beta_{2t} \\ \beta_{3t} \\ g_t \\ \pi_t \\ r_t \\ L_t \\ TB_t \end{pmatrix} = \begin{pmatrix} c_1 \\ c_2 \\ c_3 \\ c_4 \\ c_5 \\ c_6 \\ c_7 \\ c_8 \end{pmatrix} + \begin{pmatrix} \Phi_{11} & \Phi_{12} & \Phi_{13} & \Phi_{14} & \Phi_{15} & \Phi_{16} & \Phi_{17} & \Phi_{18} \\ \Phi_{21} & \Phi_{22} & \Phi_{23} & \Phi_{24} & \Phi_{25} & \Phi_{26} & \Phi_{27} & \Phi_{28} \\ \Phi_{31} & \Phi_{32} & \Phi_{33} & \Phi_{34} & \Phi_{35} & \Phi_{36} & \Phi_{37} & \Phi_{38} \\ \Phi_{41} & \Phi_{42} & \Phi_{43} & \Phi_{44} & \Phi_{45} & \Phi_{46} & \Phi_{47} & \Phi_{48} \\ \Phi_{51} & \Phi_{52} & \Phi_{53} & \Phi_{54} & \Phi_{55} & \Phi_{56} & \Phi_{57} & \Phi_{58} \\ \Phi_{61} & \Phi_{62} & \Phi_{63} & \Phi_{64} & \Phi_{65} & \Phi_{66} & \Phi_{67} & \Phi_{68} \\ \Phi_{71} & \Phi_{72} & \Phi_{73} & \Phi_{74} & \Phi_{75} & \Phi_{76} & \Phi_{77} & \Phi_{78} \\ \Phi_{81} & \Phi_{82} & \Phi_{83} & \Phi_{84} & \Phi_{85} & \Phi_{86} & \Phi_{87} & \Phi_{88} \end{pmatrix} \begin{pmatrix} \beta_{1t-1} \\ \beta_{2t-1} \\ \beta_{3t-1} \\ g_{t-1} \\ \pi_{t-1} \\ r_{t-1} \\ L_{t-1} \\ TB_{t-1} \end{pmatrix} + \begin{pmatrix} \eta_t(\beta_{1t}) \\ \eta_t(\beta_{2t}) \\ \eta_t(\beta_{3t}) \\ \eta_t(g_t) \\ \eta_t(\pi_t) \\ \eta_t(r_t) \\ \eta_t(L_t) \\ \eta_t(TB_t) \end{pmatrix}$$

简记为：

$$x_t = c + \Phi x_{t-1} + \eta_t, \quad \eta_t \sim N(0, R) \qquad (3-20)$$

其中 η_t 为误差项，服从均值为 0，协方差矩阵为对称矩阵 R 的多元正态分布。本书为了厘清潜在因子和宏观经济变量之间的相互影响关系，将待估计的转移系数矩阵 Φ 分为四部分：

$$\Phi = \begin{pmatrix} \Phi_1 & \Phi_2 \\ \Phi_3 & \Phi_4 \end{pmatrix}$$

其中，Φ_1 为 3×3 矩阵，反映滞后一期潜在因子对当期潜在因子的影响；Φ_2 为 3×5 矩阵，反映滞后一期宏观变量对当期潜在因子的影响；Φ_3 为 5×3 矩阵，反映滞后一期潜在因子对当期宏观变量的影响；Φ_4 为 5×5 矩阵，反映滞后一期宏观变量对当期宏观变量的影响。

本节使用 2009 年 1 月至 2018 年 12 月的月度数据，共 120 个月。其中，国债利率使用期限为 12、24、36、48、60、72、84、96、108、120 个月的银行间固定利率国债收益率曲线数据。宏观经济变量中，经济增长率 g_t 用 GDP 同比增长率代表；通货膨胀率 π_t 用居民消费价格指数（CPI）的同比变动率来衡量；货币政策变动用银行间同业拆借加权平均利率来反映；参考范等（Fan et al.，2013）的做法，采用金融机构人民币存贷比率表示国债需求因素 L_t；由于实际国债流通总额受国债不断发行的影响，存在随时间增长的趋势，因此我们采用 HP 滤波的方法得到去除时间增长趋势后的国债流通总额 TB_t 作为反映政府债务规模的指标。国债收益率数据、银行间市场国债流通总额和金融机构人民币存贷款数据来自 wind 数据库，其他变量均来自中经网统计数据库。

由于本书选用的数据是期限为 12、24、36、48、60、72、84、96、108、120 个月的利率时间序列，进而到期期限 $\tau = 12$，24，$\cdots$，120 分别对应 y_t^{12}，y_t^{24}，$\cdots$，y_t^{120}，此时式（3-19）表示的动态 NS 模型的矩阵形式为：

$$y_t = \Omega x_t + \varepsilon_t, \quad \varepsilon_t \sim N(0, V) \qquad (3-21)$$

其中，$y_t = (y_t^{12}, y_t^{24}, \cdots, y_t^{120})'$，$x_t = (\beta_{1t}, \beta_{2t}, \beta_{3t}, g_t, \pi_t, r_t, L_t, TB_t)'$，$\varepsilon_t$ 为误差项，服从均值为 0，协方差矩阵为对角矩阵 V 的多元正态

分布。

式（3－21）中的系数矩阵为：

$$\Omega_{10 \times 8} = \begin{pmatrix} 1 & \dfrac{1-e^{-12\lambda}}{12\lambda} & \dfrac{1-e^{-12\lambda}}{12\lambda} - e^{-12\lambda} & 0 & 0 & 0 & 0 & 0 \\ 1 & \dfrac{1-e^{-24\lambda}}{24\lambda} & \dfrac{1-e^{-24\lambda}}{24\lambda} - e^{-24\lambda} & 0 & 0 & 0 & 0 & 0 \\ \cdots & \cdots & \cdots & \cdots & \cdots & \cdots & \cdots & \cdots \\ 1 & \dfrac{1-e^{-108\lambda}}{108\lambda} & \dfrac{1-e^{-108\lambda}}{108\lambda} - e^{-108\lambda} & 0 & 0 & 0 & 0 & 0 \\ 1 & \dfrac{1-e^{-120\lambda}}{120\lambda} & \dfrac{1-e^{-120\lambda}}{120\lambda} - e^{-12\lambda} & 0 & 0 & 0 & 0 & 0 \end{pmatrix}$$

其中，Ω 前三列为三个潜在因子的载荷，后面几列均为零，以保证利率期限结构动态特征完全由三个潜在因子来反映。式（3－20）和式（3－21）构成了完整的 DRA 模型：此模型中，宏观经济变量与利率期限结构潜在因子在 VAR 框架内相互影响，其方向和程度主要通过式（3－20）中的转移系数矩阵 Φ 得到体现。其中，Φ 最后两行的系数反映了滞后一期潜在因子和宏观变量对当期国债需求变量 L_t 和供给变量 TB_t 的影响，而最后两列的系数则反映了滞后一期国债供求变量对潜在因子和宏观变量的影响。

为了使用极大似然估计法对上述模型中的各参数 c，Φ，R，λ，V 进行估计，我们假设有三个期限的利率没有误差，而其他期限的利率存在误差，并且该误差服从正态分布。之所以这样设定是因为似然函数的构建主要基于可观测变量的概率分布，在 DRA 模型中却同时存在可观测变量和不可观测变量，为此需要把不可观测的潜在因子转化为可观测的利率，于是假定三个期限对应的收益率曲线没有测量误差。由于我国国债市场上流通的国债到期限多为 2 ~ 7 年，且多数文献证明 Nelson-Siegel 模型对短期和中期收益率拟合和预测效果较好，因此本文假设 y_t^{12}，y_t^{36}，y_t^{60} 不存在测量误差。

令 $z_t = (y_t^{12}，y_t^{36}，y_t^{60}，g_t，\pi_t，r_t，L_t，TB_t)'$，依据动态 Nelson-Siegel 模型，$z_t$ 和 x_t 之间存在下列关系：

$$z_t = Px_t \tag{3－22}$$

其中

$$P = \begin{pmatrix} 1 & \dfrac{1-e^{-12\lambda}}{12\lambda} & \dfrac{1-e^{-12\lambda}}{12\lambda} - e^{-12\lambda} & 0 & 0 & 0 & 0 & 0 \\[2mm] 1 & \dfrac{1-e^{-36\lambda}}{12\lambda} & \dfrac{1-e^{-36\lambda}}{12\lambda} - e^{-36\lambda} & 0 & 0 & 0 & 0 & 0 \\[2mm] 1 & \dfrac{1-e^{-60\lambda}}{12\lambda} & \dfrac{1-e^{-60\lambda}}{12\lambda} - e^{-60\lambda} & 0 & 0 & 0 & 0 & 0 \\[2mm] 0 & 0 & 0 & 1 & 0 & 0 & 0 & 0 \\ 0 & 0 & 0 & 0 & 1 & 0 & 0 & 0 \\ 0 & 0 & 0 & 0 & 0 & 1 & 0 & 0 \\ 0 & 0 & 0 & 0 & 0 & 0 & 1 & 0 \\ 0 & 0 & 0 & 0 & 0 & 0 & 0 & 1 \end{pmatrix}$$

由式（3 – 22）得 $x_t = P^{-1}z_t$，代入式（3 – 20），化简可得：

$$z_t = \delta + \Psi z_{t-1} + p\eta_t \tag{3 – 23}$$

其中，$\delta = Pc$，$\Psi = P\Phi P^{-1}$。参照式（3 – 21），含测量误差的各期限利率：

$y_{et} = （y_t^{24}，y_t^{48}，y_t^{72}，y_t^{84}，y_t^{96}，y_t^{108}，y_t^{120}）$ 可表示为：

$$y_{et} = \Omega_e x_t + e_t = \Omega_e P^{-1}z_t + e_t，\quad e_t \sim N(0，M) \tag{3 – 24}$$

Ω_e 为 Ω 去掉第 1、第 3 和第 5 行外组成的矩阵。

令 I_{t-1} 为所有可观测变量在 t 期前的观测值信息集，可得如下似然函数表达式：

$$\begin{aligned} L(\Theta) &= \prod_{t=2}^{T} f(y_t^{12}，\cdots，y_t^{120}，g_t，\pi_t，r_t，L_t，WB_t \mid I_{t-1}) \\ &= \prod_{t=2}^{T} f(y_t^{12}，y_t^{36}，y_t^{60}，g_t，\pi_t，r_t，L_t，TB_t \mid I_{t-1}) \\ &\quad f(y_t^{24}，y_t^{48}，y_t^{72}，\cdots，y_t^{120} \mid z_t，I_{t-1}) \\ &= \prod_{t=2}^{T} f(z_t \mid I_{t-1}) f(y_{et} \mid z_t，I_{t-1}) \end{aligned} \tag{3 – 25}$$

其中 Θ 包含了待估计参数 c，Φ，R，λ，M。根据式（3 – 23）和式（3 – 24）可知：

$$z_t \sim N(\delta + \Psi z_{t-1}，PRP')$$

$$y_{et} \sim N(\Omega_e P^{-1} z_t, \ M)$$

因此，由多元正态分布的概率密度分布函数，对数极大似然函数可写为：

$$\log L(\Theta) = -\frac{1}{2}(T-1)\ln(\det(PRP')) - \frac{1}{2}\sum_{t=2}^{T}\left[(z_t - \delta - \Psi z_{t-1})'\right.$$
$$\left.(PRP')^{-1}(z_t - \delta - \Psi z_{t-1})\right] - \frac{1}{2}(T-1)\ln[\det(M)]$$
$$-\frac{1}{2}\sum_{t=2}^{T}\left[(y_{et} - \Omega_e P^{-1} z_t)'(M)^{-1}(y_{et} - \Omega_e P^{-1} z_t)\right] \quad (3-26)$$

2. 实证结果及分析

（1）DRA 模型估计结果。本书参考曾耿明和牛霖琳（2013）的做法，采用极大似然值的海塞矩阵估计参数的标准误差。表 3 - 5 列示了在引入国债供求变量情况下，VAR 模型中转移系数矩阵 Φ 的估计结果。由表 3 - 5 可知，矩阵 Φ 的特征根均在单位圆内，表明 VAR 模型是稳定的，同时表明国债利率期限结构存在均值回复现象。另外，矩阵 Φ 对角线元素大部分均在 1% 水平下显著，说明 β_{1t}、β_{2t}、β_{3t}、g_t、π_t、L_t 和 TB_t 具有持久的自回归效应。为更好地分析矩阵 Φ 的非对角线元素的情况，我们按前文的做法，将转移系数矩阵 Φ 分为左上（Φ_1）、右上（Φ_2）、左下（Φ_3）和右下（Φ_4）四部分。

我们重点观察宏观经济变量与利率期限结构潜在因子之间的交互效应。在矩阵 Φ 的右上角（即 Φ_2 部分）中，国债流通总额 TB_{t-1} 前的系数为 2.2393，且在 5% 水平下通过显著性检验，说明国债流通总额对水平因子 β_{1t} 有显著正向影响，其原因是国债流通总额的正向变动意味着国债供给增加，国债价格下降，从而利率水平上升，这与韩国文（2016）中供给因子能够对所有期限利率产生显著正向影响的实证结果一致；经济增长率 g_{t-1} 对曲度因子 β_{3t} 有显著负向影响；通货膨胀率 π_{t-1} 对曲度因子有显著正向影响，影响系数分别为 - 7.3848 和 0.1739。这表明，经济增长率与国债利率的波动程度呈反向变化特征，意味着当经济持续向好时，金融市场中的不确定性和风险会相对降低，此时国债利率的波动程度会有所减缓，

表 3-5　转移系数矩阵 Φ 参数估计

项目	β_{1t-1}	β_{2t-1}	β_{3t-1}	g_{t-1}	π_{t-1}	r_{t-1}	L_{t-1}	TB_{t-1}
β_{1t}	0.7635*** (11.6174)	-0.0071 (-0.1419)	-0.0196 (-0.9912)	2.1617*** (2.6367)	-0.0683*** (-2.7736)	0.0970** (2.0327)	0.1828 (0.1417)	2.2393** (2.5659)
β_{2t}	-0.0772 (-0.8057)	0.7061*** (9.6932)	0.0718** (2.4503)	-0.8121 (-0.6608)	0.0466 (1.2728)	0.0993 (1.4069)	0.1127 (0.1931)	0.8126 (1.4413)
β_{3t}	0.7234*** (3.6357)	0.3395** (2.2485)	0.7943*** (13.1018)	-7.3848*** (-33.5123)	0.1739*** (3.2885)	-0.3632** (-2.4567)	-9.6977*** (-34.8479)	-0.794*** (-4.1229)
g_t	-0.0014 (-1.1737)	-0.0028*** (-3.0387)	0.0008** (2.0779)	0.9944*** (44.9123)	-0.0008 (-1.4206)	-0.0001 (-0.1038)	-0.0008 (-0.0172)	0.1592*** (5.4590)
π_t	0.1405 (1.1737)	0.0409 (0.4457)	0.1351*** (3.6004)	10.5515*** (5.7640)	0.6773*** (13.3250)	-0.0197 (-0.2219)	-15.9496*** (-43.5513)	6.7663*** (10.0454)
r_t	0.3491** (2.5919)	0.2974*** (2.9029)	0.0879** (2.1282)	-0.8104 (-1.0294)	0.0692* (1.7500)	0.3993*** (3.9896)	-6.1794*** (-29.6338)	5.5613*** (18.6458)
L_t	0.0022 (1.2160)	0.0013 (0.9192)	0.0002 (0.3596)	0.0522 (1.5201)	-0.0022** (-2.5521)	0.0008 (0.6702)	0.6746*** (9.7075)	0.0978** (2.1260)
TB_t	-0.0004 (-0.1780)	0.0009 (0.5291)	0.0000 (-0.0466)	0.0547 (1.3190)	-0.0010 (-0.9743)	-0.0007 (-0.4809)	-0.1736 (-2.0844)	0.8267*** (14.9809)

注：括号中为 t 统计量，*** 表示在 1% 水平下显著，** 表示在 5% 水平下显著，* 表示在 10% 水平下显著。

反之亦然；而通货膨胀程度与曲度因子呈现同向变动特征，说明当经济处于通胀时期，金融市场的不确定性程度和风险增加，导致国债利率的波动程度增加，反之亦然。同理观察矩阵 Φ 的左下角（即 Φ_3 部分），发现三个潜在因子都对银行间拆借利率 r_t 有显著正影响，并且曲度因子分别对通货膨胀率和金融机构人民币存贷 L_t 比有显著正向和负向影响。这说明国债利率的波动程度增加，通常处于经济扩张时期，此时市场对于国债的需求会发生下降，将货币投入到扩大生产的过程，从而导致通货膨胀率出现正向的变动。矩阵 Φ 的右下角（即 Φ_4 部分）揭示了各宏观变量之间的相互影响。除了对角线上的元素数值都较大，反映出经济增长率、通货膨胀率和国债供求因素都具有较高的持续性之外，国债流通总额对经济增长和通货膨胀有显著正向影响，系数分别为 6.7663 和 5.5613，可以解释为政府扩大债务规模、加大财政支出，进而导致经济增长率和通货膨胀率的增加；而通货膨胀率对金融机构存贷比有显著正向影响，反映出通货膨胀率增加时期，政府会紧缩银根，提高资金成本，抑制信贷过快增长，由此使得存款上升的幅度高于贷款增加的幅度，导致金融机构存贷比上升。

（2）脉冲响应。由于向量自回归模型式（3-20）的误差项的协方差矩阵 R 为非对角矩阵，所以我们使用 cholesky 分解进行脉冲响应分析，以避免相关变量间的交叉干扰。x_t 中各变量的顺序是：水平因子 β_{1t}、斜率因子 β_{2t}、曲度因子 β_{3t}、经济增长率 g_t、通货膨胀率 π_t、银行间同业拆借加权平均利率 r_t、金融机构存贷比 L_t、银行间市场流通国债总额 TB_t。由此考察潜在因子、宏观经济变量和国债供求因素受到相互独立的外来冲击后，一些关键期限利率的脉冲响应。

由图 3-6 可知，水平因子冲击下，各期限收益率响应程度相似，均从 1 开始逐渐衰减到 0 附近，并且随着到期期限的增加衰减速度越快；斜率因子冲击下，到期期限越短的收益率曲线响应程度越大，且衰减速度越慢；曲度因子冲击下，各期限收益率的响应与斜率因子冲击下的响应模式类似，但衰减的速度较慢。上述分析均与吴吉林（2010）的研究结果一致。在经济增长率的冲击下，利率期限结构的响应先下降后上升，并且随着到期期限的缩短，收益率响应幅度越大。王雪标和龚莎（2013）采用工业增加值作为经济增长率的度量指标也取得了类似的结论。在通货膨胀率的冲击下，总体来说利率期限结构的响应为正，到期期限越长的收益率响应幅度越小；在银行间同业拆借加权平均利率冲击下，利率期限结构的响应幅度基本相同，但随着到期期限的缩短，衰减速度越慢。这两项响应的方向也与吴吉林（2010）的研究结果一致。在金融机构存贷比（国债需求）增加的冲击下，利率期限结构的响应为负，且随着到期期限的增大，收益率响应幅度越小，并且衰减速度增加，这与张雪莹（2014）所得到的国债需求变量与各关键期限国债利率明显负相关的结论一致；银行间市场流通国债总量冲击下，利率期限结构的响应为正。韩国文（2016）基于我国数据的研究也得到类似的结论，他发现债券供给因子能够对所有期限即期收益率产生显著的正向影响。

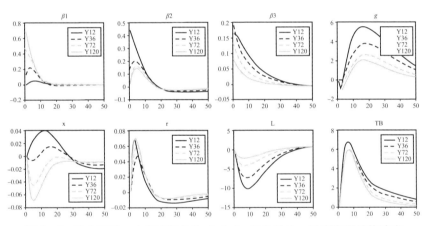

图 3-6　潜在因子、宏观变量单位 cholesky 正向脉冲－利率期限结构响应

（3）方差分解。方差分解是通过分析潜在因子、宏观经济变量和国债供求变量受到外来冲击时对利率期限结构预测误差的影响，进而比较对收益率曲线产生影响的每个随机扰动的相对重要程度。表 3-6 给出了具有代表性的 12 个月、36 个月、72 个月、120 个月期限利率的方差分解结果。

表 3 - 6 部分关键期限利率的方差分解

预测期限 h	1	12	36	60	预测期限 h	1	12	36	60
y_{12}					y_{72}				
β_1	0.0000	0.0035	0.0033	0.0033	β_1	0.5505	0.3644	0.3316	0.3273
β_2	0.6109	0.3881	0.3254	0.3259	β_2	0.0140	0.1723	0.1671	0.1694
β_3	0.3891	0.3891	0.3633	0.3556	β_3	0.4355	0.2545	0.2441	0.2421
g	0.0000	0.0084	0.0358	0.0394	g	0.0000	0.0023	0.0164	0.0178
π	0.0000	0.0076	0.0125	0.0167	π	0.0000	0.0196	0.0193	0.0218
r	0.0000	0.0175	0.0170	0.0181	r	0.0000	0.0350	0.0339	0.0342
L	0.0000	0.1131	0.1574	0.1547	L	0.0000	0.0417	0.0573	0.0577
TB	0.0000	0.0728	0.0853	0.0863	TB	0.0000	0.1103	0.1302	0.1297
y_{36}					y_{120}				
β_1	0.0444	0.0934	0.0795	0.0780	β_1	0.8711	0.5659	0.5348	0.5304
β_2	0.0963	0.2230	0.2001	0.2031	β_2	0.0032	0.1275	0.1284	0.1299
β_3	0.8594	0.4739	0.4361	0.4286	β_3	0.1258	0.0944	0.0918	0.0922
g	0.0000	0.0044	0.0259	0.0289	g	0.0000	0.0014	0.0093	0.0098
π	0.0000	0.0004	0.0026	0.0061	π	0.0000	0.0477	0.0508	0.0523
r	0.0000	0.0178	0.0173	0.0182	r	0.0000	0.0455	0.0447	0.0447
L	0.0000	0.0985	0.1341	0.1324	L	0.0000	0.0115	0.0152	0.0163
TB	0.0000	0.0886	0.1043	0.1046	TB	0.0000	0.1060	0.1249	0.1243

表中 h 表示超前预测期限，预测期限为1的各列反映了潜在因子、宏观经济变量和国债供求变量变化在受到一单位外来冲击的当期，对各期限利率方差的贡献程度；预测期限为12、36、60 的各列则分别表示各因子在受到外来冲击1年、3年和5年后对各期限利率方差的贡献程度占比。总的来看，对于各期限利率，无论预测时间长短，水平因子和曲度因子对利率方差的贡献一直占主导地位；经济增长率、同业拆借利率、国债需求

等变量对各期限利率方差的贡献率较低，尤其是国债需求变量，在范、李和周（Fan，Li & Zhou，2013）中作为国债需求变量的银行存贷差的贡献也很小，他们认为一个可能的原因是需求因素与收益率曲线的斜率因子高度相关，其影响大部分被两个潜在因子所吸收；而随着利率期限的增加，国债供给变量对利率方差的贡献率呈现非单调的变化，都超出了其他宏观变量对利率方差的影响。例如，根据预测时间长短的不同，国债供给变量冲击对 1 年期利率 y_{12} 方差的贡献率仅在 0.17 ~ 0.19 左右，而对 3 年期利率 y_{36}、6 年期利率 y_{72} 为 0.24、0.26 左右，但对 10 年期利率 y_{120} 的方差贡献率则下降到 0.23 左右，这表明在利用宏观金融模型研究我国利率期限结构的变化时，不应该忽视国债供给因素的影响。这一结果与戴和菲利浦（Dai & Philippon，2006）以美国数据进行的研究相类似，该文发现国债供给冲击对 10 年期收益率预测误差方差的影响占 13%。李灿林和魏敏（Canlin Li & Min Wei，2013）也发现国债供给因素对于 10 年期收益率的贡献度是 15%，对于 5 年期收益率的贡献度是 6%，该文进而提出：为了更准确地对长期债券进行定价，对政府债务状况的重视程度应该超过通货膨胀率和实体经济等宏观变量。

3. 结论和思考

本小节运用 DRA 模型对国债供求因素、宏观变量与利率期限结构之间的动态交互关系进行研究。实证结果表明：一是由国债供给变量反映的政府债务规模对利率期限结构的水平因子、经济增长和通货膨胀都有显著的正向影响；而利率期限结构的曲度因子对国债需求有显著负向影响；通胀率的上升则会导致国债需求的增加。二是脉冲响应分析发现：在国债需求增加的冲击下，各期限利率的响应为负；而政府债务规模扩张的冲击下，各期限利率的响应为正。三是方差分解显示，国债供给变量对中长期国债利率方差的贡献率较大，而国债需求等变量对各期限利率方差的贡献率均较低。总的来看，由国债供给反映的政府债务规模变量对于我国利率期限结构具有显著的影响。上述实证结果不仅在理论上有助于我们更准确地了解利率期限结构动态变化的微观机理，增进对利率期限结构与实际经济活动、货币政策之间相互关系的认识，提高利率期限结构预测模型的准确性；从实践上还有助于分析近些年来日益显现的政府债务管理与货币政策之间的冲突现象。

3.2.5 央行持有政府债务对货币政策传导的影响

1. 背景介绍

前几小节研究的是在政府债务因素对常规货币政策即中央银行通过调控短期利率进而传导到长期利率这一过程的影响。但 2008 年金融危机的爆发使得西方主要发达国家采取非常规货币政策以刺激经济，美联储通过直接在国债交易市场上增加对中长期国债的购买数量来压低国债中长期利率。从 2008 年 11 月开始，美国依次实行了三轮大规模资产购买计划。在 2009 年 3 月召开的联邦公开市场委员会会议中，美联储将美国国债纳入资产购买范围，并预期美国国债的购买总量将达到 3000 亿美元，以 "改善私人借贷市场环境"。2010 年 11 月开始的第二轮 QE 中，美联储计划在 2011 年二季度结束前购买总计 6000 亿美元的中长期美国国债，国债购买规模进一步扩大。2012 年 12 月，美联储再为经济开出一剂猛药，每月采购的国债额为 450 亿美元来替代扭曲操作（OT 计划），在此基础上再加上第三轮量化宽松中每月高达 400 亿美元的购债规模，仅此项美联储每月美国国债购买金额就高至 850 亿美元，以此为美国政府扩大财政支出提供充足的资金支持。图 3-7 显示，2008 年以来，随着量化宽松政策的实施，美联储持有的国债规模呈阶梯式上升。2008 年 11 月，美联储持有美国国债规模为 0.476 万亿美元，占美国国债总量的 4.484%。2010 年 4 月 28 日退出第一轮 QE 时，美联储持有的国债市值上升到 0.776 万亿美元，美联储持有国债比例上升到 6.047%。第二轮 QE 自 2010 年 11 月 4 日开始，2011 年 6 月结束时，美联储持有的国债市值已经达到 1.625 万亿美元，美联储持有国债比例为 10.989%。2012 年 9 月 15 日，QE3 开始，国债购买规模进一步扩大。截至 2014 年美联储退出量化宽松政策时，购债规模已经达到 2.462 亿美元，是 2008 年 10 月末的近 5.2 倍，美联储持有的国债占国债总量的比例也上升到了 13.73% 的历史高位。从 2015 年底开始，美国经济回暖迹象显现，2017 年 3 月失业率降到 4.5% 的历史低位，接近自然失业率的水平，核心通胀率也已经接近 2% 的目标①。伴随着美国经济复苏，美联储开始考虑逐步缩减资产负债表的规模。在联邦公开市场委员会（FOMC）3 月中旬召开的会议中，美联储官员对资产负债表规模正常化议题进行了讨论，并认为 2017 年晚些时候进行缩表"可能是合适的"②。根据纽约联储的报告，"到 2021 年底，美联储目前规模约 4.5 万亿美元的资产负债表可能被缩减至略低于 3 万亿美元的水平"③。由于美联储所持有的抵押支持证券（MBS）大部分剩余期限都在 10 年以上，而国债到期期限则相对较短，未来 5 年内到期的规模占到了美联储持有国债总规模的近60%④，根据渐进式缩表进程的安排预期，在缩表前期，美联储有可能倾向于逐渐缩减到期国债的再投资规模，而后期可能会逐步停止到期国债的

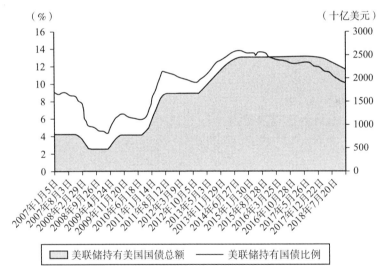

图 3 - 7　美联储持有政府债务的情况

资料来源：美国联邦储备银行圣路易斯分行数据库。

---

① 美国劳工部官网：https：//www. bls. gov/。

② 美联储联邦公开市场委员会（FOMC）2017 年 3 月 14 日至 15 日的政策会议记录和路透社报道，https：//www. federalreserve. gov/monetarypolicy/fomc. htm。

③ 美联储纽约分行 2017 年 4 月 6 日报告，https：//www. newyorkfed. org/press。

④ 美联储圣路易斯分行数据库。

再投资进程并卖出未到期的国债和抵押支持证券（MBS），进而使美联储资产负债表资产端规模逐渐恢复到正常水平。由上述可知，美联储缩表的进程将导致其持有国债水平的变化。值得注意的是，尽管美联储持有国债规模自 2008 年以来持续增加，在 2014 年 10 月退出量化宽松后也一直保持在 2.46 万亿美元左右的高位，但美国的赤字财政政策使得近些年来美国国债总额出现较大幅度的增长，2008～2016 年，美国联邦债务占 GDP 的比例由 64.34% 上升到 105.87%，国债总量从 2008 年 10 月的 10.63 万亿美元增加到 2017 年 2 月的 19.92 万亿美元，这使得美联储持有国债占国债总额的比例在美联储启动缩表政策之前已经呈现出波浪形的变化。

其他一些国家，如日本也出现类似的情况，如图 3-8 所示。

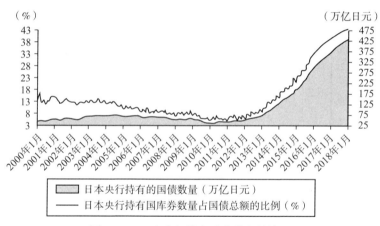

图 3-8　日本央行持有政府债务的情况

资料来源：Wind 数据库。

关于在非常规货币政策背景下，央行持有国债变化对利率期限结构的影响，一些学者进行了细致的分析。例如，汉密尔顿和吴（Hamilton & Wu，2011）在对美国第二轮 QE 的研究中发现，美联储高达 4000 亿美元的国债购买计划使 10 年期国债利率下降了 14 个基点。查达等（Chadha et al.，2014）考察了 2009 年 3 月到 2010 年 11 月间英国央行购买政府债券政策对该国名义和实际国债利率期限结构的影响。结果显示：政策实施后，10 年期国债名义利率平均下降 46 个基点；但并未对实际远期利率产生显著影响。卡明斯卡等（Kaminska et al.，2014）的研究表明：美联储2008～2012 年推行的大规模资产购买计划使美国 10 年期国债收益率下降近 140 个基点。邓晓兰等（2014）基于美国 2009～2013 年的数据研究表明：美联储的大规模购债行为具有内生性，在长期中并没有起到降低利率的作用，短期内对利率的冲击具有不确定性和不可持续性。埃塞尔和施瓦布（Fabian Eser & Bernd Schwaab，2016）通过事件研究法以欧元区 10 个国家的 5 年期国债收益率为标的研究了欧洲央行 2008 年 10 月至 2011 年12 月间施行的非常规货币政策的宣告效应，并在此基础上构建由希腊、西班牙、爱尔兰、意大利和葡萄牙 5 国面板数据构成的模型，研究欧洲央行的购债计划对各国国债收益率的影响。结果显示，样本国家国债购买量每增加国债流通总额的 1‰，能够降低该国 5 年期国债收益率近 3 个基点。

对这些已有文献的梳理能够发现，现有文章在研究央行持有国债比例对利率有何影响时，所用的实证计量方法较为简单；且仅考察了该政策对某些关键期限利率的影响，这样做只能利用某些特定期限利率的信息，而忽视了大量其他期限的利率信息。为此，本节使用美国 2008 年 1 月至2017 年 12 月的数据，在迪博尔德、鲁德布什和阿鲁巴（Diebold, Rude-busch & Aruoba，2006）提出的 DRA 模型基础上引入央行持有国债的比例，分析利率期限结构、宏观变量和央行持有国债比例之间的动态交互关系。DRA 模型不仅能够避免因仅对关键利率进行考察而受某些期限利率异常值的影响，而且能够刻画整个利率期限结构曲线随时间变化的动态规律；另外，DRA 模型所使用的因子载荷更符合经济意义，在模型构造和估计方面也具有更大的灵活性。

2. 数据和计量方法

本节以美国数据为样本，使用 2009 年 1 月至 2018 年 12 月的月度数据，共 120 个月①。其中，美国国债利率使用期限为 12、24、36、60、84、

---

① 2008 年全球金融危机爆发后，美联储持有的美国国债面值占市场流通美国国债总额的比例大幅提高。因此本书选用 2008 年 1 月之后的数据进行研究。

120、240、360 个月的财政部发行的国库券即期收益率数据，分别用 y_t^{12}、y_t^{24}、y_t^{36}、$\cdots$、y_t^{360}，表示；β_{1t}、β_{2t} 和 β_{3t} 分别为利率期限结构的水平因子、斜率因子和曲度因子；宏观经济变量中，经济增长率 g_t 用美国实际 GDP 同比增长率代表[①]；常规货币政策变动 r_t 用联邦基金利率来反映；通货膨胀率 π_t 用居民消费价格指数（CPI）的同比变动率来衡量；参考阿方索（Alfonso，2012）的研究方法，用美联储持有的国库券面值占市场流通中的国库券总值的比例作为美联储非常规货币政策的代理变量 m_t。本书所用的全部数据均来自美联储圣路易斯分行数据库。

为了考察利率期限结构与央行持有国债比例以及各宏观变量之间的关系，本节采用与上一节类似的 DRA 模型，将三个潜在因子（β_{1t}、β_{2t}、β_{3t}）与其他变量一起组成状态因子向量 x_t，并假设其服从一阶向量自回归 VAR(1) 过程。进而，$x_t = (\beta_{1t}, \beta_{2t}, \beta_{3t}, g_t, \pi_t, r_t, m_t)'$，由此转移方程可表示为：

$$
\begin{pmatrix} \beta_{1t} \\ \beta_{2t} \\ \beta_{3t} \\ g_t \\ \pi_t \\ r_t \\ m_t \end{pmatrix} = \begin{pmatrix} c_1 \\ c_2 \\ c_3 \\ c_4 \\ c_5 \\ c_6 \\ c_7 \end{pmatrix} + \begin{pmatrix} \varphi_{11} & \varphi_{12} & \varphi_{13} & \varphi_{14} & \varphi_{15} & \varphi_{16} & \varphi_{17} \\ \varphi_{21} & \varphi_{22} & \varphi_{23} & \varphi_{24} & \varphi_{25} & \varphi_{26} & \varphi_{27} \\ \varphi_{31} & \varphi_{32} & \varphi_{33} & \varphi_{34} & \varphi_{35} & \varphi_{36} & \varphi_{37} \\ \varphi_{41} & \varphi_{42} & \varphi_{43} & \varphi_{44} & \varphi_{45} & \varphi_{46} & \varphi_{47} \\ \varphi_{51} & \varphi_{52} & \varphi_{53} & \varphi_{54} & \varphi_{55} & \varphi_{56} & \varphi_{57} \\ \varphi_{61} & \varphi_{62} & \varphi_{63} & \varphi_{64} & \varphi_{65} & \varphi_{66} & \varphi_{67} \\ \varphi_{71} & \varphi_{72} & \varphi_{73} & \varphi_{74} & \varphi_{75} & \varphi_{76} & \varphi_{77} \end{pmatrix} \begin{pmatrix} \beta_{1,t-1} \\ \beta_{2,t-1} \\ \beta_{3,t-1} \\ g_{t-1} \\ \pi_{t-1} \\ r_{t-1} \\ m_{t-1} \end{pmatrix} + \begin{pmatrix} \eta_t(\beta_{1t}) \\ \eta_t(\beta_{2t}) \\ \eta_t(\beta_{3t}) \\ \eta_t(g_t) \\ \eta_t(\pi_t) \\ \eta_t(r_t) \\ \eta_t(m_t) \end{pmatrix}
$$

简记为：

$$ x_t = c + \Phi x_{t-1} + \eta_t, \quad \eta_t \sim N(0, R) \qquad (3-27) $$

其中 η_t 为误差项，服从均值为 0，协方差矩阵为对称矩阵 R 的多元正态分布[②]。

---

① $g_t = \ln(GDP_t / GDP_{t-12})$，其中 GDP 数据采用三次样条插值法对 GDP 季度数据进行了月度分解，再用 $X-12$ 方法进行季节调整。

② 本书假定 R 为对称矩阵，即允许各潜在变量和宏观变量间的冲击可以相互影响。例如，央行货币政策的变动，不仅会影响银行间同业拆借利率，也会导致经济增长率和通货膨胀率的变化，且似然比检验结果显示该设定形式合理。

测量方程的矩阵形式为：

$$y_t = \Omega x_t + \varepsilon_t, \quad \varepsilon_t \sim N(0, V) \tag{3-28}$$

其中，$y_t = (y_t^{12}, y_t^{24}, \cdots, y_t^{360})'$，$\varepsilon_t$ 为误差项，服从均值为 0，协方差矩阵为对角矩阵 V 的多元正态分布[①]。系数矩阵 Ω 为：

$$\Omega = \begin{pmatrix} 1 & \dfrac{1-e^{-12\lambda}}{12\lambda} & \dfrac{1-e^{-12\lambda}}{12\lambda}-e^{-12\lambda} & 0 & 0 & 0 & 0 \\ 1 & \dfrac{1-e^{-24\lambda}}{24\lambda} & \dfrac{1-e^{-24\lambda}}{24\lambda}-e^{-24\lambda} & 0 & 0 & 0 & 0 \\ \cdots & \cdots & \cdots & \cdots & \cdots & \cdots & \cdots \\ 1 & \dfrac{1-e^{-240\lambda}}{240\lambda} & \dfrac{1-e^{-240\lambda}}{240\lambda}-e^{-240\lambda} & 0 & 0 & 0 & 0 \\ 1 & \dfrac{1-e^{-360\lambda}}{360\lambda} & \dfrac{1-e^{-360\lambda}}{360\lambda}-e^{-360\lambda} & 0 & 0 & 0 & 0 \end{pmatrix}$$

其中，Ω 前三列为三个潜在因子的载荷，后面几列均为零，以保证利率期限结构动态特征完全由三个潜在因子来反映。式（3-27）和式（3-28）构成了完整的 DRA 模型：此模型中，央行持有国债比例与宏观经济变量、利率期限结构潜在因子在 VAR 框架内相互影响，其方向和程度主要通过式（3-27）中的转移系数矩阵 Φ 得到体现。Φ 最后一行的系数反映了滞后一期潜在因子和宏观变量对当期美联储持有国债比例 m_t 的影响，而最后一列的系数则反映了滞后一期美联储持有国债比例 m_{t-1} 对潜在因子和宏观变量的影响。

为了使用极大似然估计法对上述模型中的各参数 c，Φ，R，λ，V 进行估计，我们按照安格和皮亚兹西（Ang & Piazzesi，2003）、吴吉林（2010）、查达等（Chadha et al.，2014）给出的经典处理方法，假设有三个期限的利率没有误差，而其他期限的利率存在误差，并且该误差服从正态分布，以此构建似然函数，进而得到其对数最大化条件下的参数估计值[②]。由于

---

① V 取为对角矩阵，正如很多无套利模型都设定收益率模型的误差项是独立同分布的，即不同到期期限收益率的误差项不相互影响。

② 之所以这样设定是因为似然函数的构建主要是基于可观测变量的概率分布，在 DRA 模型中却同时存在可观测变量和不可观测变量，为此需要把不可观测的潜在因子转化为可观测的利率，于是假定三个期限对应的收益率曲线没有测量误差。

美国国债市场中占流通量较大份额的国债期限为 1 年、3 年、10 年，且多数文献证明 Nelson-Siegel 模型对短期和中期收益率拟合和预测效果较好，因此本书假设 y_t^{12}、y_t^{36}、y_t^{120} 不存在测量误差。

3. 实证研究结果与分析

（1）转移系数矩阵 Φ 的估计结果。本书侧重于研究引入了政府债务货币化指标的宏观经济变量与美国国债利率期限结构潜在因子之间的交互效应。为方便观察，本书将式（3－27）中 VAR（1）的转移系数矩阵 Φ 分为左上（Φ_1）、右上（Φ_2）、左下（Φ_3）和右下（Φ_4）四个部分，如表 3－7 所示。

表 3－7　　　　　　　　　　转移系数矩阵 Φ 参数估计

项目	$\beta_{1,t-1}$	$\beta_{2,t-1}$	$\beta_{3,t-1}$	g_{t-1}	π_{t-1}	r_{t-1}	m_{t-1}
β_{1t}	0.4452 ** (2.0768)	－ 0.3615 ** (－ 2.1383)	－ 0.0553 (－ 1.6634)	－ 0.0280 (－ 1.0992)	－ 0.0091 (－ 0.2659)	0.3686 ** (2.2721)	－ 0.0283 * (－ 1.7511)
β_{2t}	0.3249 (1.5361)	1.1437 *** (6.8564)	0.0996 *** (3.0362)	0.0399 (1.5895)	0.0611 * (1.8077)	－ 0.3720 ** (－ 2.3255)	0.0168 (1.0516)
β_{3t}	0.4888 (1.0633)	0.3989 (1.1005)	0.9072 *** (12.7170)	0.0123 (0.2243)	－ 0.1237 * (－ 1.6855)	－ 0.0479 (－ 0.1376)	0.0636 * (1.8382)
g_t	－ 0.4837 ** (－ 2.4118)	－ 0.5017 *** (－ 3.1723)	－ 0.0178 (－ 0.5728)	0.9585 *** (40.2157)	0.0764 ** (2.3861)	0.2424 (1.5971)	0.0173 (1.1433)
π_t	－ 0.4139 (－ 1.3663)	－ 0.3927 (－ 1.6441)	－ 0.0330 (－ 0.7016)	－ 0.0098 (－ 0.2726)	0.9345 *** (19.3210)	0.4070 * (1.7752)	0.0175 (0.7669)
r_t	0.0845 (1.3445)	0.0560 (1.1305)	0.0433 *** (4.4380)	0.0106 (1.4199)	0.0052 (0.5191)	0.7808 *** (16.4115)	0.0021 (0.4452)
m_t	0.5041 *** (4.3977)	0.3641 *** (4.0280)	0.0250 (1.4076)	0.0230 (1.6705)	－ 0.0559 *** (－ 3.0532)	－ 0.4726 *** (－ 5.4483)	1.0058 *** (116.5116)

注：括号中为 t 统计量，*** 表示在 1% 水平下显著，** 表示在 5% 水平下显著，* 表示在 10% 水平下显著。

矩阵 Φ 的右上角中数据所体现的是宏观经济变量对美国国债利率期限结构潜在因子的影响，可以看到，联邦基金利率 r_{t-1} 和政府债务货币化水平 m_{t-1} 分别在 5% 的显著性水平下对水平因子 β_{1t} 产生正向和负向影响，其原因在于联邦基金利率作为美联储货币政策的中间目标一直扮演着基准利率的角色，联邦基金利率的上升使美国国债整体利率水平上升；当美联储在初级或二级市场上购入长期债券时，这种大规模购债行为使市场上流通的长期债券数量减少，从而使国债价格上升收益率下降，最终达到长端利率下降的目的。同时，联邦基金利率 r_{t-1} 在 5% 的显著性水平下对斜率因子 β_{2t} 产生显著影响，影响系数为 -0.3720。说明联邦基金利率的提高将会在短期利率提高的同时降低市场对未来通货膨胀的预期，使得长期利率下降，长短期利差收窄，收益率曲线趋于平坦。通货膨胀率 π_{t-1} 对斜率因子 β_{2t} 的影响显著为正，系数为 0.0611，这可能是由于当通货膨胀率上升时，市场中的经济主体预测未来通胀将延续或者进一步增大，因此长期利率上升，进而导致长短期利差扩大。曲度因子 β_{3t} 在 5% 显著水平上受通货膨胀率 π_{t-1} 的负向影响、美联储持有国债比例 m_{t-1} 的正向影响，系数分别为 -0.126 和 0.037。这可能是美国作为 2008 年全球金融危机的发源地，经济面临下行风险，通缩压力不断增大，导致金融市场内的不确定性增加，从而引起国债利率的波动性增加；而美联储在二级市场买入大量国债作为央行的一种市场干预手段，购债同时使得大量资金涌入债券市场，不仅加剧了债市波动，而且投资者担心政府的过度干预会干扰债券及其他金融产品的定价，造成市场的进一步扭曲、增加市场中蕴含的风险。

矩阵 Φ 的左下角中数据所体现的则是美国国债利率期限结构潜在因子对宏观经济变量的影响。可以看到，水平因子 $\beta_{1,t-1}$ 和斜率因子 $\beta_{2,t-1}$ 都对经济增长率 g_t 产生显著的负影响。这是因为国债利率作为一国的基准利率，整体水平的上升会提高本国的资金使用成本，从而大幅降低民间投资积极性进而降低经济增长率；而长短期利差的增大则反映了民众预期未来的通胀率将上升，金融市场中蕴含的不确定性和风险性增大，这两点都会在一定程度上抑制经济的快速增长。曲度因子 $\beta_{3,t-1}$ 和联邦基金利率 r_t 存在同向变动特征，说明当经济中的不确定性和风险性增加时，美国国债利率的波动性提高，此时美联储将通过提高联邦基金利率对市场进行干预，以稳定市场预期。最后可以看到水平因子 $\beta_{1,t-1}$、斜率因子 $\beta_{2,t-1}$ 都在 1% 的显著水平下对美联储持有国债比例 m_t 产生同向影响，系数分别为 0.504 和 0.364。由于水平因子 $\beta_{1,t-1}$ 和斜率因子 $\beta_{2,t-1}$ 分别表示国债的长期利率水平和长短期利差，这二者中无论哪种因素的提高都会迫使美联储扩大中长期国债的购买量以稳定中长期利率水平，为市场营造宽松稳定的投资环境。

矩阵 Φ 的右下角中数据则解释了各宏观变量间的相互影响。对角线上的系数都在 1% 的水平上显著，说明各宏观变量的变动都存在较强的一致性。通过观察可知，通货膨胀水平 π_{t-1}、联邦基金利率 r_{t-1} 都会对美联储持有国债比例 m_t 产生显著的影响。经济增长的下行往往伴随着通货紧缩，此时央行为避免经济陷入衰退，会降低基准利率以刺激民间投资，但是由于银行惜贷等一系列原因，短期利率的变动并不能有效引起长期利率的下降，投资环境没有得到根本改善，而央行此时在市场大规模购买中长期国债将向市场直接注入流动性，为市场提供宽松环境的同时降低了长期利率，传达出了政府货币宽松的政策信号，使市场参与者形成稳定预期。联邦基金利率 r_{t-1} 与通货膨胀率 π_t 存在正相关关系，系数为 0.407，这可能是因为当经济中通货膨胀水平较高时，央行会通过提高短期利率来调整市场预期，但是由于货币政策的传导具有一定的滞后性，在短时间内无法迅速达到政策目的。同时，通货膨胀率 π_{t-1} 和经济增长率 g_t 呈现出正相关关系，这可以解释为当经济形势向好时往往伴随着温和的通货膨胀。

通过以上分析可以发现美国国债利率期限结构和美联储持有国债比例之间的动态影响表现出一定的对称性。一方面，从右上角（Φ_2）可以看出，除斜率因子 β_{2t} 外，美联储持有国债比例 m_{t-1} 对水平因子 β_{1t}、曲度因子 β_{3t} 的系数都在 10% 的水平上显著，这说明美国国债的利率期限结构对美联储政府债务货币化操作反应较为敏感，能够在较短时间内做出反应，也从侧面说明了美国金融市场体系较为完善、市场参与者能够迅速理解美联储的行动并形成理性预期，货币政策传导效率较好。另一方面，引入系统的所有变量中，水平因子 $\beta_{1,t-1}$、斜率因子 $\beta_{2,t-1}$、通货膨胀水平 π_{t-1} 和联邦基金利率 r_{t-1} 对美联储持有国债比例 m_t 的影响都是显著的，这说明央行的货币政策对国债利率期限结构和宏观经济变量的变动非常敏感，并能够根据利率期限结构和宏观经济变量的变动迅速做出反应，同时也从侧面反映出，美联储十分重视国债交易信息，并将其变动作为制定货币政策的重要依据。

（2）脉冲响应分析。为避免某一因素变动引起同期其他因素扰动而引起估计结果出现误差，本书采用乔利斯基（cholesky）分解对脉冲响应进行分析。引入脉冲响应的变量顺序为水平因子 β_{1t}、斜率因子 β_{2t}、曲度因子 β_{3t}、经济增长率 g、通货膨胀率 π_t、联邦基金利率 r_t 和美联储持有国债比例 m_t。考察分别在潜在因子、宏观变量和美联储持有国债比例变量的随机误差项上施加一个标准差的冲击后，对 1 年期（$Y1$）、3 年期（$Y3$）、7 年期（$Y7$）和 10 年期（$Y10$）这四个关键期限利率产生的影响。引入美联储持有国债比例的 DRA 模型脉冲响应，如图 3-9 所示。

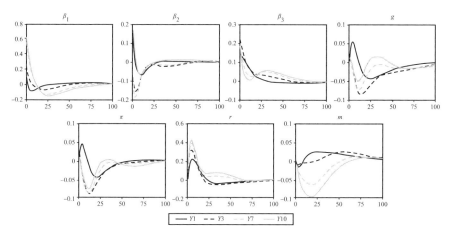

图 3-9　引入美联储持有国债比例的 DRA 模型脉冲响应

注：$Y1$、$Y3$、$Y7$、$Y10$ 分别代表 1 年、3 年、7 年和 10 年期美国国债即期收益率。

由图 3-9 可以看到，对于各潜在因子施加一个标准差的冲击，各期限美国国债收益率都能够迅速做出反应。在水平因子的冲击下，各期限收益率都呈现出逐渐衰减到 0 的特征，并且到期期限越长，当期反应越大，衰减速度越慢；在斜率因子的冲击下，各期限国债收益率均迅速下降后趋于平稳，但是到期期限短的利率在当期出现了正向反应，衰减后出现了轻微的反弹；而到期期限长的利率期初出现负向反应后经历了较大程度的上升最后趋于平稳。受曲度因子冲击后各期限收益率的响应与水平因子下的响应模式类似，但到期期限不同的国债收益率曲线之间并没有出现明显的分化。

进一步观察各宏观变量的脉冲响应图会发现，各期限债券收益率对宏观变量冲击的响应均存在一定的滞后性。各期限收益率在经济增长率一个单位标准差的冲击下，呈现出波浪形变动的特征，同时可以看到短期国债的收益率受经济增长率冲击的影响较大。在通货膨胀因素的冲击下，各期限收益率的变化路径基本相同，都经历了先下降再上升后趋于稳定的过程，但短期国债收益率的波动幅度较大。在联邦基金利率的冲击下，各期限美国国债收益率迅速上升后趋于下降，而且到期期限越长收益率响应幅度越大。在美联储持有国债比例增加的冲击下，不同期限国债收益率的变动出现了明显的分化。在短期国债收益率小幅上升的同时，长期国债收益率明显下降。这可能是由于在债券市场存在市场分割的情况下，伴随着"扭曲操作"的美联储大规模购债计划使得部分资金从短期市场流入长期国债市场，进而在压低长期国债利率的同时小幅推升了短期国债收益率，而且美联储购买中长期高质量债券向市场传达出向这些债券提供隐性支持和维持货币宽松的政策意图，也有助于长期国债收益率的进一步下降。

总之，本节采用 DRA 模型对美联储持有国债比例变化与美国国债利率期限结构以及宏观经济变量之间的交互效应进行了研究。实证结果显示：一是美联储持有国债比例变化对国债利率期限结构的水平因子和曲度因子存在显著影响，央行持有国债比例的提高有助于降低国债利率的整体水平，但会加大债券市场的价格波动幅度；二是通过对脉冲响应结果的分析发现，在美联储持有国债比例提高的冲击下，长期国债利率的响应为负，且到期期限越长的国债收益率受美联储持有国债比例提高冲击的反应越强烈，下降幅度越大。

上述研究一方面助于加深我们对近年来发达国家非常规货币政策作用途径和效果的认识；另一方面，对于分析美联储未来实施缩减资产负债表政策可能造成的影响具有借鉴意义。从长期看，美联储的"缩表"政策将降低其持有国债的比例，这会对中长期利率有推升作用，这使得我们在关注和预测美国货币政策的未来实施进程时，要注意考虑美联储"缩表"和加息政策的协调和配合问题。

第4章

政府债务因素对货币政策效果的影响

4.1 政府债务影响货币政策效果的理论基础

4.1.1 货币政策效果的评价指标

在研究政府债务对货币政策效果的影响之前,我们首先对货币政策效果的衡量指标进行界定。货币政策效果与货币政策运行的整个流程有关,即与操作目标、中介目标以及最终目标都具有一定的内在联系,特别是与货币政策的最终目标有关。由于货币政策的目标以及传导渠道在不同国家、不同时期有着不同的含义和选择途径,货币政策实施的有效性没有统一的定义;但一般认为,货币政策的主要中介目标在于货币供应量与利率的调整,而货币政策的最终目标则在于经济增长和物价稳定。因此,尽管各国货币政策效果的评价随着最终目标的不同选择会有不同的判断标准,从已有研究成果来看,世界各国在不同的时期对货币政策实施效果的评价标准有所不同,有的以经济增长为主要评价标准,有的以物价稳定为最终目标,但较多地是兼顾两个目标,即从产出效应和价格效应两方面加以界定。

对中国而言,中国经济正处于转型时期,社会经济结构处于调整过程中，货币政策当局面临的约束条件更为复杂，根据目前社会经济金融的现实情况，我国也在一定程度上实施具有偏重的多目标制（周小川，2016）。根据1995年我国公布的人民银行法以及其后2003年颁布的修订案中，中国货币政策最终目标为"保持货币价值稳定，并以此促进经济增长"，这直观表述了我国当前的货币政策是以保持币值稳定为首要目标，同时照顾到以币值稳定为手段，达到促进经济增长的目的。因此，国内大多数文献将经济增长与物价稳定作为货币政策实施的最终目标，进而多是以产出增长率和通货膨胀率的变动作为货币政策效果的评价指标。例如，李春琦（2003）认为，货币政策有效性是指货币供给量的变动有能力引起总需求和总收入的变动，或者可以说货币政策对产出和通货膨胀所造成的影响程度。马勇和陈雨露（2014）从微观基础出发，以1992~2012年季度数据为样本，建立了经济开放度与货币政策有效性的双变量模型，采用实证分析的方式对两者的关系进行了研究，最终结果显示在我国经济开放程度不断提升的基础上货币政策的产出效应和价格效应都出现了一定程度的降低。张翔等（2014）采用基于SVAR模型模拟的方法，通过模拟产出和通货膨胀受货币紧缩冲击的累积脉冲反应，分析人民币汇率弹性增强的条件下货币政策调控效果的变化。结果显示：长期来看，目前货币供给紧缩1个百分点的冲击会导致产出累积下降0.35个百分点，通胀累积下降0.32个百分点；但是在模拟人民币汇率弹性提高的情景下，紧缩货币政策冲击对经济的影响将下降，只引起产出累积下降0.30个百分点，通胀累积下降0.20个百分点。贺京同等（2016）将认知局限假设引入动态随机一般均衡分析框架，通过模拟产出缺口和通货膨胀对正向货币政策冲击的脉冲响应函数，考察不同的市场化程度下的货币政策效果，结果表明市场化水平与货币政策施行效果密切相关：当市场化程度较高时，货币政策虽然在调控通货膨胀上具有显著效果，但调控产出缺口的效果大幅减弱；当市场化程度较低时，货币政策调控产出波动的效果显著，但却几乎丧失了对通货膨胀的调控能力。黄佳琳和秦凤鸣（2017）采用1996~2015年中国30个省区市的季度数据，通过构建MCSGVAR模型，考察了实际地区生产总值增长率和通货膨胀率对一单位正向货币政策冲击的脉冲响应，以此反映中国货币政策效果的区域非对称性。郭豫媚和周璇（2018）构建了一个包含央行公共信息、公众私人信息和适应性学习的动态随机一般均衡模型，通过考察由产出和通胀波动引起的福利损失，研究适应性学习过程中央行沟通对提高货币政策有效性的影响。结果显示，央行沟通能够使产出方差、通货膨胀方差和福利损失分别下降13%、21%和15%，能够显著提高货币政策有效性。金春雨等（2018）以通货膨胀缺口波动与产出缺口波动的线性组合作为衡量指标，以比较不同货币政策规则的政策空间和政府效果。

4.1.2　政府债务影响货币政策效果的相关理论

通过对文献的梳理，政府债务因素影响货币政策效果的相关理论大致可以分为以下几个方面：

1. 李嘉图等价与非李嘉图等价理论

征税和发行公债是政府获取财政收入的两种主要方式。大卫·李嘉图（David Ricardo）在《政治经济学及赋税原理》一书的第17章中表述了这样的论点：政府无论选用一次性总付税（lump-sum tax），还是发行公债，来为政府筹措资金，均不会影响消费和投资。20世纪70年代，这一原理重新被美国经济学家罗伯特·巴罗（Robert J. Barro）所揭示。他发表于1974年的著名论文《政府债券是净财富吗?》（*Are Government Bonds Net Wealth?*）在经济学界引起了广泛关注。1976年詹姆斯·布坎南（James Buchanan）发表的题为《巴罗的〈论李嘉图等价定理〉》的评论中正式提出"李嘉图等价定理"（ricardian equivalence theorem）这一术语。其核心思想是由于消费者具有理性预期，政府债券并不是净财富，政府是通过发行国债还是通过税收来弥补财政赤字，以及政府发行债券的路径安排（政府债务融资规模和期限结构）并不会影响经济中的消费、投资、产出和通货膨胀水平。从这个意义上讲，政府债务管理并不会影响货币政策效果。

但无论从理论还是实证角度看，李嘉图等价定理的存在性一直受到众多学者的质疑，根据莫迪利亚尼（Modiligani）、曼昆（Gregory Mankiw）等学者的观点，消费者的短视、借债约束和代际财富再分配这三个因素导致李嘉图等价定理不成立，家庭部门持有的政府债务具有净财富效应，同时，政府债务规模的增加会产生更大的财富效应。以政府通过国债发行的途径弥补财政赤字为例，政府债券购买者并非完全理性，当政府用国债融资取代税收方式进行融资，政府债券作为一种收益性证券，其持有者会将政府债券视作可以带来预期收益的财富，在债券持有期内，自己在未来所获得的收益将增加，此时政府债券就自带财富效应的属性，从来导致居民的消费支出增加、产生扩张性效应而引发通货膨胀。基于莫迪利亚尼（Modiligani）、曼昆（Gregory Mankiw）等学者提出的"非李嘉图等价理论"的思想，巴巴拉（Barbara，2007）、利斯和塔登（Leith & Thadden，2008）构建的 DSGE 模型中引入所谓的"非李嘉图消费者"（Non-Ricardian consumers），政府债务变量不仅体现在政府预算约束方程之中，还通过财富效应与其他宏观变量产生联系，进而影响货币政策的效果。安德拉德和皮雷斯（Andrade & Pires，2011）的研究发现：巴西政府发行通货膨胀指数债券（inflation indexed bonds）进行债务管理的行为，通过财富效应影响货币政策的利率传导，抵消了货币政策的效果。

2. 价格水平财政理论（fiscal theory of the price level，FTPL）

FTPL 理论是近些年来发展起来的分析财政政策影响物价水平的重要理论，其核心思想也涉及政府债务因素对货币政策效果的影响。

所谓价格水平财政理论，源自利珀（Leeper，1991，1993）、科克伦（Cochrane，2001）等提出的政府跨时约束方程（政府跨时预算方程），可简单表示为：

$$\frac{B_{t-1}}{P_t} = \sum_{k=0}^{\infty} \left(\frac{1}{1+r}\right)^k \cdot E(S_{t+k}) \qquad (4-1)$$

意味着：政府未清偿债券的实际值 $\frac{B_{t-1}}{P_t}$ 应该等于预期未来政府财政盈余流 $E(S_{t+k})$ 按贴现率 r 计算得到现值。利珀（Leeper）和科克伦（Cochrane）等认为，在传统价格水平的货币决定理论中，货币当局决定货币存量序列，从而决定价格水平序列。财政当局调整基础盈余序列和名义债券发行序列，以保证政府的跨时预算约束成立。货币当局是主动的、积极的，处于支配地位；而财政当局是被动、消极的，处于从属地位。在上述组合下，财政当局调整未来支出和税收以满足任何利率和名义收入水平下的预算约束条件，而对价格水平的决定不起任何作用。这也被称为货币政策主导的"李嘉图"规则。而另外一种情况是财政当局事先外生设定政府实际收支计划时，价格水平 pt 只能根据政府债务变动进行调整以实现市场均衡。在这种情况下，财政盈余水平由外生确定，式（4 - 1）表示的政府预算约束等式，不再仅是一个约束条件，而是一个决定价格变化路径的均衡状态。在给定未来财政盈余流 S_{t+k} 的情况下，当财政当局决定名义债券期初的发行规模 B_{t-1} 时，也就决定了下期的物价水平。而如果期初政府债券发行规模事先设定时，预期未来政府财政盈余的变化也将影响物价的变化。由此，FTPL 理论认为，财政当局决定政府的基础盈余和名义债券发行，再由政府的跨时约束方程决定价格水平序列。货币当局调整货币供给量，以保证货币市场出清。财政当局是主动的、积极的，处于支配地位；而货币当局是被动的、消极的，处于从属地位。这种情况也被称为财政政策主导的"非李嘉图"规则。

　　一些研究显示，FTPL 理论对于 2008 年金融危机之后双宽松宏观经济政策作用下的中国通货膨胀问题具有非常显著且契合的解释力。虽然中央银行为维护自身的独立性，不能直接为政府财政赤字融资，但在危机时期，财政扩张所带来的变相货币释放过程却很难将两者割裂开来。在危机爆发与经济转型的特定时期，中国的物价水平更倾向于财政主导的非李嘉图制度。例如，李江（2012）就后危机时代中国物价水平与财政政策的关系问题进行了实证检验，他不仅证实非李嘉图财政政策在中国的存在性，同时指出正是财政分权制度加大了地方政府的财政职权，在地方债务与信贷攀升的共同作用下，加速了中国通货膨胀的不断增长。在危机发生前，中国的通货膨胀水平受制于货币政策，体现为一种货币现象。但是随着危机爆发而进行的财政刺激计划的推行，加之中国财政分权改革的开展，越来越多的赤字增加所带来的债务融资极大地推升了中国的通货膨胀水平。因此，在后危机时代，中国的通货膨胀水平不可以简单地看作一种货币现象，因其同时间接地受制于财政政策。储德银和刘宏志（2013）通过债务与预算盈余构建一个非受限的双变量 VAR 模型发现，1994～2010 年的

FTPL 理论比李嘉图规则在中国更具有适用性，财政政策在此期间承担了控制价格水平的重任。政府不仅可以通过货币政策来影响价格水平，而且可以通过财政政策来影响价格水平。这为政府重新评价与反思以往财政政策功效提供了理论依据和新的视角。孙力军等（2016）指出政府和国企的紧密关联以及政府对国企未来盈亏承担的救助责任和政府融资平台的扩张，强化了我国财政政策的非李嘉图性质。

3. 政府债务货币化理论

政府债务货币化，又被称为货币性融资（monetary financing）、赤字货币化（monetization of deficits）或者直升机撒钱（helicopter money），简单地说就是指一国央行通过印刷（发行）货币为政府债务提供融资。其采取的最直接的形式是央行发行法定货币，并直接将新增货币转移至国库，以便供政府扩张财政使用；或者中央银行在一级市场（发行市场）购买（outright purchase）财政部门发行的政府债券。近些年来，欧美一些国家采取量化宽松货币政策，在二级市场（即交易市场）购买政府债券，这一做法尽管与标准意义上的政府债务货币化存在一定区别①，但财政赤字的增加必然导致国债发行速度加快，特别是在金融危机等情况下，国债的大规模发行往往会导致国债价格大幅度走低，促使国债利率飙升，而国债利率作为基准利率必然推升市场利率水平，进而将引起信贷萎缩。中央银行为保持市场流动性，在二级市场增加对国债的购买，降低市场利率水平，这实际也可看作是中央银行投放基础货币间接地为财政赤字融资。另外，央行债务货币化政策选择还包括：发行货币并直接向个人转移支付（通过支票、银行转账或扩大国家养老金贡献比例等形式），这也就是所谓"直

---

① 特纳（Turner，2013）：QE 和债务货币化之间的差别并非那么绝对，而是仅存在于两方面：一是债务货币化伴随着财政赤字的公开增加，而量化宽松政策并没有；二是债务货币化伴随着认为其永久性的意图声明，而量化宽松则伴随着认为其暂时性的意图声明。但量化宽松政策在事后可能会转变为永久性的货币性融资，永久性的债务货币化也可以通过其他方式来逆向操作或者抵消。另外，桑顿（Thornton，2010）认为：这一过程可看作两步式债务货币化，即第一步，政府将债务出售给公众；第二步，美联储从公众那里用货币购入政府债券。从而完成用货币交换政府债券的行为，间接地对政府赤字进行融资。

升机撒钱"的由来①；债务减记，即在央行的资产负债表中直接将持有的
政府债券规模削减以减轻政府部门的负担；或者将央行持有的国债转换为
零息的永久债券，即将政府债务改记为央行对政府的永久无息债权，既不
用还本，也不用付息。最后，更广义的政府债务货币化融资不仅包括中央
银行向政府融资，也包括要求私有银行买入并持有政府债务或直接向政府
提供贷款。

从历史上看，政府债务货币化政策曾被许多国家在不同阶段所采用。
一些研究者考察了政府债务货币化对产出、通货膨胀率等宏观变量的影
响。例如，雅格姆（Jácome et al. ，2012）将 150 个样本国家分成发达国
家、发展中国家和新兴市场国家三类，构建了描述中央银行向政府债务提
供融资的限制程度的量化指数，并考察该指数与通货膨胀率和产出等宏观
变量的关系，结果表明：从法律和制度层面上对政府债务货币化的限制程
度越高，该国的通货膨胀率越低，这一现象在发展中国家和新兴市场国家
数据中表现得尤为明显；但债务货币化程度与实际产出之间的关系则依赖
于该国的经济发展水平。在发展中国家和新兴市场国家样本数据中，政府
债务货币化限制程度指数与真实产出增长率之间呈现正相关关系，而这一
关系在发达国家数据中则不显著。梅努埃、米娜和维利尔（Menuet,
Minea & Villieu，2015）建立的模型中，产出由私人资本和政府生产性公
共支出决定。政府赤字可以通过发行政府债券，以及央行直接增发货币、
即所谓的赤字货币化两种方式加以弥补。政府赤字变动对于政府生产性公
共支出、进而产出水平变化路径的影响，主要取决于赤字货币化所占的比
例。作者的数学推导和数据模拟显示，从长期看，保持一定的赤字货币化
程度，可以通过公共财政的结构效应，即在政府预算约束中，用货币（非
生息资产）替代公共债务，进而避免或限制公共债务负担对于生产性公共
支出的挤出效应，使稳态下的经济和家庭福利沿高水平的平衡增长路径运

---

① 弗里德曼（Friedman，1969）："先假设某天一架直升机飞到某小区上空撒下了 1000 美元
的现金……再假设每一个人都觉得这种天降横财这辈子不会再遇到第二次……"，提出这一思想
的背景（目的）是论述如何刺激总需求，摆脱经济萧条。2002 年，时任美联储理事的本·伯南克
在一次演讲中提到了该方法："政府大规模减税与中央银行货币创造相结合"，为其赢得了"直升
机·本"的称号。

行。盖里（Gali，2014）构建了由家庭、企业和政府组成的三部门 DSGE 模型，从对产出、通货膨胀率、进而社会福利三方面，比较了债务货币化融资支持下的财政刺激政策（money-financed fiscal stimulus）与债券融资支持下的财政刺激政策（debt-financed fiscal stimulus）的实施效果。在考虑工资和价格黏性因素的情况下，货币化融资支持下的财政政策刺激政策仅会引起温和的通货膨胀，而其对产出的刺激效果却十分显著；再加上该融资方式带来的货币供应量增加能够有效降低实际利率进而促进消费和投资的快速增长，所以与债务融资方式相比较，货币化融资支持下的财政刺激政策能够更加有效地提高社会福利水平。布伊特（Buiter，2014）构建由家庭和政府组成的两部门模型，分析直升机撒钱（helicopter money）对于家庭消费的刺激作用。在该文中，直升机撒钱被简化为中央银行向家庭部门的一次性转移支付（lump-sum transfer），由此增加的法定基础货币对于家庭部门而言具有非货币收益（non-pecuniary benefits），因而被当作家庭部门的净财富，无论李嘉图等价是否成立、无论经济是否处于流动性陷阱之中，都会通过财富效应对消费需求产生刺激作用；而且与政府发行债券方式相比，还具有零利息且不用偿还的优点。梅努埃、米娜和维利尔（Menuet，Minea & Villieu，2015）建立的模型中，产出由私人资本和政府生产性公共支出决定。政府赤字可以通过发行政府债券，以及中央银行直接增发货币即所谓的赤字货币化两种方式加以弥补。政府赤字变动对于政府生产性公共支出、进而产出水平变化路径的影响，主要取决于赤字货币化所占的比例。作者的数学推导和数据模拟显示，从长期看，保持一定的赤字货币化程度，可以通过公共财政的结构效应、即在政府预算约束中，用货币（非生息资产）替代公共债务，进而避免或限制公共债务负担对于生产性公共支出的挤出效应，使稳态下的经济和家庭福利处于高水平的平衡增长路径（balanced growth paths，BGP）之上。（沿高水平的平衡增长路径运行）。另外，在家庭消费受到货币量余额约束的条件下，赤字货币化程度的提高对于经济增长速度和家庭福利水平的稳态值还具有正向的促进效应。柯林斯（Collins，2015）指出：社会公众和政界对于政府债务货币化融资持抵制态度的主要原因是担忧由此引发的财政赤字扩张可能造成恶性通货膨胀（hyper inflation），但较多的文献研究表明，从近百年的数据看，无论政府赤字是通过向私人部门发债还是央行直接货币化融资，政府赤字与通货膨胀率之间并不存在统计意义上显著的关联。另外，发生恶性通货膨胀的绝大部分案例并不是由债务货币化造成的，而是发生在战争、政局动荡，以及重大经济体制变革时期。作者进一步以加拿大数据为样本构建计量模型，实证结果显示政府债务货币化程度与通货膨胀率之间并没有显著的相关性。加拿大央行在 1935～1970 年之间通过直接或间接地对政府债务实施货币化融资，使经济迅速地从大萧条中恢复，并在近 30 年来保持经济高速增长、政府债务持续下降、物价水平保持稳定的良好态势。这一案例在一定程度上支持了"高负债国家可以通过货币化融资以刺激经济"的政策主张。克利姆等（Kliem et al. , 2016）构建动态一般均衡模型（DSGE），并以美国、德国、意大利的历史实际数据为样本，揭示了赤字货币化融资与通胀之间的相关程度取决于财政政策和货币政策之间的相互作用与搭配。在主动型货币政策与被动型财政政策搭配时间（即所谓的货币政策主导期 Regime M），政府债务货币化与通货膨胀率之间的相关程度较低；而在被动型货币政策与主动型财政政策搭配时期（即所谓的财政政策主导期，fiscal dominance，Regime F），政府债务货币化与通货膨胀率之间的相关程度较高。

4. 国债的货币性与政府债务对货币政策效果的影响

货币是购买商品和服务的支付媒介，具有较高的流动性和安全性。国债的货币性（the moneyness of treasury debt）是指国债能够满足持有者对安全性、流动性的需求，提供了"类似货币"的服务（money-like services）。

里希纳穆尔蒂和乔根森（Krishnamurthy & Vissing-Jorgensen，2012）、里希纳穆尔蒂和乔根森（Krishnamurthy & Vissing-Jorgensen，2015）从"国债货币性"在家庭部门资产配置中的作用出发，构建了政府债务规模或期限变化影响银行贷款行为、进而宏观经济变量的理论模型。其主要思想是：商业银行通过向家庭部门发行短期债务（银行存款凭证）进行融资并投资于长期风险资产（银行贷款），即所谓的"短借长贷"。对于家庭部门来说，持有短期存款和国债所能够满足其安全性和流动性的需求，也愿意以相对较低的利率持有短期存款。① 由此可见，在家庭部门对流动性和安全性资产需求一定的情况下，短期存款和国债所具有的货币性使其在家庭部门的资产配置中存在替代关系，从而国债供给的变化会影响家庭部门对于商业银行存款的需求，而银行存款端的变化显然又会对其贷款行为造成影响。例如，国债供给增加，在家庭部门对流动性和安全性资产需求一定的情况下，会减少对商业银行短期债务（银行存款）的净需求，要求的存款利率上升，银行的存贷利差下降→银行利润下降→倒逼银行降低贷款规模→产生货币政策紧缩效应。

格林伍德等（Greenwood et al., 2015）进一步研究发现，相比于长期国债，短期国债更能够满足投资者对安全性、流动性资产的需求，因而短期国债对银行短期债务（存款）和长期信贷资产的挤出效应更加明显。如果政府债务管理者增加短期国债而降低长期国债的发行，或者中央银行卖出短期国债而买入长期国债（即实施所谓的"卖短买长"策略），这都会缩短国债平均期限，对于银行短期债务（存款）、进而长期信贷产生更大的"挤出效应"。

贝伦森和沃勒（Berentsen & Waller, 2018）考虑政府债券流动性溢价因素对经典的 FTPL 理论进行扩展。政府债券的市场价值除了包括由未来财政盈余状况所决定的真实价值（基本价值 fundamental value）之外，还包括了一部分流动性溢价。由此前文所述的经典 FTPL 理论可扩展为：

$$\frac{\tilde{B}_{t-1}}{P_t} = \sum_{k=0}^{\infty} \left(\frac{1}{1+\tilde{r}}\right)^k \cdot E(S_{t+k}) \qquad (4-2)$$

$\tilde{r}$ 为考虑了流动性便利（溢价）因素之后的贴现率。$\tilde{r} < r$，故 $\tilde{B}_{t-1} > B_t$。在这种情况下，除了传统 FTPL 理论所描述的影响渠道之外，政府债务状况或者财政政策的实施也会通过改变政府债券流动性便利（溢价）而对宏观经济变量产生影响。即使期初债务规模以及未来预期财政政策未发生变化，其他可能影响"政府债券流动性便利（溢价）"进而影响贴现率的外部因素也会改变价格或通货膨胀率的变化路径。

---

① 居民对安全性、流动性的特殊需求使得银行发行短期债务的成本低于其投资于长期风险资产所获得的收益率，进而获得利润。

安道夫和马丁（Andolfatto & Martin 2018）则从"国债货币性"对商业银行资产配置角度出发，构建理论模型，分析政府债务对货币政策的影响。国债作为"准货币"所具有的交易中介功能，导致国债需求增加、收益率上升。对于商业银行来说，持有国债获得的收益与以准备金形式存放于中央银行所获得收益相近；商业银行持有国债的意愿和规模上升，并直接构成基础货币的一部分。在这种情况下，政府债务管理当局通过影响国债发行、进而对基础货币乃至货币供应量的控制力增加，而央行对长期通货膨胀率的调节效果则依赖于财政政策是李嘉图（Ricardian regime）式还是非李嘉图（non-Ricardian）式。在李嘉图式的财政政策体系下，财政盈余对政府的名义债务做出调整以确保预算约束成立，长期通货膨胀率由政府名义债务的发债利率决定，而不受货币当局的影响，央行的最优货币政策只要求控制持有货币的名义利率为零即可（债券的实际利率＝自然利率）；而在非李嘉图式的财政体系下，财政盈余与政府名义债务是独立的，长期通货膨胀率由中央银行控制，货币政策通过影响政府债务的融资成本而影响通货膨胀率的变化。

5. 政府债务与商业银行资产负债表渠道

一些文献从银行资产负债表中持有政府债券这一角度，分析政府债务变化引起银行持有政府债券价格变化、进而银行资产负债表变化，由此造成银行信贷变化，影响产出等宏观变量。例如，夸克和温博根（Kwaak & Wijnbergen，2014）建立的 DSGE 模型中，引入了考虑政府债务违约因素之后的金融中介部门（银行）行为方程和政府债务约束方程。在该理论框架下，主权债务危机会通过银行资产负债表渠道对产出、投资、利率等宏观变量产生放大的紧缩效应。例如，当政府债务规模过高而导致主权债务危机冲击时，银行部门（金融中介部门）持有的政府债券价格下降，由此导致银行净资产下降，资产负债表状况恶化。在这种情况下，银行被迫减少信贷，提高贷款利率，对私人部门信贷产生所谓的"挤出效应"，造成投资、税收收入及产出下降。而较低的税收收入和高市场利率又会增加未来的政府赤字和债务负担，在这种情况下政府扩大债券发行规模，将会使政府债券违约风险进一步增大、债券价格下跌、银行净资产状况进一步恶化，并触发宏观经济新一轮的紧缩效应。

拉卡瓦拉等（Lakawala et al.，2018）通过构建两国家的 DSGE 模型，揭示了政府债务危机通过银行间市场抵押品渠道影响货币政策的效果。欧洲各大银行在其资产组合中配置了大量政府主权债券，并且以其作为银行间市场交易的主要抵押品。据统计显示，作为重要的担保工具，各国的政府主权债券在欧洲银行间市场可抵押资产中所占的比例接近50%。在这种情况下，当主权债务危机发生时，银行持有的政府债券风险溢价上升，导致作为抵押品的债券价格下降，银行被迫收缩其在银行间市场上的同业拆借规模，并进一步传导到对企业部门的贷款份额，使产出下降。而当考虑到政府债券具有抵押品属性时，增加税收或者缩减政府支出的紧缩性财政政策，会使未来政府财政盈余增加，导致作为主要抵押物的政府债券的基本面价值上升，借贷部门由此可以扩大贷款规模，进而刺激经济的增长。

4.2　政府债务影响货币政策效果的 DSGE 模型分析

4.2.1　理论模型

本节首先直接以巴特拉伊等（Bhattarai et al.，2014）提出的模型为基础，并借鉴基萨诺娃等（Kirsanova et al.，2005）、贝纳西（Benassy，2007）、林内曼和沙贝特（Linnemann & Schabert，2010）、绍洛等（Saulo et al.，2013）等人的做法，在 IS 曲线方程中引入政府债务规模变量，构建一个典型的新凯恩斯 DSGE 模型。模型各部分的对数线性化形式分别表示如下[①]：

---

① 本书模型设定主要以巴特拉伊等人（Bhattarai et al.，2014）模型为基础，各等式的具体推导请参见巴特拉伊等人（2014）原文。对推导过程感兴趣的读者也可以向本文作者索取。除了后文中单独说明的变量之外，对于其他变量 X_t，本书用$\hat{X}_t = \ln(X_t) - \ln(\bar{X})$ 表示其对数线性化形式；$\bar{X}$ 表示其稳态值。由数学知识可知，$\hat{X}_t$ 近似地等于变量 X 相对于其稳态值的偏离。

（1）总需求方程：

$$\hat{Y}_t = E_t \hat{Y}_{t+1} - (\hat{R}_t - E_t \hat{\pi}_{t+1}) + \theta \cdot \hat{b}_t + \hat{r}_t^* \qquad (4-3)$$

式（4-3）为家庭部门行为最优化及商品市场出清条件下得到的总需求（IS 曲线）方程，表示本期产出缺口 $\hat{Y}_t$ 受预期产出缺口 $E_t \hat{Y}_{t+1}$、未来真实利率水平 $(\hat{R}_t - E_t \hat{\pi}_{t+1})$ 和政府债务因素的影响，R_t 和 $E_t \hat{\pi}_{t+1}$ 分别表示名义利率和未来预期通货膨胀率。θ 为产出缺口对政府债务（变化）的敏感系数。$\hat{b}_t = \dfrac{(B_t - \bar{B})}{\bar{Y}}$ 表示政府债务实际余额 B_t 相对于稳态值 $\bar{B}$ 的偏离程度占稳态产出值 $\bar{Y}$ 的比例；$\hat{r}_t^*$ 为总需求冲击，满足一阶自回归过程：$\hat{r}_t^* = \rho_r^* \cdot \hat{r}_{t-1}^* + \varepsilon_{r,t}$，$\varepsilon_{r,t}$ 服从均值为 0，标准差为 σ_r^* 的独立同分布过程。

（2）菲利普斯曲线方程：

$$\hat{\pi}_t = \kappa \cdot \hat{Y}_t + \beta \cdot E_t \hat{\pi}_{t+1} \qquad (4-4)$$

本期通货膨胀率 $\hat{\pi}_t$ 的变化取决于本期产出缺口及未来预期通货膨胀率的变化。其中 β 为贴现因子，$\kappa = (1-\alpha) \cdot (1-\alpha\beta)/\alpha$ 为产出缺口对通货膨胀率的影响系数，α 为 Calvo 价格粘性系数。

（3）财政政策规则：

$$\hat{\tau}_t = \psi \cdot \hat{b}_{t-1} \qquad (4-5)$$

描述税收相对于政府债务的反应，其中 $\hat{\tau}_t = \dfrac{(T_t - \bar{T})}{\bar{Y}}$，表示政府税收收益 T_t 相对于其稳态值 $\bar{T}$ 的偏离程度占稳态产出值 $\bar{Y}$ 的比例；ψ 为财政政策参数。

（4）货币政策规则。借鉴巴特拉伊等（Bhattarai et al.，2014），马勇（2016）等，本书引入时变通胀目标的泰勒规则：

$$\hat{R}_t = \phi_y \hat{Y}_t + \phi_\pi (\hat{\pi}_t - \hat{\pi}_t^*) \qquad (4-6)$$

表示名义利率 $\hat{R}_t$ 除了对产出缺口做出反应之外，还对实际通货膨胀率 $\hat{\pi}_t$ 和目标通货膨胀率 $\hat{\pi}_t^*$ 之间的缺口做出反应，ϕ 为货币政策反应系数。爱尔兰（Ireland，2007）、科格利等（Cogley et al.，2010）认为，中央银行通胀目标的变动不仅可以很好地解释长期中的通胀变化，而且通胀目标冲击（inflation target shock）本身已经成为宏观经济波动的重要来源。货币政策规则引入了时变的通胀目标，不仅可以更好地反映通胀和货币政策制定过程中的惯性影响，而且从模型估计的角度来看，时变通胀目标的引入还有助于捕捉现实数据中的低频运动特性，使模型的内生性动态更加丰富，从而有效避免模型设定和估计过程中的偏差。

根据大多数文献的做法，假设时变目标通货膨胀率 $\hat{\pi}_t^*$ 服从一阶自回归过程，即：$\hat{\pi}_t^* = \rho_\pi^* \cdot \hat{\pi}_{t-1}^* + \varepsilon_{\pi,t}$，进而货币政策变化主要来自目标通货膨胀率的冲击干扰项 $\varepsilon_{\pi,t}$，$\varepsilon_{r,t}$ 服从均值为 0，标准差为 σ_π^* 的独立同分布过程。

（5）政府债务预算约束方程：

$$\hat{b}_t = \beta^{-1} \cdot \hat{b}_{t-1} - \beta^{-1} \cdot \bar{b} \cdot \hat{\pi}_t - \beta^{-1}\hat{\tau}_t + \bar{b} \cdot \hat{R}_t \qquad (4-7)$$

上述各式构成本书研究的理论模型。巴特拉伊等（Bhattarai et al., 2014）的模型则可看作本书的特例，即 IS 方程中，产出缺口对政府债务变化的敏感系数 $\theta = 0$ 时的情况。通过数学推导，巴特拉伊等人（2014）发现实际通货膨胀率 $\hat{\pi}_t$ 可表示为如下的显性解析式：

$$\hat{\pi}_t = \Omega(\phi, \psi) \cdot \hat{b}_{t-1} - \Phi(\phi, \psi)\hat{\pi}_t^* + \Gamma(\phi, \psi)\hat{r}_t^* \qquad (4-8)$$

进而，货币政策冲击（目标通货膨胀率 $\hat{\pi}_t^*$ 变化）对实际通货膨胀率 $\hat{\pi}_t$ 的影响系数 $\Phi(\phi, \psi)$ 只与货币政策参数 ϕ 及财政政策参数 ψ 有关，而与政府债务规模变量无关。巴特拉伊等（Bhattarai et al., 2014）进一步证明了在被动型货币政策与主动型财政政策（即所谓的 PMAF）的组合搭配形式下，$\Phi(\phi, \psi) > 0$，从而目标通货膨胀率 $\hat{\pi}_t^*$ 下降（货币政策紧缩冲击）时，实际通货膨胀率 $\hat{\pi}_t$ 反而会上升。

科萨诺瓦等（Kirsanova et al., 2005）、林内曼和沙伯特（Linnemann & Schabert, 2010）、索洛等人（Saulo et al., 2013）均假设上述 IS 方程（1）中政府债务对产出缺口的影响系数 θ 大于 0，即政府债务增加促进产出增长。但泰克云（Tack Yun, 2012）指出：在含有政府债务变量的 IS 方程中，政府债务变化对产出的影响系数（产出缺口对政府债务规模变动的敏感系数）可能为正，也可能为负。国债的便利性收益、财富效应导致该系数为正，而政府债务持续增加引起的主权债务风险或者金融摩擦（financial friction）等因素则会造成政府债务规模与产出缺口之间呈现负相关关系。在此基础上，作者构建的 DSGE 模型显示，政府债务对产出的影响系数符号不同，外部冲击（货币政策冲击）对各宏观经济变量的影响方向和程度也不同。另外，近些年来较多的实证研究也显示：政府债务与经济增长之间呈现倒 U 形的关系，即在适度政府债务规模范围内，政府债务扩张对经济增长有积极的影响，而当政府规模的增加超过某一界限之后，其对经济增长将产生负面作用。例如，柴可瑞塔和罗瑟（Checherita & Rother，2012）对 1970～2008 年 12 个欧元区国家的检验发现：当政府债券总量占 GDP 的比重超过 80%～85% 左右时，政府债务规模增加对经济增长的促进效应将出现转向。赵和李（Cho & Rhee，2013）等以 OECD 发达国家数据为样本进行的实证研究则显示：政府债务对长期经济增长造成负面影响的转折点出现在债务占 GDP 比重达到 90%～100% 的水平时。郭步超和王博（2014）使用 52 个国家 1970～2011 年的面板数据，分别估算发达国家与新兴市场国家政府债务对经济增长影响的转折点，发达国家转折点的估计值为 98.14%～106.33%，新兴市场国家转折点的估计值为 125.90%～129.09%。基于上述分析，IS 曲线方程中政府债务对产出缺口影响系数 θ 的取值及符号应该与政府债务规模变量 $\hat{b}_t$ 有关，这使得我们无法将 $\hat{\pi}_t$ 或 $\hat{Y}_t$ 表示成类似于式（4－8）所示的显性解析式；而只能通过数值模拟的方法，考察在不同政府债务规模及敏感系数的情况下，目标通货膨胀率 $\hat{\pi}_t^*$ 的变化导致货币政策冲击对实际通货膨胀率 $\hat{\pi}_t$ 及产出 $\hat{Y}_t$ 的影响是否存在差别。

4.2.2　数值模拟和分析

1. 模型的参数校准

由于本书是在巴特拉伊等（Bhattarai et al.，2014）理论框架的基础上，扩展研究政府债务因素对货币政策效果的影响，因此我们在参数校准时主要参考巴特拉伊等（Bhattarai et al.，2014）的参数设定。主观贴现率季度值 β 取 0.995；价格粘性系数 α 取 0.75。按照利珀（Leeper，

1991）提出的主动性和被动性货币政策、财政政策的经典定义，如果利率对通货膨胀的反应是充分的，则这样的货币政策是主动的（active），如果税收对政府债务的反应是充分的，则这样的财政政策是被动的（passive）。反之，则反成立。根据上述划分，相应的货币政策和财政政策组合形成以下四种范式：主动型货币政策和被动型财政政策（AMPF）范式、被动型货币政策和主动型财政政策（PMAF）范式、被动型货币政策和被动型财政政策（PMPF）范式、主动型货币政策和主动型财政政策（AMAF）范式。大卫和利珀（David & Leeper，2007，2011），巴特拉伊等（Bhattarai et al.，2014）的研究显示，只有主动型货币政策与被动型财政政策（AMPF）、被动型货币政策与主动型财政政策（PMAF）这两种政策组合搭配范式存在唯一理性预期稳定均衡解。其中，被动型货币政策与主动型财政政策（PMAF）的组合搭配表现出财政政策的非李嘉图等价（non-Ricardian equivalence）性质，均衡物价水平是由货币政策和财政政策二者共同决定的，这种情况在近些年政府债务不断增长、财政政策地位提高的背景下得到理论界的广泛关注[1]，而且这也与目前我国实施的积极财政政策和稳健货币政策的背景较为接近。为此，本节重点基于这种政策组合搭配范式的参数设定，研究政府债务对货币政策效果的影响。根据巴特拉伊等人（2014）的研究，在被动型货币政策与主动型财政政策（PMAF）的组合搭配形式下，货币政策利率对通货膨胀率的反应系数 $\phi_\pi < 1$，可取 $\phi_\pi = 0.6$，利率对产出缺口的反应系数 $\phi_y < 1$，取 $\phi_\pi = 0.7$；财政政策规则中，税收对政府债务反应系数 $\psi < 1 - \beta$，设定 $\psi = 0.009$[2]。

　　本书对巴特拉伊等人的研究进行的主要扩展在于将政府债务规模变量引入 IS 曲线方程，并采用比较静态的方法考察不同政府债务规模对货币政策效果的影响。结合柴可瑞塔和罗瑟（Checcherita & Rother，2012）、赵和李（Cho & Rhee，2013）等的研究，我们将政府债务影响长期经济增长方向发生转折的临界水平设定为政府债务占 GDP 比重（b）达到

①　所谓的价格水平的财政理论（Fiscal Theory of the Price Level，FTPL）

②　实际上，只要这些参数的取值在合理的范围内，它们的取值不影响模型数值模拟的结论。

90%时，并且选择稳态值 $b=0.4$、0.8、1.2 和 2 作为反映政府债务规模变量的比较静态参数。当 $b<90\%$，即 b 分别取 0.4 和 0.8 时，政府债务对产出政府债务扩张对经济增长有积极影响，根据林内曼和沙伯特（Linnemann & Schabert，2010），系数 θ 取为 0.025。当政府债务占 GDP 的比例 $b\geqslant90\%$ 时，b 分别取 1.2 和 2，总需求曲线 IS 方程中政府债务变量前的系数 θ 变为负值，根据克里斯托夫等人（Christophe et al.，2014），我们取 $\theta=-0.003$。

最后，总需求冲击 $\hat{r}_t^*$、目标通胀率冲击 $\hat{\pi}_t^*$ 的持久性参数 ρ_r^*、ρ_π^* 分别取 0.9 和 0.95，各自干扰项 $\varepsilon_{r,t}$、$\varepsilon_{\pi,t}$ 和 $\varepsilon_{s,t}$ 的标准差 σ_r^* 及 σ_π^* 均设为 0.01，需要说明的是，在上述所有参数的校准过程中，参数校准值能够保证模型存在唯一的均衡解。

2. 货币政策冲击的脉冲响应分析

图 4-1 分别显示了不同政府债务规模情况下，面对目标通货膨胀率 $\hat{\pi}_t^*$ 的负向冲击（货币政策紧缩冲击），实际通货膨胀率 $\hat{\pi}_t$ 的季度响应路径。图 4-1 中"基准模型"对应的曲线为 IS 方程中政府债务变量前的系数 $\theta=0$ 时、即巴特拉伊等（Bhattarai et al.，2014）的情况，此时货币政策紧缩冲击对实际通货膨胀率的影响路径与政府债务规模变量（b）无关。图 4-1（a）为政府债务占 GDP 比例低于 90%的临界水平（b 分别设定为 0.4 和 0.8）、政府债务扩张对产出有积极影响（总需求曲线 IS 方程中政府债务变量前的系数 θ 设定为 0.025）时的情况。由图中可见，在 PMAF 机制下，目标通货膨胀率的下降带来的货币政策紧缩反而会导致实际通货膨胀率呈现驼峰形态的正向反应，即短期内向上跳跃、持续爬升至最高点后出现回落[1]。巴特拉伊等（Bhattarai et al.，2014）给出的解释是：根据泰勒规则，目标通货膨胀率的下降导致名义利率上升，居民因持有政府债券而获得的利息收入增加；而在积极型财政政策下，政府税收对政府债务增加的反应力度不足，名义利率上升导致政府债务负担的增加并

---

[1] 金（Kim，2003），坎佐内里等人（Canzoneri et al.，2011）基于非李嘉图等价效应的分析也发现，在 PMAF 机制下，一个正向的利率冲击会导致实际通货膨胀率的上升。

未引起政府税收同等程度的增加，由此政府税收的增加并未抵消家庭部门利息收入的增长，导致家庭部门的净财富增加，这种正向的财富效应会刺激需求，推高物价水平。根据这一分析逻辑，政府债务规模变量越大，在货币政策紧缩冲击的初期，家庭部门持有政府债务所带来的正向财富效应也越大，进而对通货膨胀率的推升幅度越高。另外，当政府债务水平较低（小于 0.9）时，IS 方程显示随着政府债务规模的扩大，产出随之增加；根据菲利普斯曲线，较高的产出水平会带来劳动力需求旺盛，工人货币工资增加，通货膨胀率加剧。在上述两种机制的同向作用叠加下，货币政策冲击对通货膨胀率的影响程度要大于"基准模型"，即巴特拉伊等人（2014）给出的 $\theta=0$ 的情况；而且政府债务规模越大，货币政策紧缩导致实际通货膨胀率的正向反应越大。例如，当政府债务占 GDP 比例（b）为 0.4 时，目标通货膨胀率下调 1%，实际通货膨胀率短期内跃升 0.6% 左右，响应持续 8 期后达到峰值约 0.72% 后开始逐步回落。而当政府债务占 GDP 比例达 0.8 的情况下，目标通货膨胀率下调 1%，实际通货膨胀率跃升 0.75%，持续 7 期后峰值达到 0.85% 后才开始逐步回落。

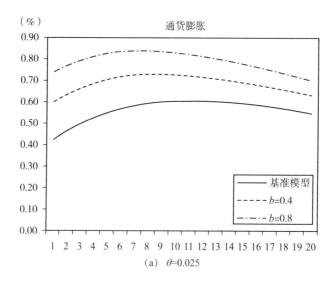

(a) $\theta=0.025$

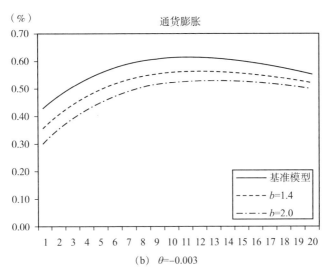

图 4 – 1　不同情况下，货币政策紧缩冲击（目标通货膨胀率下降 1%）
对实际通货膨胀率的影响路径

当政府债务规模占 GDP 比例超过 90%（例如图 4 – 1（b）所示的 b 分别设定为 1.2 和 2.0），政府债务扩张对产出有负向影响，总需求曲线 IS 方程中政府债务变量前的系数 θ 设定为 – 0.003。在这种情况下，一方面，与巴特拉伊等（Bhattarai et al.，2014）的分析逻辑一致，目标通货膨胀率的下降导致名义利率上升、进而家庭部门的净财富增加、刺激需求推高物价水平。实际通货膨胀率仍可能会呈现驼峰形态的正向反应，即短期内向上跳跃、持续爬升至最高点后出现回落。但另一方面，根据 IS 方程，政府债务水平较高且随着政府债务规模的进一步扩大，产出水平下降；劳动力需求紧缩，工人货币工资减少，通货膨胀率较低，这对财富效应所导致的通货膨胀增加产生反向抑制作用，且政府债务规模越大，抑制效应愈加明显。这在图 4 – 2（b）中表现为，当政府债务规模较大时，货币政策紧缩冲击对通货膨胀率的影响程度要小于巴特拉伊等（Bhattarai et al.，2014）给出的 θ = 0 的情况，也低于政府债务规模较低水平时，图 4 – 1（a）中的情况。例如，当政府债务规模占 GDP 的比例 b 为 1.2 时，目标通货膨胀率下调 1%，实际通货膨胀率短期内仅跃升至 0.37% 左右，响应持续 12 期后仅达到峰值 0.55% 开始逐步回落。而且，政府债务规模的进一步扩张，对财富效应的反向抑制效应越大。例如，当通货膨胀率政府债务规模占 GDP 的比例上升为 2.0，目标通货膨胀率下调 1%，实际通货膨胀率短期内仅跃升至 0.3% 左右，响应持续 12 期后仅达到峰值 0.5% 开始逐步回落。类似地，图 4-2 模拟了政府债务规模不同情况下，货币政策紧缩冲击对产出的影响路径。

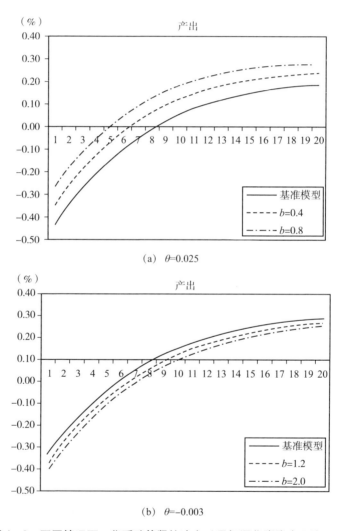

(a) θ=0.025

(b) θ=-0.003

图 4-2　不同情况下，货币政策紧缩冲击（目标通货膨胀率下降 1%）

对产出的影响路径

　　由图 4 - 2 可见，与大多数文献，如王君斌（2010）、金中夏和洪浩（2013）等的分析结果一致，面对目标通货膨胀率下降导致货币政策的紧缩冲击，产出在短期内做出负向响应，随后开始出现回升，达到峰值后逐步回归到稳态水平。其主要的分析逻辑是：紧缩性的货币政策冲击引起的利率上升，短期内提高了企业扩大生产规模的机会成本，企业投资下降，对总产出造成负向影响。而伴随着产出的减少和物价水平的上升，在工资黏性的情况下企业实际生产成本下降，促使企业增加投资并由此带动产出逐渐回升，最终各变量均恢复到稳态水平。但值得注意的是，在多数文献中，产出恢复到稳态水平为 0 值附近，即货币政策紧缩冲击发生前的水平。而如前文所述，在总需求 IS 方程中引入政府债务规模变量且产出缺口对政府债务变化的敏感系数为正的情况下，货币政策紧缩冲击、利率上升，对于持有政府债券的家庭部门而言会产生财富效应，刺激消费需求，这对企业部门投资支出的减少起到缓冲甚至抵消的作用。这一方面导致产出的初始下降幅度可能要低于总需求 IS 方程中未引入政府债务规模变量的情况（即基准模型，$\theta = 0$），另外，最终恢复到的稳态值有可能高于冲击前的产出水平。这一现象在其他一些文献中也得到证实，例如，坎佐内等人（Canzoneri et al.，2011）从政府债务对家庭部门存在非李嘉图等价效应的角度，解释了利率上升在短期内造成产出下降、但逐渐回升并最终呈现出正向效应的现象。阿斯图迪洛（Astudillo，2013）的研究显示：央行通过增加向家庭部门卖出债券的数量实施紧缩性货币政策；在财政政策主导区制下，相对于家庭部门持有债券的增加，税收并未同步增长和抵消，从而家庭部门净财富增加，这缓解了货币政策紧缩对总需求的冲击，最终产出的下降幅度低于货币政策主导区制下的反应。陈昆亭等（2015）的数值模拟结果则显示：储蓄利率下降（上升）仅能在非常短的时间和很有限的幅度上带来产出增长（降低），此后会是数倍幅度的下降（上升）。基于这一逻辑，当产出缺口对政府债务的敏感系数 θ 为正（政府债务规模占 GDP 比例小于 0.9）时，政府债务规模越大，受到货币政策紧缩冲击后，产出的初始下降幅度越小，最终恢复到的稳态值水平越高，如图 4 - 3（a）所示。而当政府债务规模增大到一定水平，如图 4 - 3（b）中所示政府债务规模占 GDP 比例大于 0.9 时，产出缺口对政府债务的敏感系数 θ 为负，政府债务规模的增加将对产出产生负向影响，此时产出对于货币政策紧缩的脉冲响应曲线将下移，表现为对产出的初始负向冲击较大、最终恢复到的稳态水平都较低；而且政府债务规模越大，脉冲响应曲线下移的幅度越大。

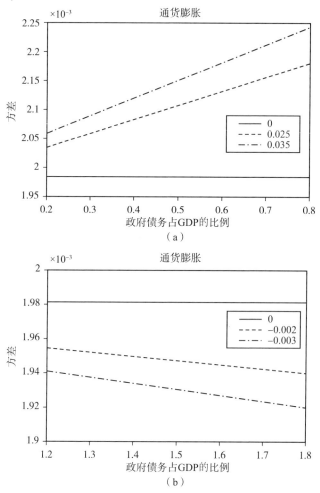

图4-3 不同债务规模和敏感系数下货币政策冲击引起的通货膨胀的波动

3. 货币政策冲击的方差分析

为进一步分析政府债务规模因素对于货币政策冲击造成通货膨胀和产出缺口波动程度的影响，我们以产出对政府债务规模的敏感系数 $\theta = 0$ 作为比较基准；与基准组进行对照，当债务规模参数 b 设定为 $[0.2, 0.4,$ $0.6, 0.8]$ 时，产出对政府债务敏感系数债券期限参数 θ 的取值分别设定为 $[0.025, 0.035]$；当债务规模参数 b 设定为 $[1.2, 1.4, 1.6, 1.8]$ 时，产出对政府债务敏感系数债券期限参数 θ 的取值分别设定为 $[-0.002,$ $-0.003]$。基于上述参数设定，本文对各种情况下的 DSGE 模型分别进行模拟，计算出政府债务规模不同、产出对政府债务敏感系数不同等情况下，货币政策冲击引起产出缺口、通货膨胀率的方差。结果分别如表 4 - 1、表 4 - 2 及相应的图 4 - 4 （a）和图 4 - 4 （b）所示。

表 4 - 1　　　　　不同债务规模和敏感系数下通货膨胀的波动　　　单位：10^{-3}

			$b = 0.2$	$b = 0.4$	$b = 0.6$	$b = 0.8$
通货膨胀方差 σ_y^2	产出对政府债务的敏感系数 $\theta > 0$	$\theta = 0$	1.9814	1.9814	1.9814	1.9814
		$\theta = 0.025$	2.0355	2.0860	2.1329	2.1761
		$\theta = 0.035$	2.0562	2.1238	2.1843	2.2384
			$b = 1.2$	$b = 1.4$	$b = 1.6$	$b = 1.8$
	产出对政府债务的敏感系数 $\theta < 0$	$\theta = 0$	1.9814	1.9814	1.9814	1.9814
		$\theta = -0.002$	1.9543	1.9498	1.9452	1.9406
		$\theta = -0.003$	1.9406	1.9338	1.9269	1.9199

表 4 - 2　　　　　不同债务规模和敏感系数下产出缺口的波动　　　单位：10^{-5}

			$b = 0.2$	$b = 0.4$	$b = 0.6$	$b = 0.8$
产出缺口方差 σ_y^2	产出对政府债务的敏感系数 $\theta > 0$	$\theta = 0$	3.75	3.75	3.75	3.75
		$\theta = 0.025$	3.25	2.88	2.61	2.4
		$\theta = 0.035$	3.09	2.65	2.37	2.18
			$b = 1.2$	$b = 1.4$	$b = 1.6$	$b = 1.8$
	产出对政府债务的敏感系数 $\theta < 0$	$\theta = 0$	3.75	3.75	3.75	3.75
		$\theta = -0.002$	4.07	4.12	4.18	4.24
		$\theta = -0.003$	4.24	4.34	4.44	4.54

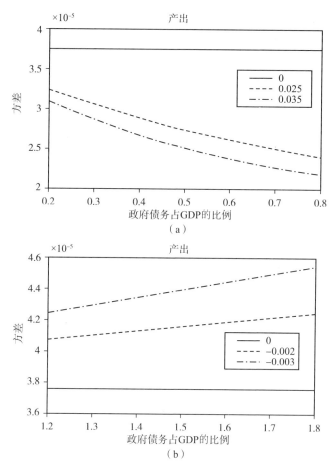

图 4 - 4 不同债务规模和敏感系数下货币政策冲击引起的产出波动

由表 4 - 1、表 4 - 2 和图 4 - 3、图 4 - 4 可见，当产出对政府债务的敏感系数 $\theta = 0$，即 IS 总需求方程中不考虑政府债务对产出的影响时，不同政府债务规模水平下，货币政策紧缩冲击造成通货膨胀和产出缺口的波动没有差别，各图中表现为一条直线。而当产出对政府债务的敏感系数 $\theta \neq 0$、即 IS 总需求方程中考虑政府债务对产出的影响时，政府债务规模 b 不同或者产出对政府债务的敏感系数不同，货币政策冲击造成通货膨胀和产出缺口的波动存在显著的区别。具体地，若政府债务规模 b 较低、产出对政府债务敏感系数 θ 为正，则随着政府债务规模的扩大，或者产出对政府债务敏感系数的增加，货币政策冲击导致通货膨胀的波动率增加而产出缺口的波动率下降。当政府债务规模较高、产出对政府债务敏感系数为负时，随着政府债务规模的进一步扩大，或者产出对政府债务敏感系数的增加，货币政策冲击导致通货膨胀的波动率下降而产出缺口的波动率上升。这一结论也在一定程度上丰富和补充了有关政府债务或者财政政策是否具有熨平经济波动的自动稳定器效应的研究。例如，德布伦（Debrun，2008），多梅内克和法塔斯（Domenech & Fatasc，2010）等认为政府债务规模和产出波动率存在负向关系，即政府债务规模的扩大有助于稳定宏观经济。而邓翔和祝梓祥（2014）通过构建包含累进型税收机制和需求扰动型政府支出的 RBC 模型，发现当政府支出规模处于较低水平时，政府支出对宏观经济具有稳定效应，但随着政府支出规模的扩大，稳定效应逐渐消失。郭长林（2016）通过将生产性政府支出引入动态随机一般均衡模型，揭示出生产型财政政策扩张除了通过总需求直接导致通货膨胀之外，还能够从总供给侧对通货膨胀及其预期产生抑制作用；实施财政政策初衷主要是为了熨平经济周期，但在实际操作过程中财政政策也有可能加剧经济波动程度。

4.2.3　模型的扩展——考虑财政政策债务反应情况下的货币政策效果

政府债务作为财政政策的重要决策变量，其变化有可能通过影响财政政策反应进而影响货币政策效果。国内目前的研究主要是从财政管理的视角出发，考察政府债务因素对财政政策与货币政策协调效应的影响。例如，陈小亮和马啸（2016）通过构建含有高债务和通缩特征的 DSGE 模型，并对货币政策和财政政策进行"中国化"修正，研究发现：货币政策的"再通胀"效应有助于减轻政府实际债务负担和融资成本，为财政政策创造新空间。而积极财政政策同样能产生一定的"再通胀"效应，这会减轻货币政策为实现"再通胀"而需要宽松的力度，从而为货币政策节省空间。朱军等（2018）将"化减财政压力、保证政府债务可持续性的政府行为"设定为"财政整顿"的概念，用显性的政府债务规则替代税收规则，基于经典的 NK – DSGE 模型，探讨应对债务问题的财政—货币政策的最优选择问题。研究表明：中国扩张性财政支出的经济效应显著。然而，政府债务规模增加，不仅造成财政空间缩减，抑制扩张性财政政策的有效性，也会影响金融市场的定价机制；货币政策与财政整顿、资本充足率等宏观审慎政策相互协调配合，有助于经济达到有效均衡状态，提高社会福利水平。而本节则进一步设定包括政府税收和政府购买在内的财政政策规则，在此基础上对相关参数进行贝叶斯估计，通过数值模拟的方法探讨在不同债务规模、不同财政政策债务反应系数下货币政策冲击对宏观经济变量波动产生的不同影响，由此揭示了不同政策参数组合下，货币政策效果的差异。

1. 模型设定

在保持其他部分不变的情况下，我们主要对上一节中的财政政策规则，即式（4 – 5）进行修订和扩展。税收规则沿用马勇（2016）等前期文献所采用的类泰勒规则，形式如下：

$$\frac{T_t}{\overline{T}} = \left(\frac{b_{t-1}}{\overline{b}}\right)^{\psi} \left(\frac{y_{t-1}}{\overline{Y}}\right)^{\psi_y} \tag{4-9}$$

其中，$b_{t-1} = B_{t-1} R_{t-1}/P_{t-1}$ 为实际债券本息额，政府针对债务规模变化幅度征税。由于政府税收发挥着经济稳定器的作用，因此上述规则中税收对债务存量缺口及产出的反应系数 ψ 和 ψ_y 的符号均应当为正。

除了税收政策之外，国内一些研究还重点考察政府财政支出政策的制定。马勇（2016）、陈小亮和马啸（2016）将政府支出规则设定为针对产出与债务存量缺口做出反应的类泰勒规则形式。其中，马勇（2016）将产出与债务存量缺口反应系数设定为负数，以体现出财政政策的逆周期特征，陈小亮和马啸（2016）则通过贝叶斯估计来确定相关系数。马文涛和马草原（2018），朱军等（2018）则是将政策平滑因素引入到了政府支出规则之中。这些将政府支出规则设定为类似泰勒规则形式的做法虽然通过反应系数的符号体现出政策的顺周期或逆周期特征，但却无法反映政府决策的跨期权衡过程。而本节希望在政策规则的设定上能够进一步体现政府在债务约束情况下进行的跨期决策，为此本书在基萨诺瓦、施特恩和瓦恩斯（Kirsanova，Stehn & Vines，2005），林内曼和沙伯特（Linnemann &

Schabert，2010）以及索洛、雷戈和迪维诺（Saulo，Rego & Divino，2013）
等人的研究基础上进一步在理论模型中纳入政府支出决策的跨期权衡，将
政府支出规则设定为政府购买的前瞻性规则，表达式如下：

$$\hat{G}_t - E_t(\hat{G}_{t+1}) = \theta\,\hat{b}_t + \mu_t \qquad (4-10)$$

其中，$\theta > 0$ 为政府债务对政府支出的反应系数，μ_t 为外生需求冲
击[①]。当政府当期债务扩张时，政府预期下一期支出相对于稳态水平的偏
离百分比要小于当期值。也即是说，当期债务扩张会对下期政府购买形成
约束，因而使得政府无法无限发行债券融资。反过来，政府增加其当期支
出时，由于预算约束中税收规模无法迅速调整至完全满足政府支出，政府
会通过债务规模的扩张来实现支出的增长。本书政府支出规则一方面能够
刻画我国财政政策的逆周期特征，同时也体现出政府债务规模的变动对于
实现财政收支平衡所起到的作用。

在此基础上，我们可以推导出 IS 曲线为：

$$\hat{Y}_t = E_t\,\hat{Y}_{t+1} - (\hat{R}_t - E_t\hat{\pi}_{t+1}) + \theta\,\hat{b}_t + \mu_t \qquad (4-11)$$

可以发现，政府债务的波动通过政府前瞻性财政规则影响到政府购
买，进而作用于总需求。债务规模的扩张引起总需求上升，规模收缩则引
起总需求下降。此外，从政府预算约束可知 $\hat{b}_t$ 是递归的决定于 $\hat{b}_{t-1}$、稳态
值 $\bar{b}$ 及其他宏观经济变量。因此，对于不同的债务规模稳态水平，外生宏
观经济冲击引发的政府债务波动程度会有所不同，进而会导致整个经济系
统波动程度上的差异。

2. 数值模拟和分析

（1）财政政策债务反应系数不同情况下的货币政策冲击脉冲响应分
析。为了进一步分析财政政策中税收对于政府债务反应程度不同的情况下，
货币政策冲击对于宏观经济变量产生的影响有何差别，本节选取不同的税收
对政府债务存量缺口反应系数进行数值模拟。图 4-5 显示了在税收对政府
债务存量缺口反应系数 ψ 分别取 0.0034、0.0044 和 0.0054 的情况下，主要
宏观变量对目标通胀率下降导致的货币政策紧缩冲击的脉冲响应图。

---

① $\mu_t = \rho_\mu \mu_{t-1} + \nu_t$，$\nu_t \sim N(0,\ \sigma_\mu^2)$。

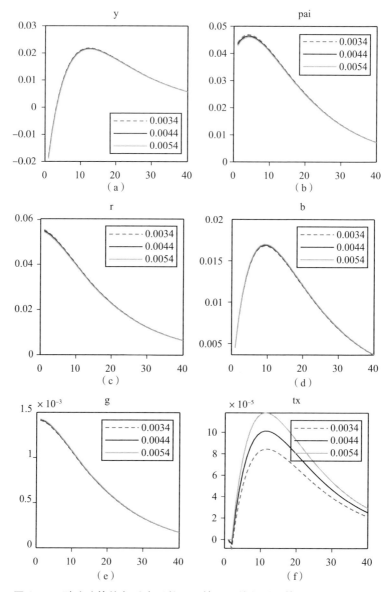

图 4 - 5　财政政策债务反应系数不同情况下的货币政策冲击的脉冲响应

　　从图 4 - 5 可以发现，在财政政策对政府债务反应系数发生变化时，只有政府税收变量在货币政策紧缩冲击下呈现出了显著的波动幅度差异，其他宏观经济变量脉冲响应路径几乎不受到财政政策债务反应系数的影响，同时因债务反应系数不同而出现波动幅度变化的绝对数值很小。这主要是因为货币与财政政策作用于宏观经济变量的途径以及机制相对独立，因此货币政策冲击对宏观经济变量的波动情况几乎不受到财政政策反应系数取值的影响。但值得注意的是，从相对变化角度来看，财政政策对债务反应系数越大，主要宏观经济变量波动幅度均越小，体现出财政政策对于宏观经济波动的"稳定器"作用。

（2）不同反应系数组合情况下，货币政策冲击对宏观变量波动的分析。在脉冲响应分析的基础上，本节进一步分析政府债务规模因素对于货币政策冲击造成通货膨胀和产出缺口波动程度的影响。具体做法为，通过选取政府债务规模稳态值与财政政策对债务反应系数、政府购买对债务反应系数的不同参数组合，通过数值模拟的方法得到货币政策冲击后的产出以及通胀 40 个季度内的波动率。

图 4 - 6 是政府债务规模稳态值与税收债务反应系数不同取值组合对应的产出与通胀波动率。从图中可以发现，产出与通胀波动率随着政府债务规模稳态值的上升而上升；同时随着财政政策对债务反应系数的上升而下降。同时，波动率因政府债务规模稳态值变化产生的变动幅度要远大于因财政政策对债务反应系数变化产生的变动幅度。一方面，正如前文指出的，政府债务规模稳态值越大，相应地，外生冲击下债务波动幅度会越大。因此，货币政策冲击下，产出与通胀波动率随着政府债务规模稳态值的上升而上升。另一方面，税收政策具备自动稳定器作用，其对政府债务反应系数越大，对宏观经济波动抑制作用越强，表现为产出和通胀波动率随着财政政策对债务反应系数的上升而下降。

图 4 - 7 是政府债务规模稳态值与政府购买债务反应系数不同取值组合下对应的产出与通胀波动率。从图中可以看出，单独的政府债务规模稳态值或者政府购买债务反应系数的上升，会导致产出与通胀波动率增大。与此同时，如果政府债务规模稳态值和政府购买债务反应系数同时增大，那么产出与通胀波动率会急剧上升。结果表明，由于政府债务的增长能够放松政府支出的预算约束，政府购买对债务反应系数越大，一定幅度的债务增长所导致的当期政府支出的增加就越多。因此，货币政策冲击下，宏观经济变量的波动就被内生地增强与放大，波动率上升。

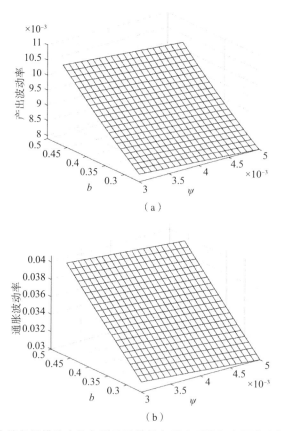

图 4-6 政府债务规模稳态值与财政政策债务反应系数组合下产出与通胀波动率

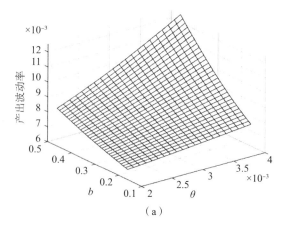

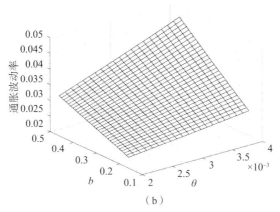

图 4 – 7　政府债务规模稳态值与政府购买债务反应系数组合下产出与通胀波动率

　　上述对宏观变量波动率分析结果也在一定程度上丰富和补充了有关财政政策是否具有熨平经济波动的自动稳定器效应的研究。例如，邓翔和祝梓祥（2014）通过构建包含累进型税收机制和需求扰动型政府支出的 RBC 模型，发现当政府支出规模处于较低水平时，政府支出对宏观经济具有稳定效应，但随着政府支出规模的扩大，稳定效应逐渐消失。郭长林（2016）通过将生产性政府支出引入动态随机一般均衡模型，揭示出生产型财政政策扩张除了通过总需求直接导致通货膨胀之外，还能够从总供给侧对通货膨胀及其预期产生抑制作用；实施财政政策的初衷主要是为了熨平经济周期，但在实际操作过程中财政政策也有可能加剧经济波动程度。本节的分析结果则表明，税收政策更多地体现出自动稳定器效应，但政府购买政策则并无稳定效应，相反在政府债务规模膨胀时，政府支出的扩张反而会加剧宏观经济波动。

4.2.4　小结

　　本节由一个包括家庭、企业和政府的 DSGE 模型出发，通过数值模拟方法分析了不同政府债务规模下货币政策冲击引致的宏观经济变量动态变化情况；然后进一步讨论了基于不同政府债务规模与财政政策参数组合取值下，货币政策冲击导致的产出与通胀波动程度。结果表明：一是货币政策冲击引发宏观经济变量的波动程度受到政府债务规模因素的影响；政府债务规模不同、产出对政府债务敏感系数不同，货币政策冲击引起产出缺口和通货膨胀率的方差存在差异。政府债务规模初始稳态值越大，货币政策冲击引起债务波动、进而产出与通货膨胀率的波动越大；二是政府债务变量还通过前瞻性财政支出规则影响政府购买，进而作用于总需求，引发重要宏观经济变量不同程度的波动。财政政策中的税收变量对政府债务反应系数越大，货币政策冲击发生后，宏观经济变量波动幅度越小，其中因为该参数直接作用于政府税收，税收波动幅度的缩减在所有宏观变量中最为显著。数值模拟结果表明经济中产出与通胀的波动率随着财政政策规则中税收对债务反应系数的上升而下降。三是在政府债务规模膨胀时，政府购买的债务反应系数上升或者政府支出的扩张，会使货币政策冲击导致的产出与通胀波动率增大，加剧宏观经济波动。

在我国政府债务规模呈现持续增长趋势、中央政府偿债压力增大的背景下，本节的研究具有较为重要的政策意涵。徐忠（2018）指出"从政策层面看，我国财政政策与货币政策之间的冲突仍然较多。国债的发行规模和期限，简单从财政功能出发，只考虑财政赤字、平衡预算以及降低发行成本的需要，忽略国债的金融属性及其在金融市场运行和货币政策调控的重要作用。应该合理界定财政政策、货币政策各自边界，加强财政政策与货币政策的协调，形成政策合力。"本书的研究显示政府债务规模变化及财政政策反应对于货币政策冲击下的宏观经济波动有显著的影响，这意味着中央银行在制定货币政策、预估货币政策效果时，要充分考虑政府债务规模的变动及财政政策规则的反应，加强货币政策与政府债务管理及财政政策之间的有效协调与配合。

第 5 章

政府债务管理与货币政策的协调

5.1 政府债务管理与货币政策关系的理论演变与国际实践经验

5.1.1 政府债务管理与货币政策关系的早期理论和实践

高效的政府债务管理与货币政策实施机制对于经济发展起到重要作用。著名的经济史与国际关系史专家尼尔·弗格森（Niall Ferguson）在其专著《金融关系》（*The Cash Nexus*）一书中，解释了为什么英国在18世纪能够超越了拥有更多经济资源的法国，其主要原因是"英格兰银行（英国中央银行）的建立以及英国政府债务管理机制优于法国"，"在光荣革命（Glorious Revolution）之后，英国建立了代议制政府，由于国债投资人在议会有自己的利益代表，政府债务在很大程度上是由长期资金支持并且透明化管理，特别是在1751年永续债券（没有到期日期，而是按期支付债息直到永远）出现之后，这大大降低了违约的可能性。而英格兰银行（没有类似的法国银行）也保证了货币能够自由兑换成黄金（在极端紧急情况下除外），减少了政府通过通货膨胀对国债进行隐性违约的风险，这使得英国政府与法国相比，能够以更低的利息借到更多的资金，从而加快了英国经济社会的发展速度。如果有人想从财政上解释英国在全球竞争中最终战胜法国，那原因就在于此。

自从 20 世纪 30 年代凯恩斯主义经济学兴起之后，政府债务管理政策一直被看作货币政策或财政政策的一部分，其职责往往由货币或财政当局实施，作为反周期、特别是应对经济萧条（衰退）的宏观政策工具。例如，凯恩斯（Keynes）认为：长期利率是决定企业扩张（投资）的资本成本的主要因素。政府债务管理意味着发行不同期限和利率的债券，形成公共债务收益率曲线，进而引导金融市场上不同期限利率的变化。但这也可以通过央行直接在中长期债券市场上进行公开市场操作而达到类似的效果。在其著名的《就业、利息和货币通论》一书中，凯恩斯写道："货币当局在实践中通常倾向于集中在短期债券市场，而放任长期债券价格和利率对于短期债券利率做出迟滞的和不完全的反应，但这其实没有理由需要这样做。"当经济陷入持续衰退，凯恩斯提出的补救办法是中央银行购买长期债券，直到长期市场利率下降到极限点，即凯恩斯所声称的"公开市场操作达到饱和状态（saturation）"当中央银行承担政府债务管理职责时，"他们可以根据就业不足或过度以及其他社会原因，按照他们所认为的正确选择，在短期债券和长期债券市场上进行操作，构造他们所偏好的债务期限结构。另外一个凯恩斯学派的代表人物托宾（Tobin）认为：没有一个清晰的方法来区分货币政策和债务管理，从广义上看，美联储和财政部都涉及债务管理，两者都有权影响整个范围的债券市场。但货币政策尤其影响即期债务的供给，而政府债务管理则主要关系到长期债券或者不可流通债券的数量。托宾主张将政府债务管理（即在短期国债和长期国债之间的转换）作为影响私人资本形成、进而影响实际产出的反周期政策工具。他的结论是："在不知道财政部打算发行哪类期限债券的情况下，美联储无法对货币政策做出合理的决定。在不知道美联储打算将多少债务货币化的情况下，财政部也无法合理地确定债务的到期结构。弗里德曼也未将主权债务管理（或公共债务到期结构的变化）视为正常情况下稳定经济的额外工具。相反，他主张一种可预测的债务管理政策：按一定的时间间隔和数量，政府只应发行一种长期债券和一种短期债券。然后，私人部门根据各自需要在这些期限债券之间转换（Friedman，1960）。弗里德曼认为：

在通常情况下，央行只需通过公开市场购买短期债券来实施货币政策，并且通过预期效应和投资组合平衡效应来影响长期利率。但在危机时期的情况则完全不同。正如他在对 20 世纪 30 年代经济大萧条的分析中所说：通货紧缩的威胁以及恐慌情绪的不确定性可能导致银行存款和银行贷款出现连续崩溃的危险，这需要政府或央行在债券市场采取果断的行动。当银行和借款人争相变现资产时，中央银行在公开市场购买长期债券可以成为对抗通货紧缩不可或缺的武器。它们的影响将通过增加货币存量以及压低长期利率而发挥作用。弗里德曼承认，在经济严重衰退的情况下，当银行试图去杠杆化或对未来非常不确定时，增加银行准备金可能不足以刺激低迷的总需求。在这种情况下，央行购买固定收益证券被认为是扩大广义货币量的更可靠手段。综上所述，弗里德曼也是托宾等投资组合平衡效应的倡导者，但他认为在长期政府债券市场上进行公开市场操作或主权债务管理应该只是货币政策在危机时期积极使用的一种手段。

从政策实践上看，以英国为例，政府债务管理和货币政策之间的关系，经历反复。1957 年，在英国财政部的领导下，成立了以拉德克利夫（Radcliffe）勋爵为首的"货币体系运行研究委员会"，"调查货币和信用体系的运行情况，并提出建设性意见。"经过近两年的广泛调查和深入研究，该委员会于 1959 年提呈了一份报告（即闻名的"拉德克利夫报告"）。该报告指出："货币政策必须将影响利率期限结构作为影响金融状况、进而最终影响总需求的最佳方法。在我们看来，债务管理已经成为中央银行的基本职责。货币当局在执行这一任务时不能保持中立，他们必须有意识地对短期利率、长期利率以及他们之间的关系采取积极的行动。"[①]但在拉德克利夫报告出台近 40 年后的 1995 年，英国财政部和中央银行对债务管理政策进行了审查和修订，报告提出：政府债务管理不是货币政策的主要工具；货币政策也不是政府债务管理的主要目标，尽管政府在制定债务管理政策、特别是债券发行策略时仍考虑到货币政策因素以确保一致性。1998 年，应时任行长的要求，英格兰银行召开了一次关于"政府债

[①]　Committee on the Working of the Monetary System（1959）：Report, Her Majesty's Stationery Office（Radcliffe report）.

务结构和货币状况"的会议，讨论在政府债务管理职责从英格兰银行转移
到新成立的、作为财政部附属机构之一的政策债务管理办公室之后，货币
政策的制定是否应受到政府债务管理政策的影响。在依次考虑政府债务总
量、政府债务结构、政府债务所有权等可能影响货币状况的三种渠道的基
础上，会议得出结论，政府债务管理与货币政策之间仅有微弱的关系
(a minor relationship)。但银行业危机的爆发使得政府债务管理的宏观经济
意义重新引起关注。在1999年之后，英国政府债务管理目标被设定为：
"在考虑风险的同时，尽量降低政府融资的长期成本，同时确保债务管理
政策与货币政策目标保持一致。"但由于货币政策由英格兰银行自主管理，
而债务管理办公室则是财政部的一部分，因而多年来这种"参考货币政
策"的提法一直是一纸空文，因为并没有实施机制和手段。

5.1.2　金融危机期间政府债务管理与非常规货币政策的冲突

在金融危机之前，传统的货币政策传导机制主要以利率期限结构的预
期理论为基础，按照该理论，在各类期限的债券具有高度替代性的前提
下，长期利率可以表示为：

$$长期国债收益率 = 短期国债利率 + 通货膨胀贴水 + 风险贴水$$

其中，短期国债利率近似于无风险利率，主要是由央行货币政策决
定，通货膨胀贴水表示经济周期性波动对价格水平的影响，风险贴水则表
示未预期的时变价格风险。央行可以通过在短期的银行间市场进行货币政
策操作，调节短期国债利率，同时释放信息影响通货膨胀和风险贴水因
子，进而改变长期利率乃至整个利率期限结构；而政府债务管理的主要目
标则是在控制风险水平的前提下，以最小化成本在长期市场融资；在这种
情况下将政府债务管理与货币政策加以区分，可以有效地降低政策冲突的
风险。但2008年全球金融危机爆发后，市场不确定性和风险陡增，短期
债券与长期债券之间的替代性下降，中央银行调节短期利率带动长期利率
变化、进而影响投资需求和经济发展的利率传导机制受阻；而且为应对金
融危机，美联储、英格兰银行和欧洲央行等在其权力范围内尽其所能推行
激进货币政策，短期利率已经抵达各自央行认定的下限，继续下调短期利

率已较为困难。在这种背景下，美国、英国、日本等国先后启动了大规模的量化宽松货币政策，直接进入长期债券市场，增加对长期债券的需求，对长期利率施加影响。

根据伯南克（Bernanke，2012），量化宽松货币政策主要通过所谓的"资产组合平衡渠道（portfolio balance channel）"进行传导并对宏观经济产生影响。即中央银行通过购买长期债券、资产互换（asset swap），或者注入流动性等，调整中央银行与私人部门的资产负债表规模和构成。中央银行采取购买长期债券等措施会导致资产价格上涨，提升家庭财富和支出；资产价格的高涨使得资产收益率降低，最终改善融资环境，促进企业增加投资；同时，中央银行注入流动性购买长期债券，使得本币贬值，从而促进出口增加与进口减少。

根据"政府债务对货币政策传导"这一章讲述的理论基础，市场上盛行国债收益率曲线的市场偏好理论（preferred habitat theory）。该理论认为特定投资人对不同久期的国债偏好差异较大。例如，养老基金等机构投资者强烈偏好长期债券，货币市场基金则偏好短期债券；在两个市场之间的套利者由于风险偏好降低或者流动性受限，长短期债券市场套利不完全。在这种情况下，不同期限的债券替代性下降，存在一定程度的市场分割。此时，只要机构投资者（央行或财政部）改变市场中长期债券和短期债券的供给，就可以改变二者的相对价格，从而影响到整个收益率曲线的形状。当长短期债券市场不完全替代时，如果货币当局降低市场上长期债券的供给，那么就可以降低整个金融市场的风险溢价，相应的名义利率也就越低。如果中央银行购买大量的长期国债，将会缩短私人投资者持有债务的到期期限，从而改变相对净供给，降低长期利率。

以美国为例，在第一轮量化宽松期间（2008年11月至2010年3月），美联储购买了12500亿美元的抵押贷款支持证券（MBS）、1750亿美元联邦机构债（房地美、房利美等），3000亿美元长期国债。第二轮量化宽松（2010年10月至2011年6月），新增购买了6000亿美元长期国债，加上第一轮宽松到期1670亿国债本金再投资，共购买了7670亿美元长期国债。2011年9月至2012年12月，美国实施扭曲操作（Operation Twist），平均每个月卖出850亿美元的3年期以下的短期国债并买入6～30年期的长期国债。在第三轮量化宽松（2012 年 9 月至 2014 年 10 月）期间，每个月购买 400 亿美元的 MBS 及 450 亿美元长期国债。其后结束资产购买计划，但将继续维持所持到期证券本金进行再投资的政策。

但值得注意的是，量化宽松货币政策的"资产组合平衡渠道（portfolio balance channel）"有效的前提是财政部门的政府债务管理是外生给定的，不会对中央银行的货币政策操作做出反应而改变其自身的行为。而实际上，长期国债市场同时出现了两个官方主体：央行和财政部。二者作为债券市场极为重要的行为主体，显然不能被看作单纯的价格接受者。面对这种高负债的压力以及近期低利率的市场状况，在美联储不断买入长期证券以减少市场上长期债券供应量的同时，财政部却借长期利率处于历史低位之机增加长期国债的发行量，以便锁定较低的发行成本、缓冲还本付息的压力，导致市场中流通国债的规模增加，债务平均期限延长。即使金融市场发达，透明度很高，政府债务管理者和货币政策制定者之间也可能会出现潜在冲突或分歧，因为政府通常是金融市场的主要参与者。这意味着，政府债务结构的变化会对利率产生重大影响——因为政府债务管理者的操作幅度较大，会产生信号效应。虽然政府债务管理者通常是国债供给市场的最大参与者，而受全球危机影响，作为量化宽松操作的一部分，各国央行则在国债需求一方扮演重要角色。正是由于上述原因，磋商和协调问题占据了第一位。例如，对于中央银行加息以抑制总需求和通货膨胀的情况。短期利率越高，社会公众持有纸币和无息存款的机会成本就会增加，这会增加民众对类货币短期债券（例如短期国债）的需求。如果财政部利用这一降低债务成本的机会，增加短期国债发行，这会导致公众持有的债务平均期限下降，压低期限溢价、进而影响长期利率。这与美联储提高利率抑制总需求的政策目标相冲突。相反的情况是：面临经济衰退及短期利率处于零利率下限的情况，央行采取量化宽松政策增加对长期债券的需求与降低长期利率，此时为达到"降低财政风险"的目标，政府债务管理部门增加长期债券发行、延长债务平均期限；以控制政府迅速扩张债务所带来的财政风险。图 5 - 1 显示了近 30 年来二级市场上美国国债平均期限的变化。由图 5 - 1 中可见，2008 年初金融危机爆发后，美联储的量化宽松货币政策确实使流通中的美国国债平均期限迅速下降至 50 个月以下，

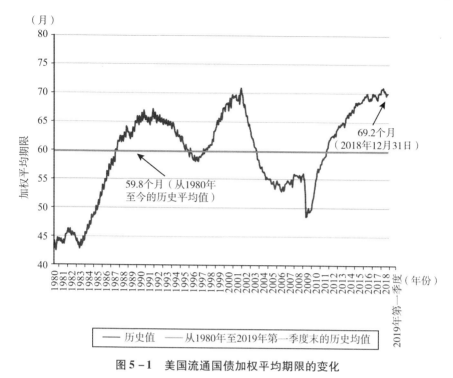

图 5 - 1　美国流通国债加权平均期限的变化

资料来源：美国财政部借款顾问委员会（TBAC）国库报告（2019 财政年度第一季度）。

但在 2009 年下半年开始，美债平均期限却呈现一直上升的趋势，至 2018 年 9 月底，流通的美国国债的平均期限相较于 2009 年时的底点已延长了近 40%，达到近 70 个月。根据格林伍德等（Greenwood et al.，2015）的统计，以 10 年期国债为标准进行折算，与 2007 年初相比至 2014 年 7 月，量化宽松货币政策的实施（增加长期国债需求）减少流通中长期国债的数量约占 GDP 的 15.6%，而美国财政部主动增加长期国债发行的数量，导致国债供给量增加占 GDP 的比重达 5.5%，对于货币政策影响长期国债供给量的反向抵消程度达到 35%。在这种情况下，政府债务管理者增加长期债券供给与中央银行增加长期债券需求这两种政策对国债期限溢价、进而长期利率的影响作用方向相反。美联储通过购买长期债券原本可以累积降低 10 年期国债期限溢价 137bp，但政府债务管理部门增加长期国债发行导致国债期限溢价上升 48bp，最终量化宽松货币政策导致国债期限溢价实际只下降了88bp。如果没有财政部增加长期国债发行所带来的反向作用，那么美联储大规模购买国债的货币政策对长期利率的降低效果将更大。总之，正是由于政府债务管理者和中央银行这两个机构使用相同的工具——净公共债务的期限结构——来实现不同的目标，因此货币政策和政府债务管理政策存在明显的政策冲突。

货币政策与政府债务管理政策之间的冲突问题引起决策层的关注。美国财政部的国债借款顾问委员会（Treasury Borrowing Advisory Committee）在2010年11月2日公布的会议纪要中写道："总体而言，委员会对继续延长债务的平均期限感到满意，但问题在于美联储和财政部是否在相互冲突的政策目标下工作。委员会的一些成员们认为两者是有不同任务的独立机构，有时可能出现冲突。委员们同意无论美联储的货币政策如何，财政部都应坚持借债成本最小化的原则，一些委员还指出：美联储实际上只是国债市场的一个大投资者，而且美联储的行为可能是短期的。财政部不应该为适应这个单一的大投资者，而调整其常规的、可预测的发行计划"。[①]相比较而言，英国则在政府债务管理和货币政策协调方面表现较好，其原因可能是因为历史上英格兰银行在这两个政策领域都曾发挥着作用。英国政府债务管理办公室（DMO）的任务是"确保债务管理符合货币政策的目标"。当英国央行准备在2009年初实施量化宽松货币政策时，英格兰银行行长向财政大臣发出公开信，声称为了确保债务管理和货币政策的一致性，政府不应因量化宽松而改变发行策略。而财政大臣在给英国中央银行行长的回信中也明确指出："英国的政府债务管理办公室（DMO）并不会因央行实施政府债券购买计划而调整政府的发债计划[②]"事实上，DMO在2009年3月至2010年3月间将流通国债的平均期限缩短了一年。

---

① Minutes of the Meeting of the Treasury Borrowing Advisory Committee Of the Securities Industry and Financial Markets Association, http://www.treasury.gov/press-center/press-releases/Pages/tg942.aspx.

② Letter from the Chancellor to the Bank of England Governor, dated3, March 2009. http://www.hm-treasury.gov.uk/d/chxletter_boe050309.pdf.

5.1.3　量化宽松政策退出背景下政府债务管理与货币政策的关系

如前所述，在量化宽松货币政策的实施阶段，美联储通过直接在国债交易市场上增加对中长期国债的购买数量来压低国债中长期利率。从近些年美国经济的走向来看，美联储的购债计划起到了预期的效果。自 2015 年底开始，美国经济回暖迹象显现，2017 年 3 月失业率降到 4.5% 的历史低位，接近自然失业率的水平，核心通胀率也已经接近 2% 的目标。伴随着美国经济复苏，美联储开始考虑逐步缩减资产负债表的规模。在联邦公开市场委员会（FOMC）3 月中旬召开的会议中，美联储官员对资产负债表规模正常化议题进行了讨论，并认为 2017 年晚些时候进行缩表"可能是合适的"。在 2017 年 6 月，联邦公开市场委员会（FOMC）就公布了"政策正常化原则和计划"（Policy Normalization Principles and Plans），并在附录中对 10 月份启动资产负债表正常化计划进行了相应描述。根据"渐进式"缩表计划，美联储将逐步减少美国国债和抵押支持证券（MBS）的再投资规模，初步计划每月缩减再投资规模 100 亿美元，其中美国国债每月再投资规模减少 60 亿美元，MBS 每月投资规模减少 40 亿美元。在此基础上，美国国债和抵押支持证券（MBS）的再投资缩减规模，分别在每季度增加 60 亿美元和 40 亿美元。美联储再投资规模将一直缩减，直到每月国债再投资缩减量达到 300 亿美元，每月资产抵押证券（MBS）的再投资规模缩减量达到 200 亿美元。也就是说，缩表计划实施一年之后，美联储每月基础货币缩减规模将高达 500 亿美元。这也意味着，如果美联资产负债表正常化操作能够按计划进行，那么在 2019 年 10 月，美联储资产负债表规模将缩减 3000 亿美元，从第二年开始，缩表规模将达到每年 6000 亿美元。

在美联储实施量化宽松货币政策期间，美国国债占 GDP 比率迅速上升。美国的政府债务占 GDP 比重已经从 2007 年的 60% 增长至 2013 年的 100%；债务平均到期期限则从 4.5 年增长至 5.5 年；公共债务总量和期限的上升均会导致政府债务融资成本增加。特别是美联储庞大的债券资产头寸使其在退出量化宽松政策时卖出长期债券的行为、甚至仅仅是减少长期债券的购买规模，都有可能显著推升长期利率，增加财政部门的发债成本，不利于政府财政状况的改善。根据美国政府债务管理办公室 2017 年时公布的预测数据①，在未来 10 年里，即 2018 ~ 2027 年，利率每上升 1%将使财政赤字增加 1.6 万亿美元，根据这一估计，未来 10 年内，净利息支出由 2630 亿美元增加至 9150 亿美元；财政赤字占 GDP 的比重将由 2017 年的 78% 增加至 2028 年的 96%；在这一背景下，央行在退出量化宽松货币政策时，要充分考虑政府债务负担的变化以及债务管理政策的配合。从实际情况看，美联储与美国政府债务管理部门之间依然保持了良好的沟通和协调，在美联储退出量化宽松货币政策的情况下，美国财政部暂时放弃了可能抵消美联储量化宽松政策的债务管理策略，而是试图将未偿债务平均期限稳定在 2017 年中期时的水平附近，如图 5 - 1 所示。

5.1.4 政府债务管理与货币政策关系的理论总结

货币政策与政府债务管理的关系可利用如下的政府预算约束条件式进行简单的分析：

$$D_t = [B_t - B_{t-1}] + [M_t - M_{t-1}] \qquad (5-1)$$

式（5-1）表明政府预算赤字 D_t 可以通过发行国债（体现为国债存量的变化 $B_t - B_{t-1}$）来弥补，也可以通过向中央银行透支（由中央银行发行货币，反映为基础货币变化 $M_t - M_{t-1}$）来筹措。布隆姆斯坦和特纳（Blommestein & Turner，2012）进一步将政府发行的国债分解为中长期国债（1 年期以上）和短期国债（1 年期以下），从而有：

$$D_t = [LB_t - LB_{t-1}] + [TB_t - TB_{t-1}] + [M_t - M_{t-1}] \qquad (5-2)$$

其中，$[LB_t - LB_{t-1}]$ 是长期国债数量的变化，在一般情况下反映了政府债务管理政策的影响，基础货币变化 $[M_t - M_{t-1}]$ 可看作货币政策的体现；另外，短期国债的变化 $[TB_t - TB_{t-1}]$ 也主要以货币政策为主，其原因主要是短期国债的流动性很强，近似于货币。短期国债增加，将引起

---

① Congressional Budget Office，The Budgetand Economic Outlook：2018 to 2028，April 2018.

与货币供给增加类似的效果。在全球金融危机发生之前，为避免政府债务管理政策与货币政策之间潜在的冲突，各国一般采取所谓"分离原则"对两者进行划分：第一，中央银行不应在长期国债市场进行操作，而只应限于短期债券或货币市场，通过调节短期利率将货币政策信号传导到长期利率；第二，政府债务管理者则应基于融资成本最小化原则，以中长期债券为主要工具，并将短期债券的发行规模控制在谨慎的水平。在正常情况下，按照这一分离原则，货币政策与政府债务管理政策之间的冲突并不明显。但当未来利率变化面临更大的不确定性以及迅速增长的债务水平情况下，政府债务管理者和中央银行的政策开始相互影响。这主要由以下几方面原因造成：短期债券和长期债券的替代性下降，政府债务管理者调节债务平均期限的决策行为将会影响国债收益率曲线、进而影响短期利率向长期利率的传导。特别是为应对突发债务危机，债务管理者有可能增加短期债券的发行，进入货币政策传统的影响范围；而当短期利率向长期利率传导出现梗阻或者短期利率已进入下限区间时，中央银行可能采取非常规货币政策，直接进入长期债券市场购买长期债券改变长期利率，对政府债务管理政策产生影响。另外，较高的政府债务规模也会使主权债务风险溢价上升，进而有可能导致无风险利率和预期通货膨胀率上升，影响货币政策的制定。

　　具体来说，政府债务管理主要通过以下渠道影响货币政策：一是政府债务规模：短期债务发行量的增加会导致政府更密切地参与货币市场，而货币市场是货币政策的操作领域，由此会干扰政策利率的设定。此外，在央行购买政府长期债券以应对全球金融危机的情况下，政府债务管理对货币政策的长期利率也存在影响。二是政府债务的期限结构：政府债务的期限构成也可能影响货币政策的传导。国债收益率曲线作为货币政策传导的基准而受到央行的重点关注。收益率曲线上不同到期限的收益率受到对应期限证券相对供求的影响。政府债务管理者决定发行短期还是长期债券，常规型还是指数挂钩型债券，可能会影响不同期限债券的供求，从而影响货币政策的传导和效果。三是所有权模式：政府债务所有权结构也会对货币政策产生影响。在政府债务主要由银行持有的情况下，一方面，银行对新债务的不断认购可能会取代向私人部门的贷款，因此可能会挤出私人投资。另一方面，银行大量持有政府债务，可能使得它们在货币紧缩阶段能够通过减少政府债务的持有量而继续向私人部门放贷。四是政府债务的投资组合管理策略：积极的投资组合管理可以影响货币政策，因为债务管理人利用久期作为业绩的衡量标准。政府债务管理者通过改变发行节奏或者回购来调节债务平均期限，这将对收益率曲线产生影响，从而影响收益率的传导。而收益率曲线中的任何扭曲都会减少央行所能获取的关于市场预期的信息，并限制其影响利率的能力。五是政府债务管理者的现金管理：中央银行主要通过在货币市场进行公开市场操作影响短期利率（比如回购利率）并向长期利率传导。而如果中央银行还同时充当"政府的银行"，政府在央行的巨大存款余额会给央行的流动性管理带来困难。政府的现金流需求和债券的发行、回购等业务会影响货币市场系统的流动性，进而影响央行的货币市场操作。

货币政策的立场和行动也可能对政府债务管理的实施和效果产生重大影响。当前的利率环境、汇率政策影响政府债务融资的成本。政府债券的发行是否能够成功取决于金融系统中是否有足够的流动性，而这种流动性的宽裕程度则是受货币政策所影响。货币政策的变化（例如法定准备金率的调整）、央行在公开市场操作中出售和购买政府债券，或者仅仅使用政府债券作为长期流动性工具的抵押品等，都会影响金融机构对政府债券的需求并影响政府债务管理的实施。

5.2　构建政府债务管理与货币政策协调机制的国际经验

5.2.1　中央政府债务管理的基本方法和目标

按照国际货币基金组织（IMF）（2014）发布的《公共债务管理指引》，政府债务管理的目标可概括为：在可接受的风险水平下，使发债成本从中长期来看最小化。其关键的决策变量是政府债务规模和政府债务组合的平均期限。从政策工具上看，政府债务管理政策的工具主要通过利率互换、债务回购、新债发行等多种手段调节政府债务的发行结构和存量结构。与货币政策不同，公共债务管理并没有一个非常成熟的分析框架，难以制定具体的参数标准来测度成本和风险。在实践中，各国债务管理者常常依赖于一些笼统的原则、风险模型工具和实际经验。目前的趋势是债务管理者在资产负债表的框架下来平衡债务的成本和风险。只有当政府盈余（财政收入减去除偿还债务外的其他支出）的现值与债务本金相匹配时，政府的债务水平才是可持续的。如果债务本金超过了政府盈余，那么，政府债务就可能会面临违约风险。除了违约风险，政府还可能会面临金融市场波动所产生的利率风险：当政府需要发行一笔长期债务满足融资需求时，若恰逢货币市场流动性紧张导致利率上升，政府的融资成本将会随之提高，如果利率上浮较大，将导致政府未来的债务支出超过盈余，甚至导致政府出现违约。因此，政府债务管理的主要风险在于宏观需求冲击对政府税收的影响，以及货币市场冲击对利率水平的影响。由于中长期内宏观需求对政府税收冲击比较难以操控，因此，政府债务管理当局主要关注债务的利率水平，采用的政策工具是债务的久期结构，即在可控风险范围内，使发债成本在中长期最小化。其中，关键的决策变量是长短期债券在政府负债总额中的比重和政府债务组合的平均期限。短期债券所占比重越大，政府债务组合平均期限越短，需要在新市场环境下重新发债以偿还本息的操作就越频繁，因而所面临的不确定性（风险）就越高；如果增加政府债务组合中长期债券所占比例，尽管可以降低当期的不确定性，但由于通常状况下长期利率要高于短期利率，因而会造成发债成本上升。可见，政府债务管理决策实际上就是在发债成本与承担风险之间寻求平衡，建立最优的负债组合。很多时候，政府都相当于一个基金经理在金融市场管理庞大的公共债务（Williams，2010）。

　　自 20 世纪 90 年代起，伴随着金融管制的放松、金融产品的创新、利率与汇率的大幅度波动以及投资者需求和债务水平的快速增长，微观资产组合管理方法在政府债务管理优化决策中的应用越来越普遍。其基本思想是基于资产组合原理，在考虑成本—风险的因素下，确定最优的债务组合结构。这种债务管理方法建立在如下两个核心假设之上，一是"债务管理者厌恶风险并以实现预期效用最大化为目标"，二是"资本市场是完美高效的完全竞争市场"。显然，政府债务管理决策满足第一条假定，因为管理部门对稀有资源的配置普遍给予高度关注，并能够理性地在成本和收益之间进行权衡。但是，第二个假设则又暗含另外两层假定，一是政府行为，特别是融资决策的计划和执行，不会影响到政府债券市场价格和相应的利率期限结构，即"价格接受者假设"；二是货币政策、财政政策和债务管理政策之间相互独立，即"零相关性假设"。

在 2008 年金融危机发生之前 20 年左右的时间里，金融市场（包括政府债券市场）波动性弱流动性强；债券承销商财务状况良好并拥有较强的做市能力；政府举债需求和债务水平适度，债务风险可控；不同到期期限资产之间的替代程度较高。在这段所谓的"正常时期"内，即使债务管理者和央行对市场具有潜在的影响，但他们不会对市场进行大规模干预，政府债务管理活动对市场价格产生的影响基本可以忽略，即满足"价格接受者"假设。另外，在这段时间里，政府债务管理与央行通常采取所谓的"分离原则"——央行专注于短期债券市场上的操作，而政府债务管理者则将注意力更多地放在长期债券市场上——以避免货币政策与债务管理之间的潜在政策冲突，第二条"零相关性"假定也有效可信。因此，在"正常时期"，标准的微观资产组合管理方法能够较好地实现长期借款成本最小化的最优决策目标，为债务融资策略提供良好的理论基础。

然而，2008 年全球金融危机爆发后，世界经济环境发生了巨大变化。首先，尽管影响债券市场价格并非债务管理者的本意，但在"危机状况"下，政府是价格接受者的假设并不成立。在缺乏流动性且剧烈波动的市场环境下，债务管理部门的操作，特别是债务组合中短期借款与长期借款之间比例关系的变化将对政府债券市场价格产生不可忽视的影响，并进一步影响利率期限结构曲线的形状。其次，在所谓"危机状态下"，央行通过调节短期货币市场利率影响长期利率，进而对经济活动进行干预的"常规货币政策"有效性减弱；而通过直接买卖政府债券、影响长期利率的所谓"非常规货币政策"干预效果变得更加显著。在货币政策操作重点从短期利率工具向长期利率工具转变的过程中，货币政策不可避免地会对政府的债务管理产生影响。由此，关键假设中的"零相关性假设"也不成立。

可以预计，在未来相当长的时间内，世界各国债务水平将普遍位于高位并保持不断上升的趋势。同时，伴随着债务管理与货币政策相互作用的不断深化，未来利率的不确定性也在不断增大，政府债务管理方法将变得更加复杂。在政府债务管理的过程中，政府债务管理策略与货币政策之间的相互协调应受到更多的重视。

5.2.2　政府债务管理机构的制度安排与中央银行的关系

从世界各国的情况看，政府债务管理机构的设置方式及制度安排存在变化。如前文所述，政府债务管理政策在早期时通常被看作货币政策或财政政策的一部分，其职责往往由中央银行或者财政当局共同实施。根据圣达拉扬、达特尔斯和布隆姆斯坦（Sundararajan, Dattels & Blommestein, 1997）针对 OECD 及一些新兴市场国家进行的调研报告，在 20 世纪 90 年代之前，通常是财政部（Ministries of Finance, MoF）（或者是附属于财政部的政府债务管理办公室）行使政府债务管理的主要功能（例如确定发债规模和期限等），而中央银行则具体负责实施政府债券拍卖发行及清算等技术业务；有的国家的中央银行甚至在国会和财政部的授权下负责政府债务管理策略及具体实施的全部业务。但 90 年代中期以来，一方面，亚洲金融危机的发生促使很多国家开始将公共债务管理放在优先地位，货币政策及政府债务管理政策实施的复杂程度提高；另一方面，政府债务管理目标和货币政策目标可能存在冲突。例如，政府债务管理当局需要保持国债利率处于稳定的较低水平，而货币当局则需要根据变化的宏观经济环境灵活调节市场利率；在这种情况下，很多国家开始将政府债务管理从央行职能中分离出来，央行货币政策操作主要影响银行间市场的短期利率，而财政部或者独立的政府债务管理办公室（DMOs）则主要在承担一定风险的情况下控制长期债务融资成本。根据经济合作与发展组织的经验，卡萨德、福克尔茨和朗道（Cassard, Folkerts & Landau, 1997）认为将政府债务管理从央行职能中分离出去是正确的，其原因主要基于以下几点：明确地向市场和信用评级机构发出信号，货币政策独立于债务管理，维护中央银行的完整性和独立性；防止政府债务管理受到政治干预，向金融市场和政党承诺制定透明和负责任的债务管理政策，至少避免任何旨在获取短期政治利益的政治压力；通过将其委托给具有现代风险管理技术专业知识的投资机构来提高政府债务管理水平。

在传统的制度安排下，中央银行只在货币市场或者短期国债市场上进行操作而政府债务管理机构则主要在长期国债市场进行操作；但在金融危机发生背景下，财政刺激政策导致很多发达国家的财政赤字和政府债务迅速增长，财政部门也需要关注短期利率，而中央银行实施大规模购买政府债券的非常规货币政策操作也影响到长期国债市场的供求；由此导致政府债务管理和货币政策之间的边界变得越来越模糊，在这种情况下，理论界开始重新审视政府债务管理机构与中央银行之间的关系问题。加强政府债务管理与货币政策之间的协调被提高到重要地位，甚至有呼声将政府债务管理与货币政策操作置于同一机构。古德哈特（Goodhart，2010，2012）认为"随着政府债务水平的提高，不能将债务管理视为一项常规职能而将其委托给一个单独的机构，应该鼓励中央银行恢复其管理政府债务的职能。现有制度安排在实践中存在的压力和问题使得政府债务管理与货币政策的分离不再那么有吸引力"。

总之，根据各国的实践经验，政府债务管理机构的设立主要可分为三种模式，具体如表5-1所示。在前两种模式中，政府债务管理部门和财政部（或中央银行）之间是纵向的授权关系，而代理机构模式中政府债务管理机构和财政部之间的关系是横向的委托代理关系。

表5-1 政府债务管理机构的设立模式

模式类型	特点	代表国家
部级模式	债务管理功能内置于政府部级机构（在一个或多个部门内）； 债务管理目标通过预算政策目标表示出来； 可能存在目标冲突	比利时、芬兰、法国、意大利、荷兰、斯洛文尼亚、西班牙、英国、澳大利亚、日本、新西兰
银行模式	债务管理部门隶属于中央银行； 公共债务管理（目标、策略、操作）从属于货币政策目标； 可能存在目标冲突	丹麦

模式类型	特点	代表国家
代理机构模式	政府债务管理功能集中于一个独立的机构； 操作透明信息公开； 操作目标和债务管理策略在机构内部产生和实现并经由部级机构批准； 可能存在委托—代理问题	爱尔兰、德国、瑞典、匈牙利

资料来源：根据戈莱博夫斯基和马尔切克巴特科维克（Golebiowski & Marchewka-Bartkowiak，2010）、辛格（Singh，2015）整理。

究竟哪种机构设置是中央政府债务管理的最佳模式？国际经验并没有给出明确的答案。然而，无论采用什么样的机构设置模式，政策间的相互协调与部门间的信息沟通都是至关重要的。目前，不同国家政府债务管理机构的设置各不相同，但各国普遍认为，即使有了单独的政府债务管理部门，中央银行和政府债务管理部门之间仍然要密切协作。两者之间有效的信息传递可以降低金融市场的潜在风险，同时对避免部门间的操作冲突具有重大意义。例如，如果中央银行提前知晓政府债务发行计划以及市场参与者偏好的债券种类，就能提前对市场上的流动性需求做出预测，为货币政策的制定提供依据。同样的，关于货币政策的信息也能够帮助政府债务管理部门制定其最佳的债务发行或偿还计划。2010 年 7 月，国际货币基金组织（IMF）和瑞典国家债务办公室（SNDO）在斯德哥尔摩共同主办了以"政府债务管理政策和运营"为主题的年度磋商论坛。来自 33 个发达国家和新兴市场国家的政府债务管理机构负责人和央行行长出席了会议，并提出所谓的斯德哥尔摩原则（stockholm principles）。该原则强调，考虑到政府债务管理政策、财政政策、货币政策、金融监管政策目标之间存在深入的相互联系，应当在保持各政策职责独立性和问责制的前提下，促进债务管理机构和货币、财政和金融监管机构之间的沟通。世界银行和国际货币基金组织在 2014 年发布的修订版《公共债务管理准则》中重申了政策协调的重要性，并指出：债务管理应以稳健的宏观经济和金融部门政策为基础，以保障公共债务可持续发展。鉴于各自政策工具之间的相互联系和相互依赖性，债务管理机构、财政和货币当局以及金融部门监管机构应共同理解各自的目标。债务管理者、财政及货币当局应分享有关政府当前和未来现金流需求的信息。中央银行应将政府债务水平对实现货币政策目标的潜在影响告知财政当局。在上述背景下，重要的是要在健全的宏观经济框架下执行公共政策，并促进这些政策在债务管理、货币、财政和金融部门监管机构之间的沟通，且保持各机构的独立性和责任性（IMF，2014）。

在协调机制的具体实施方面，加拿大和英国的做法值得借鉴。根据加拿大法规：政府主权债务管理由财政部负责。财政部部长决定债务结构目标、战略规划、投资政策等问题。加拿大中央银行（bank of canada）作为政府在加拿大政府债务管理方面的财政代理人。尽管最终的决策权属于财政部部长，但关键战略和政策设计、运营监督以及融资、投资和流动性管理活动的协调则主要授权给由财政部和中央银行官员共同负责的几个关键委员会、工作组和团队。这些机构定期召开会议促进各机构之间的工作规划，协调和沟通。其中，由财政部和中央银行高级官员组成的资金管理委员会（Funds Management Committee）是主要的负责机构，其任务是通过副部长就债务管理政策和战略等问题向部长提出建议，监督已批准的政策和计划的执行情况，并审查绩效结果报告。由加拿大中央银行金融风险办公室提供分析支持的风险委员会（Risk Committee）负责监督和建议风险管理政策，并向基金管理委员会报告财务风险状况。资金管理协调委员会（The Funds Management Coordinating Committee，FMCC）定期召开会议（通常每月召开一次或根据需要），讨论关键问题、制定政策建议并协调债券发行、现金管理以及涉及国内债务融资计划和外汇管理的问题。此外，国内债务和现金管理工作组（Domestic Debt and Cash Management Working Group）通常每月举行一次会议，以便就当前与资金管理活动实施有关的广泛问题进行讨论和更新。工作组还负责报告正在进行的活动，为FMCC提供政策分析和建议，并提交至最高的FMC会议。在加拿大财政部与加拿大中央银行的有效沟通和共同努力下，在金融危机之前的十年中，加拿大政府债务的平均期限在6.0年到7.0年的范围内缓慢变动。而在危机期间，国债平均期限从2007年的7.0年跌至2009年的6.0年，并未出现"财政部延长了债务期限而量化宽松货币政策效应"的情况。英国在协调债务管理和货币政策方面有着更清晰的记录，或许是因为英格兰银行历史上在两项政策中都有相应的角色扮演。1997 年，政府赋予英格兰银行对利率的独立控制权，同时收回了英格兰银行制定债务管理政策的权限，以避免债务管理与货币政策发生冲突。新成立的财政部执行机构，即债务管理办公室（DMO）被赋予债务管理职能。但是，DMO 必须确保债务管理符合货币政策的目标。当英格兰银行在 2009 年初开始其量化宽松计划时，英格兰银行行长给财政大臣发出了一封公开信，声称为了确保债务管理和货币政策之间的一致性，政府不应该根据量化宽松政策改变其发行策略。财政大臣接受了该指令，确认不会根据英格兰银行的资产购买情况而改变其债务发行策略，在 2009 年 3 月至 2010 年 3 月间英国的政府债务平均期限缩短了一年。这些与美国和日本形成了鲜明的对比，由于缺乏债务管理人和央行行长之间进行政策协调的正式渠道，日本和美国的债务管理人比 G7 任何国家都更积极地延长债务期限，在很大程度上抵消了量化宽松的货币政策效果（Greenwood et al.，2015）。

5.3　政府债务管理与货币政策协调的绩效评价

2015 年，世界银行发布了修订后的政府债务管理绩效评价标准（Debt Management Performance Assessment Methodology，DeMPA），以帮助世界各国在中长期内对本国政府债务进行有效管理和绩效评估。利用该评价体系，一国可针对自身特点编制与本国债务管理能力相匹配的详尽计划；而且，发展中国家在债务管理实践中还可以与国际成功经验进行比较，以增强自身体制机制建设，提高债务管理能力。

该评价体系包括的政府债务管理绩效评价指标主要由"一国政府债务治理与发展策略""债务管理与宏观政策的协调""借款与相应的融资活动""现金流预测与现金余额管理""债务记录与操作风险管理"这五大类一级指标构成，其中每大类一级指标又进一步细分为若干二级评价指标，整个评价体系如表 5 - 2 所示。

表 5 – 2　　　　　　　　　　政府债务管理绩效评价体系

一级评价指标	二级评价指标
治理与发展战略	法律框架
	管理结构
	债务管理策略
	债务报告与评估
	审计
与宏观政策的协调	与财政政策的协调
	与货币政策的协调
借款与相应的融资活动	本国借款
	外部借款
	贷款担保、转贷与衍生品
现金流预测与现金余额管理	现金流预测与现金余额管理
债务记录与操作风险管理	债务管理与数据安全
	职责分散，员工能力与经营可持续性
	债务与债务相关记录

　　评价体系对每一个二级指标从多个维度进行评估并根据相应标准给出 A、B、C 或 D 的得分。分数 A 意味着一国在该指标的特定维度下具有良好的债务管理表现，而分数 C 代表有效的政府债务管理所需要满足的最低水平。分数 D 则意味着管理的低效率，该国在该维度指标方面的建设还需要进一步加强。

　　评价体系对每一个指标都进行了细致的描述。例如，"治理与发展战略"这个一级指标，既包括定义了目标、机构和职责的广义的法律架构，也包括由债务管理策略制定、操作过程、质量保证措施和报告责任等事项构成的管理框架。良好的法律架构要求相关的法律框架能够清楚阐明相应机构进行债务管理活动时需要遵循的基本原则，这些活动既包括本国或外国市场上的借款，也包括债务相关的交易和贷款担保的发行工作。良好的管理结构则是指能够有效区分债务管理的目标决策机构与执行机构。比如，国会、内阁或财政部负责制定与债务管理目标相关的长期计划，而债务管理部门则负责相应策略的执行。与此同时，债务报告应及时披露，这对于确保债务组合和未偿还债务担保的透明性具有非常重要的意义，同时也是中央政府债务投资者的重要参考依据。审计的有效性也是评价一国政府债务管理能力的关键环节。进行审计的目的在于确保债务政策和操作接受国家审计部门的监督。具体审计内容包括：财务信息和经营信息的可靠性与完整性；债务管理操作的有效性、预定目标和所执行策略之间的协调性；内部控制系统的有效性；与相关法律法规的协调性等。

"与宏观政策的协调"这个一级指标，主要是指政府债务管理的目标和策略制定应与财政与货币政策相协调。其中，在评价"与货币政策的协调"这一二级指标时，则又进一步从三个方面进行评估：

第一，"货币政策操作与政府债务管理交易之间相互区分的清晰程度"。政府债务管理与货币政策之间在目标、责任等方面的清晰划分是至关重要的，特别是当央行既通过公开市场操作执行货币政策、又在相同市场上作为政府债务管理的代理人发行政府债券时。如果央行代表政府进行债务管理交易，需要确保这些交易与货币政策操作相互独立，区分使用债务管理工具与货币政策工具。当政府债务管理与货币政策使用不同工具时，例如货币政策通过回购操作，而债务管理使用长期国债，两者间的区分比较容易。但两者采用相同工具，比如都使用短期国债的情况下，货币政策操作账户与政府债务管理使用的账户应严格分开报告与核算，货币政策操作所产生的收益应该及时冲销；而政府债务主管部门在短期国债市场上借款时，其决策应该不受央行利率决策的内部信息所影响，央行也应致力于避免在市场操作中与政府债务管理部门之间的利益冲突。如果央行代理政府债务管理职能，央行与中央政府的代理关系应在代理合同中明确标识出来。

第二，"政府债务管理者通过定期分享债务交易及中央政府现金流等信息，构建与中央银行的协调机制。为了促进货币政策的实施，中央政府债务管理者应定期向中央银行报告其当前和未来的债务交易和现金流。央行需要对现金流的规模进行分析，并根据其对货币政策的影响采取相应的应对措施。

第三，"政府向央行直接融资所受的限制程度"政府赤字货币化会增加货币供给，从而对货币政策操作造成不利约束。如果只有少量赤字通过发行政府债券融资，而大部分通过向央行直接借款取得，这种行为也会对本国债券市场的发展产生不利影响。因此，除非在极端情况下，中央政府应尽可能地避免向央行直接借款以对其赤字进行融资。如果迫不得已采取政府债务货币化，也应对借款的规模和期限从法律层面上加以限制。

对于上述三个层面，构建的评价和计分体系如表 5－3 所示。

表 5－3　　　　　　　政府债务管理与货币政策协调性的评估标准

等级	要求
A	（1）达到等级 B 的要求。此外，公开披露中央银行在政府债务管理中的代理责任； （2）达到等级 B 的要求。此外，政府债务管理当局每天与中央银行共享当前和未来债务交易及中央政府现金流的相关信息； （3）根据法律，禁止政府债务直接从中央银行获取融资；或者仅限于紧急情况且无法采取其他融资方式时使用。如果向中央银行直接融资，融资期限限于两周内
B	（1）达到等级 C 的最低要求。此外，在正式协议中明确规定中央银行与中央政府之间的代理关系； （2）达到等级 C 的最低要求。此外，政府债务管理当局至少每周与中央银行共享当前和未来债务交易及中央政府现金流的相关信息； （3）达到等级 C 的最低要求。此外。根据法律，中央银行直接为政府债务融资的期限不得超过 3 个月
C	（1）当中央银行同时作为中央政府债务管理的代理人时，货币政策操作与政府债务管理交易保持分离。中央银行要让政府和市场知悉，其交易行为是基于货币政策目的还是作为中央政府债务管理代理人的角色； （2）为了货币政策的实施，政府债务管理当局至少每月与中央银行共享当前和未来债务交易以及中央政府现金流等相关信息； （3）有立法规定政府债务管理当局从中央银行直接融资的上限
D	（1）等级 C 的最低要求没有达到； （2）等级 C 的最低要求没有达到； （3）等级 C 的最低要求没有达到

在按上表进行打分时，需要提供的支撑性文件主要包括：一份政府债务管理机构与中央银行之间的共享信息的副本；一份中央银行的有关法案副本，用于检验政府直接从中央银行融资的规模；一份政府与中央银行之间的代理协议副本，以确认中央银行代理政府的相关职能。为明确分数等

级，要询问确认的一些指示性问题包括：一是债务管理机构与中央银行之间共享哪些债务信息？多久进行一次信息交换？是否有一个正式的信息共享机制？二是中央政府和中央银行之间的关系在代理协议中有明确规定吗？中央银行作为政府债务管理代理人的职责是否公开？在过去是否一直坚持公开？中央银行是否将政府债务管理交易与货币政策交易区分开？如果是这样的话，中央银行如何实现且使用什么工具进行这一操作？在事实上和法律上各是什么情况？三是谁负责编制现金流量预测表？做出这些预测的频率是多少？是否有某些机构或组织，例如现金管理委员会，来审查现金流量预测？四是政府是否有向中央银行透支的方式或手段？如果有，是否有法律规定了透支的上限？上限是多少？这些法律是否对透支期限加以规定？如果有，期限是多长？政府是否曾经向中央银行透支？如果有，多久使用一次，透支数额是多少，期限是多久？

第6章

中国政府债务治理对货币政策的影响

6.1 中国政府债务状况简述

6.1.1 中国政府债务规模及结构

近些年来，随着我国经济结构调整带来的财政收入增长放缓趋势渐现，而提高社会保障水平、弥补养老金缺口以及推进城镇化进程等方面的资金需求日盛，我国财政收支面临双重压力，政府债务规模呈现扩大化趋势。

按融资主体来分，政府债务包括中央政府债务和地方政府债务。中央政府债务主要由中央财政资金偿还的国债债券、国际金融组织和外国政府贷款构成，从图 6-1 可以看出，自 2008 年以来，中央财政债务逐年上升，且在中央财政债务余额中的外债占比较低。2017 年底，中央财政债务余额共计 134800 亿元，外债只有 1322.72 亿元，仅占 0.9812%，不到 1%。

根据相关文件和法律规定，我国地方政府债务的范围，依法是指地方政府债券，以及清理甄别认定的 2014 年末非政府债券形式存量政府债务。地方国有企业（包括融资平台公司）举借的债务依法不属于政府债务，其举借的债务由国有企业负责偿还，地方政府不承担偿还责任；地方政府作为出资人，在出资范围内承担有限责任。"① 照这一统计口径，相关部门

---

① 2016 年 11 月财政部有关负责人就地方政府债务问题答记者问。

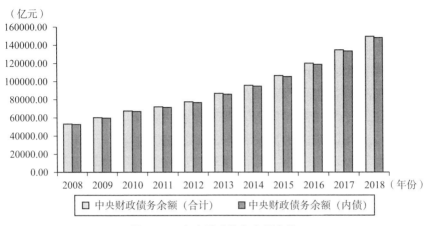

图 6-1　中央财政债务余额变化

资料来源：财政部网站、Wind 数据库。

对截至 2014 年底的地方政府债务进行了法律上的确认，明确地方政府负有偿还责任、也即政府显性债务为 15.4 万亿元，或有债务也即后来的隐性债务（即政府负有担保责任的债务和可能承担一定救助责任的债务）为 8.6 万亿元。其后近几年来，地方政府债务余额及其中的地方政府债券部分的变化情况如图 6-2 所示。

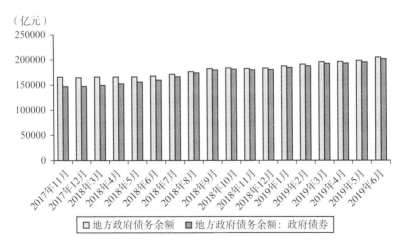

图 6-2　地方政府债务余额变化

资料来源：财政部网站、Wind 数据库。

考虑 GDP 变化后，政府债务余额及其构成的变化情况如表 6 - 1 和图 6 - 3 所示。

表 6 - 1　　　　　　政府债务余额及 GDP 占比的年度变化

	2014 年	2015 年	2016 年	2017 年	2018 年
政府债务余额（万亿元）	25	25.5	27.3	29.9	33.3
占 GDP 的比重（%）	38.8	36.9	36.7	37.7	37
其中：					
中央政府债务余额（万亿元）	9.6	10.7	12	13.5	14.9
地方政府债务余额（万亿元）	15.4	14.8	15.3	16.5	18.4
占 GDP 的比重（%）	23.9	21.5	20.6	20.9	20.4

资料来源：Wind 数据库，W Raphael Lam，Jingsen Wang. China's local government bond market [J]. IMF Working paper, 2018, WP/18/219。

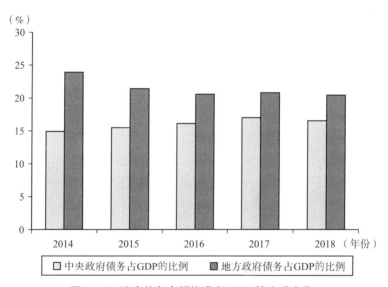

图 6 - 3　政府债务余额构成占 GDP 的比重变化

数据来源：根据 Wind 数据库整理计算所得。

对比图 6 - 4 可见，与其他一些国家相比，我国地方政府债务占政府总债务的比重处于较高水平。

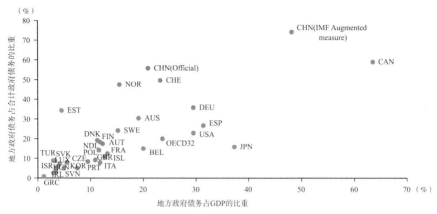

图 6 – 4　一些国家地方政府债务占 GDP 的比重

注：澳大利亚（AUS），奥地利（AUT），比利时（BEL），加拿大（CAN），瑞士（CHE），中国（CHN），捷克（CZE），德国（DEU），丹麦（DNK），西班牙（ESP），爱沙尼亚（EST），芬兰（FIN），法国（FRA），英国（GBR），希腊（GRC），匈牙利（HUN），爱尔兰（IRL），冰岛（ISL），以色列（ISR），意大利（ITA），日本（JPN），朝鲜（KOR），卢森堡（LUX），荷兰（NDL），挪威（NOR），波兰（POL），葡萄牙（PRT），斯洛伐克（SVK），斯洛文尼亚（SVN），瑞典（SWE），土耳其（TUR），美国（USA）。

资料来源：W Raphael Lam, Jingsen Wang. China's local government bond market［J］. IMF Working Paper, 2018, WP/18/219。

　　但值得注意的是，上述这些数据只是纳入财政部门"政府债务管理系统"的显性债务统计口径。而除此之外，更为庞大的政府隐性债务①，特别是地方政府隐性债务，仍处于统计口径争议和实际情况摸底的过程中，尚未有中央层面的专门机构给出统一明确定义和统计数据，财政部、国家发改委等部门对此也说法不一。但主流的研究机构，认为地方政府隐性债务主要集中在地方融资平台违法违规举债。中国财政科学研究院院长刘尚希认为，地方政府隐性债务包括建设性债务、消费性债务和政策性融资担保，牵涉范围很广，如地方融资平台公司债务、政府和社会资本合作（PPP）项目的债务、棚改债务、政府购买服务项目的债务、地方"僵尸国企"债务、金融扶贫项目债务、养老金缺口、政策性融资担保等，都应该属于政府隐性债务。中国社会科学院国家金融与发展实验室副主任、国

①　显性债务是指按照法律、合约的形式明确记载和规定需要由政府来偿还的债务，政府要对此承担法律义务。隐性债务指未经法律明确确认，政府出于道义责任、公众预期和政治压力等需要救助的债务。

家资产负债表研究中心主任张晓晶，清华大学经管学院常务副院长、清华大学中国财政税收研究所所长白重恩也带领各自团队对地方融资平台债务做过调研。张晓晶团队调研结果显示，"当前地方政府融资平台债务约 30 万亿元，约占 GDP 的 40%"；白重恩团队公布的调研结果为，截至 2017 年 6 月底，"发行过城投债的企业债务余额"大约是 47 万亿元。这两个数据差别巨大，源于各自设定的标准和统计口径不一样，相关部委对此亦无公开回应。根据国际清算银行（BIS）公布的数据，若将地方政府融资平台的隐性债务计入中国政府债务杠杆，中国政府债务其实在 2017 年中已经占 GDP 的 65% 左右，超过了国际公认的风险警戒线。2017 年 5 月 24 日国际信用评级机构穆迪公司将中国的主权债务评级从 Aa3 下调至 A1。穆迪提出调降评级的重要理由之一是地方政府融资平台（LGFV）发行的债券数量增加以及国有企业所欠债务将导致政府或有负债上升。对此，我国财政部有关负责人回应称，穆迪的降级是基于"不恰当的方法"，并显示出该机构缺乏对中国法律法规的了解。关于或有债务问题，我国相关法律规定，除经国务院批准为使用外国政府或国际经济组织贷款进行转贷外，地方政府及其所属部门不得为任何单位和个人的债务以任何方式提供担保。此外，我国法律同样明确规定，除发行地方政府债券外，地方政府及其所属部门不得以任何方式举借债务。因此，不论是央企还是地方国企举借的债务依法均不属于政府债务，应由国有企业负责偿还，政府不承担偿还责任。综合上述法律规定，穆迪所谓的地方政府融资平台、国有企业等债务水平持续增长会增加政府或有债务的说法，是根本不成立的。

6.1.2 中国地方政府债务融资的发展概述

1. 地方政府融资平台债务的发展历程

1994 年我国启动分税制改革，明确了中央和地方以及地方各级政府的财权和事权。财权上，地方的税收收入归属权上移，增值税、消费税等主要流转税收入的大部分收归中央，而全额归属地方政府的地方税只有房产税等。因此，地方政府财政收入比重在分税制改革后大幅下降。而在事权上，主要表现为地方政府的财政支出比重逐年上升，且远超过其财政收入的比重。中央与地方财权事权上的不匹配，客观上造成了地方政府的财政收支缺口逐年扩大，但与此同时地方政府融资渠道却并不顺畅。1995 年实施的《预算法》明确要求"除法律和国务院另有规定外，地方政府不得发行地方政府债券"。另外地方政府为贷款提供担保和直接向商业银行借款，也都受到其他相关法规的限制。在融资需求叠加地方政府债发行阻碍的共同作用下，地方政府通过地方政府融资平台公司发行企业债、公司债、中期票据、短期融资券、非公开定向融资工具（PPN）等，以筹集资金开展基础设施建设投资，这类债券统称城投债。2008 年全球金融危机下，我国经济增速受到显著冲击，2009 年 3 月，中国人民银行联合银监会发布《关于进一步加强信贷结构调整促进国民经济平稳较快发展的指导意见》，提出支持有条件的地方政府组建投融资平台，发行企业债、中期票据等融资工具。"四万亿"投放带来的刺激促使地方债务需求加大，地方债务大规模扩张，城投债的净融资额迅速增长。2009 年政府融资平台总计发行 162 支债券，为 2008 年的 3.31 倍；发行债券规模总计 2821 亿元，为 2008 年的 3.81 倍。其后，政策开始从鼓励阶段转向规范阶段，连续发布相关文件来提示城投债违规发行的融资风险，并且在规范阶段积极对政府债务进行摸查及审计工作。随着政府债务风险临近质变，2014 年监管政策开始严格约束城投债的发行，并开始对存量债务甄别清理。但随着经济增长压力的加大，监管政策自 2015 年上半年开始有所放松，一系列的政策也对满足特定领域的城投债进行了松绑。在 2016 年下半年随着经济增长压力的减弱和金融风险的增加，城投债政策又开始重新加严，2017 年开始城投债进入了减量阶段。2018 年，由于城投债违约事件频发，一些地方政府出台城投合并转型的方案，不对城投债兜底，市场对城投债的"信仰"产生怀疑，城投平台整体看长期债券难发，只能靠发行短期债券滚动维持，城投债存量的增速趋于停滞。在保持经济稳增长和防控地方债务风险过高的博弈中，城投债的净融资量在波动中下行，2017 年以来的某些月份已经开始出现负的净融资额。城投债发行量和净融资额变化如图 6 - 5 所示。

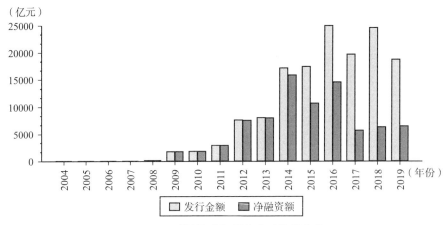

图 6-5　城投债发行量和净融资额变化

资料来源：Wind 数据库。

2. 地方政府债券的发展历程

新中国成立初期，国家曾允许地方政府发行"地方经济建设折实公债"等债券。1981 年国债发行恢复后，地方政府债券出现了一定时期的停滞。20 世纪 80 年代末至 90 年代初，出于经济建设的需要，多地地方政府相继发行了地方债。但是由于存在融资方式不规范、资金用途不透明等问题，1995 年 1 月实施的《中华人民共和国预算法》规定"除法律和国务院另有规定外，地方政府不得发行地方政府债券"，从而暂停了地方政府的发债行为。为了应对 2008 年的国际金融危机，破解地方政府融资难题，2009 年 3 月全国两会政府工作报告中提出安排发行地方政府债券 2000 亿元，以部分缓解"4 万亿"投资计划中地方政府的配套资金压力。自此地方债发行先后采取了"代发代还""自发代还""自发自还"三种模式。2009 年 2 月，财政部印发的《2009 年地方政府债券预算管理办法》指出"地方政府债券，是指经国务院批准同意，以省、自治区、直辖市和计划单列市政府为发行和偿还主体，由财政部代理发行并代办还本付息和支付发行费的债券"，即"代发代还"模式。发行额度由全国人大批准，2009～2011 年地方政府债券的批准额度均是每年 2000 亿元。随着地方政府融资需求的日益扩张，财政部于 2011 年 10 月印发《2011 年地方政府自行发债试点办法》，启动了上海、浙江、广东、深圳四省（市）的地方政府自行发债试点，但其还本付息仍由财政部代办执行，即"自发代还"模式。2013 年起，进一步增加了江苏和山东成为"自发代还"试点地区，适度延长了发债期限，并增加了发债规模，2012 年和 2013 年地方政府债券的批准额度分别达到 2500 亿元和 3500 亿元。2014 年 5 月 22 日，财政部印发《2014 年地方政府债券自发自还试点办法》，继续推进地方政府债券改革，重新允许地方政府发行债券，但发行限额仍由中央控制。2014 年的批准额度增加到每年 4000 亿元。

随着地方债务规模的逐步扩大，2014 年政府部门杠杆率已经上升至57.8%，国家开始对地方政府融资进行规范。2014 年 10 月 2 日，国务院下发《国务院关于加强地方政府性债务管理的意见》（以下简称"43 号文"），要求地方政府剥离融资平台政府性债务融资功能，对已发行在外的城投债及其他形式的地方政府债务存量进行甄别，对于被甄别为不属于政府性债务的城投债，地方政府将不会承担代偿责任。财政部也随即颁布相应的配套文件，针对地方政府负有偿还责任的存量债务提出清理甄别的具体实施意见和方案。43 号文是处理地方政府债务的框架性意见，厘清了化解地方政府债务问题的思路，也是首次提出各地区可申请发行地方政府债券，置换存量债务的思路。财政部于 2015 年 3 月 18 日发布了关于印发《2015 年地方政府专项债券预算管理办法》（以下简称《办法》）的通知，对专项债务范围、预算等进行了界定和规范。《办法》中提出地方政府通过发行地方政府债券置换清理甄别认定的、纳入预算管理的非政府债券形式存量政府债务，以缓解当前务负担重问题。2015 年 3 月份，经国务院批准，财政部下达了第 1 批 10000 亿元债务置换额度。2015 年 6 月份，经国务院批准，财政部下达了第 2 批 10000 亿元地方政府债券置换存量债务额度。地方政府债务置换的实质是"借新还旧"，通过地方债置换，短期、高利率的债务变成中长期、较低利率的债务。对债务人而言，债务的规模没有发生改变，只是改变了债务的形式、期限和利率等要素，将非政府债券形式的债务转换为债券形式债务。

总的来看，根据偿债资金来源，地方政府债券分为一般债券和专项债券两类，两者的区别在于地方政府一般债券主要以一般公共预算收入作为还本付息来源，而地方政府专项债券则主要以特定项目的政府性基金或专项收入作为还本付息来源。按资金用途划分，地方政府债券可以分为置换债券、新增债券、和再融资债券（用于偿还部分到期地方政府债券本金）。置换债券是自 2015 年开始的地方政府债务置换政策所形成的部分。2015 年实施的新预算法中明文规定，我国地方政府只能以发行债券的方式融资，对于新预算法实施之前地方政府通过银行贷款、融资平台等非债券方式举借的存量债务，国务院决定利用 3 年左右的时间进行置换。置换债的发行有效解决了地方政府债务的期限错配和融资成本高企问题。新增债券是地方政府债务额度新增的部分，根据规定，每年新增债券的发行规模不得超过财政部下达的本地区新增债务限额。与置换债券相比，新增债券的资金用途主要是资本支出，且资金支出周期长于置换债券。新增债券的发行占比主要受政府债务负担的轻重及资金需求大小的影响。政府债务负担较重、资金需求较少的地区，新增债券的发行占比通常较小。再融资债券由财政部在《关于做好 2018 年地方政府债券发行工作的意见》提出，并在《2018 年 4 月地方政府债券发行和债务余额情况》中首次披露。财政部明确再融资债券是用于偿还部分到期地方政府债券本金，因为此前年份发行的地方政府债券部分到了归还本金的阶段。再融资债券的发行将有效缓解地方政府的偿债压力。

从近些年来地方政府债券的总量来看，2009 年起，地方政府通过发债进行融资的方式得到政策确定。放开之初地方政府债券的发债批准额度相对较低，且限额仅当年有效，不得结转下年。2009～2011 年，全国人大批准的地方政府债券发行额度均为每年 2000 亿元，随着地方政府融资需求的增加，2012 年、2013 年和 2014 年的批准额度分别增加至 2500 亿元、3500 亿元和 4000 亿元。随着新预算法的实施和 43 号文的出台，地方政府债券开始大规模发行。2015 年开始，地方政府债券发行规模大幅飙升。2015 年累计发行 38350.62 亿元，是 2014 年发行规模的 9.59 倍，2016 年更是进一步增加至 60458.40 亿元。2017 年以后地方政府债券的发行规模有所回落，一方面源于剩余的地方政府未置换存量债务大量减少；另一方面源于金融去杠杠使得利率中枢有所上移，发债成本的提高使各级地方政府主动调整了发债节奏。近些年以来，地方政府债券发行量和净融资额的变化情况如图 6 – 6 所示。

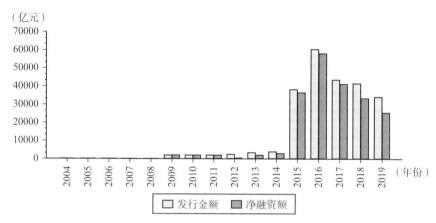

图 6 – 6　地方政府债发行量和净融资额变化

资料来源：Wind 数据库。

6.2　中国地方政府性债务溢出对国债的溢出效应

如上一节所述，近些年来，以隐性的融资平台债务扩张为主要驱动，地方政府性债务的规模持续攀升。造成这种现象的重要原因之一是地方政府举债融资秉持的中央救助预期。在中央政府为地方政府举债融资提供隐性担保的大国制度环境下，地方政府寄望通过"公共池"分享举债成本和谋求事后救助（郭玉清等，2016）。考虑到政府的"稳增长"偏好，地方政府担保实际隐含了中央对地方的纵向担保，政府担保对地方政府债务扩张的解释程度长期内维持在 30% 左右（马文涛等，2018）。在这种背景下，我国债券市场投资者对于中央政府为地方政府举债融资提供隐性担保和救助的"信仰"程度非常强烈。王永钦等（2016）的研究显示：地方政府融资平台发行的城投债的信用价差只是比较有效地反映了中国经济整体的违约风险；但并未有效地反映地方政府和地方经济层面的违约风险信息，这意味着我国债券市场存在共识：即使地方债的违约程度千差万别，但最后都会由中央政府来纾困（bail out）。上级政府基于国家安全考虑，可能通过转移支付或部分债务豁免等方式而对拖欠债务进行"兜底"（黄国桥和徐永胜，2011；龚强等，2011），也有可能通过注销下级政府对本级政府的债务而进行救助，作为最后担保人的上级政府最终将承担其债务风险（郭玉清，2011）。地方政府债务违约风险的实质是债务从地方向中央的转嫁。由此，在缺乏有效的债务管理和监控的情况下，地方政府性债务规模的过度扩张和风险累积，将很可能通过增加中央政府的财政赤字和债务负担，进而影响中央政府债券的风险溢价和利率水平。地方政府债务风险向中央政府转移或外溢，实际上将导致局部性的地方财政风险扩大为系统性财政风险（王蕴波和景宏军，2012；缪小林和伏润民，2013）。在其他经济体中，地方政府由于不计后果的举债融资，扰乱正常的财经秩序，最终倒逼中央政府事后救助的情况时有发生（Plekhanov & Singh，2006）。而中央政府不得不以国债利率的上升、进而中央政府债务融资成本的增加为代价换取地区的财政和经济稳定（Jenkner & Lu，2014）。基于这一逻辑，2017 年某些国际信用评级机构也曾以地方政府融资平台、国有企业等债务水平持续增长会增加中央政府或有债务为理由，下调中国主权债务信用评级。在这一背景下，探究地方政府性债务扩张对国债利率的影响，对于在中国特色背景下研究政府债务对于货币政策的影响，具有重要的理论价值和现实意义。

6.2.1　文献综述与理论分析

由于中央政府的债务负担状况反映了整体经济环境是否稳定，以及中央政府对地方政府的救助意愿和救助能力，因此较多的研究考察了中央政府债务规模及风险对地方政府债券定价的影响，即"自上而下"的垂直溢出效应。例如，兰登和史密斯（Landon & Smith，2000）发现中央政府的债务规模对地方政府债券评级有显著负向影响，而且中央政府债务占 GDP之比上升 1 个百分点，地方债的利差会升高 4.3bp。索拉和帕隆巴（Sola & Palomba，2016）发现中央政府向地方政府转移支付规模及制度安排的差异将会改变市场对地方政府债券存在隐性担保的预期，进而影响地方债定价机制的有效性。贝克等（Beck et al.，2017）以奥地利、瑞士、美国、加拿大、西班牙、印度等国的数据为样本，用中央政府自身债务指标反映中央政府救助能力，构建面板回归模型，发现联邦政府的救助能力显著影响地方政府债券利差。

而另一方面，中央政府为地方政府提供隐性担保或救助，虽然能够降低市场对地方政府债务的风险预期，但中央政府对地方政府的风险分担（risk taking）将会影响市场对中央政府主权债券风险的评价。投资者在对中央政府债务风险进行估测时，会同时考虑地方政府债务状况和未来潜在的救助成本可能给中央政府带来的债务负担。所以当地方政府债务规模较大或者存在较大违约风险时，投资者会提高对中央政府债务风险的预期，进而造成中央政府债券的风险溢价和利率水平上升。少数研究注意到这种政府债务风险"自下而上"的溢出效应。例如，赫克（Hecke，2013）以欧元区国家为样本构建面板数据，用地方政府债务积累衡量中央的救助预期，考察地方政府债务规模对欧元区国家的主权债券收益率的影响。研究发现当中央政府对地方政府的借款约束较弱，投资者预期中央政府对地方政府债务存在隐性担保和救助责任的情况下，地方政府的债务积累会对主权国债的风险溢价产生显著的溢出效应，提高主权债券利率。詹克纳和卢（Jenkner & Lu，2014）用事件研究法检验当中央政府于 2012 年 7 月 26 日宣布救助发生财政危机的地方政府后，西班牙国债和地方政府债券利率的变化。结果发现，在地方债收益率下降 80 个基点的同时，西班牙国债的CDS 利差上升了 70 个基点。

国内大多数文献从商业银行贷款渠道分析地方债务风险向系统性金融风险的扩散和溢出。例如，伏润民等（2017）指出我国地方政府债务风险主要通过金融机构的中长期贷款，对居民企业融资产生挤出性的空间外溢效应。毛锐等（2017）的研究发现，商业银行是地方政府债务风险溢出的载体，商业银行对地方政府债务的大量认购使债务风险转化为金融风险。极少数研究者考察了地方政府性债务风险溢出在债券市场的表现。例如，牛霖琳等（2016）使用 5 年期城投债与国债的利差作为我国地方政府性债务风险因子，采用无套利尼尔森 - 辛格（Nielson-Siegel）利率期限结构扩展模型，研究地方性债务风险和国债风险之间的联合动态与传导机制。结果显示：城投债风险因子变化对于国债收益率具有两个方向的影响，一是

"避风港效应",即当城投债风险上升时,市场出于"安全性转移"(fly-to-safety)的动机和操作,作为较安全资产的国债价格被推升、国债收益率下降;二是"补偿效应",城投债风险可能引致系统性风险,中央财政可能会受到地方债务拖累的概率增加,市场要求的国债风险补偿增加,因而抬高国债的风险溢价。就文章的样本区间,即 2009 年 1 月初至 2014 年 12 月底期间的实证结果而言,城投债风险对国债收益率影响的"避风港效应"强于"补偿效应"。但值得注意的是,2014 年底至今,一方面,地方政府债务规模持续扩张和风险累积;另一方面,以"明确和规范地方政府性债务的担保和救助责任、弱化中央偿还地方政府债务市场预期"为主要内容的地方政府债务治理政策密集出台。例如,2014 年 10 月 2 日,国务院下发《关于加强地方政府性债务管理的意见》(以下简称"43 号文"),要求地方政府剥离融资平台的政府性债务融资功能,对已发行在外的城投债及其他形式的地方政府债务存量进行甄别,对于被甄别为不属于政府性债务的城投债,地方政府将不会承担代偿责任。其后,2016 年 11 月,国务院下发《关于印发地方政府性债务风险应急处置预案的通知》;2017 年 4 月《关于进一步规范地方政府举债融资行为的通知》等文件的印发进一步明确地方政府债务的责任主体,促进地方政府融资平台的转型发展和地方政府债务融资的规范化。2017 年 12 月,财政部在发布的《关于坚决制止地方政府违法违规举债遏制隐性债务增量情况的报告》中指出:将研究出台地方债终身问责、倒查责任制度;坚持中央不救助原则,坚决打消地方政府认为中央政府会"买单"的"幻觉"。上述这些文件或措施在约束地方政府举债行为的同时,也向市场传达了中央政府对地方政府债务不担保不救助的信号。在上述双重因素的影响下,地方政府性债务风险溢出对于国债利率的影响效应可能会发生变化。

基于现有文献的可拓新之处,本节从市场预期中央政府对地方政府性债务负有隐含担保和救助责任的逻辑出发,采用债券交易市场的数据,通过考察城投债规模变动对于国债利率的影响,研究地方政府性债务扩张的溢出效应、以及地方政府性债务治理政策对这种溢出效应所产生的动态影响。

6.2.2　研究方法设计

由于地方政府性债务数据的可得性低、透明度低、口径庞杂；而城投债作为一种"准地方政府债券"，在地方政府性债务扩张中占有极为重要的地位，其增长规模与地方政府性债务的整体态势密切相关，而且风险定价市场化程度较高，作为地方政府性债务的一个市场化窗口，广泛应用于地方政府债务风险的实证研究，如牛霖琳等（2016）、朱莹等（2018）。另外，本节所考察的地方政府债务治理政策，也主要是针对地方融资平台在银行和债券市场上筹措的债务，因此通过考察城投债规模变动对国债交易利率的影响，进而反映地方政府性债务扩张的溢出效应以及地方政府债务治理政策对溢出效应的影响，具有可行性和合理性。本节从 RESSET 数据库中获得地方融资平台发行的债券数据，剔除跨市场交易的重复债券和数据缺失的债券后，共计 13175 只城投债。然后计算市场上每月的城投债余额情况。① 图 6 - 7 为本文所统计的 2009 年至 2018 年 6 月间城投债月度余额以及余额增量。

从图 6 - 7 的趋势中可以看出，城投债规模在近十年里不断增加，仅在 2016 年底、2017 年初以及 2018 年的少数月份中，城投债余额有所下降。即使 2014 年 10 月以后中央开展了地方债务的清理和甄别工作，严格控制地方政府隐性债务的增加，但仍未阻止城投债规模的继续扩张，反而在 2016 年迎来了新的发行高峰。截至 2018 年 6 月，城投债余额为 78443.7 亿元。城投债可看作地方政府性债务扩张中的冰山一角，是地方政府隐性债务膨胀趋势的一个缩影，其背后是几倍于债券形式的银行贷款

---

① 需要说明的是，为统计 2009 年初的余额情况，我们获得 13175 只债券包括 2009 年之前地方融资平台发行的城投债（包括企业债、公司债、中期票据、短期、超短期融资券、非公开定向融资工具 PPN 以及资产支持票据 ABN 等）。计算方法是债券的发行日期在统计月份之前，且到期日期在统计月份之后的所有城投债余额的加总为市场上当月的余额数据。对于市场上提前兑付的债券，我们从交易所网站获取相应的提前兑付公告，并对当月余额数据进行手工修正。经本文统计，2009 年 1 月，城投债市场余额为 1820.3 亿元。

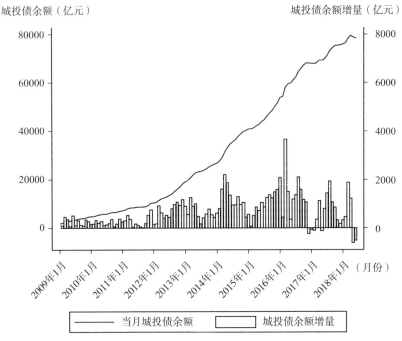

图 6 – 7　2009 ~ 2018 年 6 月城投债市场余额统计

资料来源：根据 RESSET 数据库相关数据计算得到。

等其他形式的地方政府隐性债务。因此，本书从债券市场角度考察城投债扩张对国债收益率影响，实际上在一定程度上反映了投资者对地方政府隐性债务整体水平扩张的担忧。

1. 模型设定与样本数据选择

本书采用两种方法进行实证研究：

（1）本书以一些代表性期限的国债到期收益率作为国债利率水平指标，以此为被解释变量构建如下线性回归模型：

$$TB\_yield_t^{(\tau)} = a + \beta_1 \cdot D\_outstanding_{t-1} + \gamma \cdot policy_t$$
$$+ \delta \cdot policy_t \cdot D\_outstanding_{t-1}$$
$$+ \sum \gamma_i \cdot control_t + e_t^{\tau} \qquad (6-1)$$

被解释变量 $TB\_yield^{(\tau)}$ 为二级市场上银行间国债到期收益率，τ 为国债期限。本书选取关键期限 3 个月、6 个月、1 年、3 年、5 年、7 年、10 年期国债到期收益率的日数据，计算每个期限国债到期收益率的月度均值，以此研究地方政府性债务扩张对短、中和长期国债收益率的影响。由于月度城投债余额变量带有明显时间趋势，且考虑到当期值可能存在的内生性问题，本文选择滞后一期的城投债余额的一阶差分、即月度城投债余额增量 $D\_outstanding_{t-1}$ 作为关键解释变量，考察地方政府性债务扩张的溢出效应。$D\_outstanding_{t-1}$ 反映了考虑城投债到期偿还部分之后的净发行量，在后文部分均称之为净发行量。该变量的 ADF 检验的统计量为 -6.01，在 1% 的水平拒绝了存在单位根的原假设，说明 $D\_outstanding_{t-1}$ 为平稳序列。另外，由于 $D\_outstanding_{t-1}$ 的数量级与其他解释变量差别过大，为避免出现较大计算误差，我们使用"百亿"作为 $D\_outstanding_{t-1}$ 的度量单位。系数 β_1 衡量地方政府性债务规模的扩张对国债收益率的影响，也即地方政府性债务的溢出效应。根据前文的分析，地方政府性债务规模扩大会增加中央政府债务负担，进而推升国债利率，因此预期 $\beta_1 > 0$。

进一步，为考察地方政府性债务的治理效果，在式（6 - 1）加入反映地方债政策变化的虚拟变量 $policy_t$ 以及 $policy_t$ 和 $D\_outstanding_{t-1}$ 的交乘项。2014 年 10 月颁布的《关于加强地方政府性债务管理的意见》是中央清理和整顿地方债问题，明确中央对地方债态度的开端，随后颁布的一系列文件都是围绕着地方融资平台债务处置、打破隐性担保和救助预期以及规范地方政府融资而开展，因此 2014 年 43 号文对于研究地方债务的治理效果具有较强的代表性。此外，以往文献（王博森等，2016）在研究过程中也注意到该政策的颁布对隐性担保定价的影响。因此，本书选择 43 号文颁布的时间点考察地方债务治理效应。定义虚拟变量 $policy_t$ 在 43 号文颁布之前为 0，在政策颁布之后为 1，系数 γ 衡量了政策变化前后国债收益率的变动。交乘项前的系数 δ 则检验政策变化是否改变了地方性债务扩张对国债的溢出效应。根据前文的分析，地方性债务治理政策的出台，强化了地方政府的融资约束，降低了市场对中央政府担保或救助地方政府债务的预期，因而缓解了市场对中央政府救助后可能影响国债风险溢价上升的担忧，因此预期 $\delta < 0$。综上，$\beta_1 + \delta$ 衡量了政策颁布之后 $D\_outstanding_{t-1}$ 对国债收益率的影响。

控制变量 Control 中包括：$growth_t$ 为经济增长率，$growth_t = \ln(GDP_t/GDP_{t-12})$，具体处理方法是，采用三次样条插值法对 GDP 季度数据进行月度分解，再用 $X-12$ 方法进行季节调整。通货膨胀率 $inflation_t$，用 CPI 变动率衡量。银行间同业拆借加权平均利率 r_t，衡量货币政策因素和市场利率水平。参考范等（Fan et al.，2013）的做法，采用金融机构人民币存贷比率表示国债需求因素 TB_demand；采用银行间市场国债流通总额 $TB\_outstanding$ 表示国债供给因素。由于国债供求变量 TB_demand 和 $TB\_outstanding$ 具有明显时间趋势，因此对于以上两个变量我们使用线性回归方法去除时间趋势，得到平稳序列 $de\_TBdemand$ 和 $de\_TBoutstanding$。为避免模型中可能存在自相关问题，根据"由大到小的序贯 t 规则"，在模型中加入了各期限国债的滞后 1 期和滞后 2 期。在回归之前，对各变量进行了平稳性检验，模型中的各变量均在 5% 的水平上拒绝了存在单位根的原假设，进入回归模型的各变量均为平稳序列。

（2）本书利用 DRA 模型进一步考察城投债规模扩张对国债收益率曲线整体特征的影响。关于利率期限结构与宏观因素联合建模的具有代表性的研究是迪堡德等（Diebold et al.，2006）提出的将尼尔森 – 辛格（Nielson-Siegel）模型提取出的三个潜在因子与宏观因子联合建模，将其表示为状态空间形式，即 DRA 模型。与式（6 – 1）相比，本部分的 DRA 模型可以从 $3M$、$6M$、$1Y$、$3Y$、$5Y$、$7Y$、$10Y$ 国债收益率中提取出分别反映短、中和长期国债收益率的因子，并与地方性债务规模变量联合建模，考察地方性债务规模扩张对短、中和长期因子的动态影响。同时，DRA 模型的结果也可与式（6 – 1）比对，验证研究结论的稳健性。

具体地，尼尔森和辛格（Nelson & Siegel，1987）提出的期限结构模型将各期限国债收益率表示为 4 个待估参数的函数：

$$y_t(\tau) = L_t + S_t \cdot \left(\frac{1-e^{-\lambda\tau}}{\lambda\tau}\right) + C_t \cdot \left(\frac{1-e^{-\lambda\tau}}{\lambda\tau} - e^{-\lambda\tau}\right) \qquad (6-2)$$

L，S，C，λ 为待估参数，τ 为期限。其中，λ 为衰减率，λ 越小，衰

减的速度越慢，模型能够更好拟合长期期限的利率。[①] 而 L, S, C 分别被解释为水平因子、斜率因子和曲度因子（Diebold & Li, 2006）。水平因子 L 衡量长期利率水平，斜率因子衡量短长期利差，曲度因子衡量中期利率水平。然后将潜在三因子与宏观因子联合建立 VAR 模型。根据本书研究的目的，我们在模型中加入的宏观因子除上述控制变量外，还加入城投债净发行量 $D\_outstanding$，即如式（6–3）：

$$
\begin{pmatrix} L_t \\ S_t \\ C_t \\ Macro_t \\ D\_outstanding_t \end{pmatrix} = \begin{pmatrix} a_{11} & \cdots & \cdots & \cdots & a_{1n} \\ \vdots & \ddots & & & \vdots \\ \vdots & & \ddots & & \vdots \\ \vdots & & & \ddots & \vdots \\ a_{n1} & \cdots & \cdots & \cdots & a_{nn} \end{pmatrix} \cdot \begin{pmatrix} L_{t-1} \\ S_{t-1} \\ C_{t-1} \\ Macro_{t-1} \\ D\_outstanding_{t-1} \end{pmatrix}
$$

$$
+ \begin{pmatrix} \eta_t(L) \\ \eta_t(S) \\ \eta_t(C) \\ \eta_t(macro) \\ \eta_t(D\_outstanding) \end{pmatrix} \tag{6–3}
$$

　　式（6–2）和式（6–3）构成了 DRA 模型的关键部分。本书在模型中加入的宏观变量向量包括上文中控制变量，即 $Macro_t = (r_t, growth_t, inflation_t, de\_TBdemand_t, de\_TBoustanding_t)'$。将样本期分成 2009 年 1 月至 2014 年 10 月和 2014 年 11 月至 2018 年 6 月两个子样本，采用迪博尔德和李（Diebold & Li, 2006）两步法估计，通过比较式（6–3）中系数矩阵的估计结果以及脉冲响应函数，分析水平因子 L、斜率因子 S 和曲度因子 C 对 $D\_outstanding_{t-1}$ 冲击的响应差异。

　　本书选择 2009 年 1 月至 2018 年 6 月的月度数据为研究对象，共计 114 个观测值。3 个月、6 个月、1 年、3 年、5 年、7 年和 10 年期的国债收益率数据来源于中国债券信息网；宏观数据来自中经网统计数据库；城

[①]　借鉴迪堡德和李（Diebold & Li, 2006）的做法，本书设定 $\lambda = 0.0609$，曲度因子在 30 个月时达到最大。

投债发行和到期数据来自于 RESSET 数据库。

2. 实证结果分析

（1）城投债净发行量对关键期限国债收益率的影响。以关键期限 3 个月、6 个月、1 年、3 年、5 年、7 年和 10 年期国债收益率为被解释变量，基于式（6 - 1）考察地方性债务扩张对国债是否存在溢出效应，以及 43 号文的颁布对溢出效应的影响。模型的回归结果中报告的是经 HAC 稳健标准误而计算的统计量，BG 检验的结果显示模型不存在自相关问题。式（6 - 1）的估计结果如表 6 - 2 所示。

表 6 - 2　　　　　　城投债净发行量对国债收益率的影响

被解释变量	(1) TB_3M	(2) TB_6M	(3) TB_1Y	(4) TB_3Y	(5) TB_5Y	(6) TB_7Y	(7) TB_10Y
$D.\ outstanding_{t-1}$	0.020 *** (4.02)	0.020 *** (3.95)	0.020 *** (3.78)	0.010 ** (2.08)	0.004 (0.90)	0.003 (0.83)	0.001 (0.37)
$Policy \times$ $D.\ outstanding_{t-1}$	- 0.023 *** (- 3.67)	- 0.023 *** (- 3.80)	- 0.021 *** (- 3.54)	- 0.011 * (- 1.92)	- 0.004 (- 0.90)	- 0.003 (- 0.62)	- 0.002 (- 0.44)
$policy$	0.202 ** (2.61)	0.190 ** (2.62)	0.184 *** (2.65)	0.063 (1.12)	0.007 (0.14)	0.001 (0.02)	- 0.012 (- 0.28)
r	0.252 *** (10.21)	0.192 *** (8.05)	0.160 *** (4.51)	0.080 *** (4.19)	0.062 *** (3.71)	0.052 *** (3.46)	0.047 *** (3.36)
$inflation$	- 0.003 (- 0.22)	0.004 (0.32)	0.013 (0.99)	- 0.008 (- 0.68)	- 0.014 (- 1.15)	- 0.013 (- 1.18)	- 0.017 * (- 1.86)
$Growth$	- 0.003 (- 0.03)	- 0.019 (- 0.23)	0.027 (0.35)	0.058 (0.84)	0.062 (0.75)	0.087 (1.27)	0.105 (1.61)
$de\_TBdemand$	- 1.107 (- 0.56)	- 0.240 (- 0.15)	1.144 (0.70)	- 0.337 (- 0.25)	- 0.420 (- 0.31)	- 0.014 (- 0.01)	- 0.249 (- 0.21)
$de\_TBoutstanding$	3.743 ** (2.53)	3.751 *** (2.96)	3.389 *** (3.33)	2.706 *** (2.97)	2.279 ** (2.61)	1.475 * (1.97)	1.555 ** (2.05)

续表

被解释变量	(1) TB_3M	(2) TB_6M	(3) TB_1Y	(4) TB_3Y	(5) TB_5Y	(6) TB_7Y	(7) TB_10Y
TB_{t-1}	0.848 *** (10.04)	0.943 *** (9.30)	0.985 *** (8.74)	1.060 *** (10.62)	1.060 *** (10.89)	1.184 *** (14.06)	1.130 *** (12.37)
TB_{t-2}	−0.172 ** (−2.35)	−0.225 ** (−2.52)	−0.246 *** (−2.68)	−0.213 ** (−2.16)	−0.182 * (−1.81)	−0.296 *** (−3.70)	−0.230 ** (−2.57)
截距项	0.076 (0.76)	0.132 (1.22)	0.127 (1.17)	0.197 * (1.87)	0.224 ** (2.07)	0.217 ** (2.03)	0.208 (1.54)
样本量	112	112	112	112	112	112	112
调整 R 方	0.941	0.948	0.946	0.931	0.910	0.915	0.922
F 统计量	178.678	202.524	195.056	150.547	113.391	120.113	132.197
残差序列 ADF 统计量	−9.48 ***	−9.72 ***	−10.25 ***	−10.08 ***	−10.73 ***	−10.77 ***	−11.01 ***
BG 自相关检验 P 值	0.137	0.262	0.793	0.372	0.448	0.475	0.162

注：各期限国债收益率作为被解释变量，单位是%。括号中为异方差自相关稳健标准误（HAC）计算得到的 T 统计量，* 、** 、*** 分别表示系数在10%、5% 和1% 的水平上显著。各模型残差序列的 ADF 统计量显示残差序列在 1% 的水平上平稳；BG 检验的原假设为 "残差序列不存在自相关"，各模型 P 值表明无法拒绝原假设。

表 6 - 2 中每一列表示以上述期限国债收益率为被解释变量的估计结果。结果显示，模型的拟合效果较好，调整的 R 方均在 0.9 以上。关键解释变量 $D\_outstanding_{t-1}$ 对 3 个月、6 个月和 1 年期国债收益率的影响在 1% 的水平上显著为正，对 3 年期国债收益率的影响在 5% 的水平上显著为正，这一结果与前文假设式（6 - 1）中 "$\beta_1 > 0$" 的预期相符。由于 $D\_outstanding_{t-1}$ 衡量的实际是城投债的净发行量，由回归结果可见，城投债净发行量增加，会显著提升下一期的短中期国债收益率。对于 3 个月、6 个月和 1 年期国债而言，在政策颁布之前，城投债净发行量每增加 100 亿，就会使下一期相应的国债收益率上升 0.02%，即 2bp；对于 3 年期国债而言，净发行量增加导致收益率的上升幅度为 1bp。在 3 个月、6 个月、1

年期和 3 年期国债收益率的回归模型中，政策变量 policy 与 $D\_outstanding_{t-1}$ 的交乘项对国债收益率的影响显著为负，即式（6-1）中 $\delta < 0$。这说明，政策的变化改变了城投债规模扩张对国债的溢出效应。对 3 个月期国债而言，在 43 号文颁布前，城投债净发行量 $D\_outstanding_{t-1}$ 前的系数为 0.02，溢出效应显著为正，但在 43 号文颁布之后，$D\_outstanding_{t-1}$ 对国债影响的净效应为 -0.003（$=\beta_1 + \delta = 0.02 - 0.023$），城投债净发行量增加反而降低国债收益率，但影响程度非常小，城投债净发行量增加 100 亿，3 个月期国债收益率降低 0.3bp。同理，对 6 个月期、1 年期和 3 年期国债而言，在政策颁布之后城投债净发行量对国债影响的净效应均为负，城投债净发行量的增加分别使 6 个月、1 年期和 3 年期国债收益率降低 0.3bp、0.1bp 和 0.1bp。

以上结果印证了前文的分析，即城投债规模的扩张会对国债市场产生溢出效应，能够显著提升国债收益率，但 43 号文的颁布降低这种溢出效应。对此，本书认为由于在 2014 年 10 月之前，市场对于以城投债为代表的地方政府性债务扩张有着强烈的"信心"，认为中央会在地方政府出现危机时伸出援手予以化解，这在过往的研究得到证实，城投债的收益率价差反映的是中国的整体违约风险而非各地方政府的违约风险（王永钦等，2016）。反之，中央财政状况也受到地方政府债务情况的影响，地方政府性债务的扩张会增加地方债风险，增加未来中央救助地方政府的可能性，从而提升中央的融资成本，即国债收益率上升；但在 2014 年 10 月以后，地方债务治理政策的颁布改变了市场对城投债的担保预期，原则上不救助陷入危机的地方政府的承诺降低了城投债对短中期国债的溢出效应。

虚拟变量 policy 对 3 个月、6 个月和 1 年期国债收益率的影响系数在 1% 的水平上显著为正。变量 policy 前的系数说明的是其他条件不变的情况下，43 号文颁布前后国债收益率的变化，3 个月、6 个月和 1 年期国债收益率均值分别比政策颁布之前上升了 20.2bp、19bp 和 18.4bp。变量 policy 前的系数不仅反映政策的变动，同时也捕捉了宏观因素变化、时间趋势对国债收益率的影响。控制变量中，国债收益率的变化受到自身滞后期的影响显著，当期国债收益率倾向于维持上一期收益率的走势（表现为

TB_{t-1} 的影响显著为正，接近于 1 ），并根据滞后 2 期的收益率稍做反向调整（ TB_{t-2} 的影响显著为负，且远小于 TB_{t-1} 的系数）。变量 r 为银行间同业拆借加权平均利率，对短、中和长期国债的影响均显著为正，影响强度随着国债期限的增加而减弱，r 衡量市场利率水平，国债收益率与市场利率水平呈同方向变动。通货膨胀率 inflation 对 10 年期国债的影响显著为负，经济增长率对国债没有显著影响。由于衡量国债供给和需求因素的变量 $TB\_outstanding$ 和 TB_demand 具有明显的时间趋势，在回归之前对这两个变量进行了去趋势处理，回归结果显示，国债供给因素对各期限国债收益率的影响均显著为正，表明国债供给增加，国债收益率上升。以上结果均与理论预期相符。

（2）城投债规模与国债收益率曲线因子：DRA 模型。上一小节基于式（6－1）的估计结果显示，城投债的规模因素对 3 个月期、6 个月期、1 年期和 3 年期国债存在显著的溢出效应，而政策变化显著改变了对上述期限国债的溢出效应。本节我们基于 DRA 模型考察城投债规模扩张对于国债收益率曲线整体特征的影响。我们将样本按照政策文件（43 号文）颁布的时间分为两个子样本，before 为 2009 年 1 至 2014 年 10 月，是政策颁布前的样本；after 为 2014 年 11 至 2018 年 6 月，是政策颁布之后的样本。基于式（6－2）计算出每一时点上国债收益率曲线的潜在三因子，即水平因子、斜率因子和曲度因子，然后根据式（6－3），将三因子与宏观因子和城投债净发行量 $D\_outstanding_{t-1}$ 构建 VAR（1）模型。VAR 模型的系数矩阵所有特征值均落在单位圆之内，表明此 VAR 模型是稳定的。表 6－3 报告了式（6－3）中系数矩阵的估计结果，由于 VAR 模型中估计方程较多，为了便于分析，我们在此只呈现了模型中的水平因子 L，斜率因子 S 和曲度因子 C 的估计结果。完整的估计结果可向作者索要。我们重点关注的是 $D\_outstanding_{t-1}$ 对于三个因子的影响。从表 6－3 的结果中可以看出，在第一个子样本 before 中，$D\_outstanding_{t-1}$ 对斜率因子 S 和曲度因子 C 在 5% 的水平上都有显著正向影响。但是在政策颁布之后的子样本 after 中，$D\_outstanding_{t-1}$ 对三个收益率因子的影响均不显著。

表 6 – 3 VAR 模型系数矩阵估计结果

被解释变量	L：水平因子		S：斜率因子		C：曲度因子	
	before	after	before	after	before	after
L_{t-1}	0.942 *** (14.66)	0.913 *** (9.82)	− 0.269 ** (− 2.01)	- 0.327 ** (− 2.13)	0.563 *** (2.74)	0.066 (0.28)
S_{t-1}	0.088 * (1.67)	0.096 (0.92)	0.645 *** (5.90)	0.208 (1.21)	0.280 * (1.66)	0.068 (0.26)
C_{t-1}	0.023 (0.73)	0.054 (1.05)	0.076 (1.14)	− 0.010 (− 0.12)	0.563 *** (5.53)	0.581 *** (4.50)
$D\_outstanding_{t-1}$	− 0.014 (− 1.53)	− 0.003 (− 0.99)	0.028 ** (2.33)	2.4E − 04 (0.05)	0.038 ** (2.05)	0.007 (0.88)
r_{t-1}	5.0E − 05 (0.0014)	− 0.044 (− 0.50)	0.103 (1.33)	0.438 *** (2.99)	− 0.033 (− 0.28)	0.091 (0.40)
$inflation_{t-1}$	− 0.048 *** (− 3.29)	0.038 (0.58)	0.038 (1.24)	− 0.127 (− 1.18)	0.051 (1.08)	− 0.139 (− 0.85)
$Growth_{t-1}$	0.109 (1.54)	− 0.020 (− 0.08)	0.094 (0.64)	− 0.013 (− 0.03)	0.063 (0.28)	− 0.394 (− 0.64)
$de\_TBdemand_{t-1}$	− 0.899 (− 0.36)	− 0.528 (− 0.17)	− 6.908 (− 1.31)	2.191 (0.43)	− 5.816 (− 0.72)	2.070 (0.26)
$de\_TBoutstanding_{t-1}$	1.305 (0.99)	− 0.657 (− 0.36)	− 0.405 (− 0.15)	8.217 *** (2.76)	4.735 (1.12)	3.044 (0.67)
截距项	0.539 ** (2.06)	0.522 (1.21)	0.081 (0.15)	− 0.445 (− 0.62)	− 2.815 *** (− 3.36)	− 0.273 (− 0.25)

图 6 – 8 汇报的是正交化的脉冲响应结果。第一列是政策颁布之前的样本的脉冲响应结果，从上到下依次为水平因子 L、斜率因子 S 和曲度因子 C 对于 D_outstanding 冲击的响应；第二列是政策颁布之后样本的脉冲响应结果。图 6 – 8 中上下虚线之间表示置信水平为 95% 的区域，虚线之间的区域如果包含 y 轴为 0 的水平线则表示冲击的影响程度与 0 无异。横轴表示 36 个月的响应时间。图像显示，在 2009 年至 2014 年 10 月的样本中，来自城投债净发行量 D_outstanding 的冲击在期初及随后的 6 个月内会对斜率因子 S 产生显著正向的影响，在第 3 期达到最大，随后逐渐减弱为零；对曲度因子的影响较为短暂，仅在第 1、第 2 期产生显著的正向影响，随后迅速

衰减为 0；而水平因子 L 受 $D\_outstanding$ 的冲击不显著。由于斜率因子代表国债短期利率与长期利率之差，通常为负值，所以在长期利率（水平因子）不变的情况下，斜率因子上升说明短长期利差缩小，即短期利率上升。换言之，来自 $D\_outstanding$ 的正向冲击，会导致短期利率的上升；而曲度因子衡量中期利率[①]，来自 $D\_outstanding$ 的正向冲击导致曲度因子上升，说明提高了中期利率。而在 2014 年 11 月至 2018 年 6 月的样本中，$D\_outstanding$ 对水平因子 L、斜率因子 S 和曲度因子 C 在各期均没有显著影响。以上结果说明，在政策颁布之前，城投债规模的扩张显著提升了短中期利率，但对长期利率没有影响；政策颁布之后，城投债规模的扩张对国债短、中和长期利率均没有影响。基于脉冲响应函数的分析结果与式（6-1）的回归结果一致。[②]

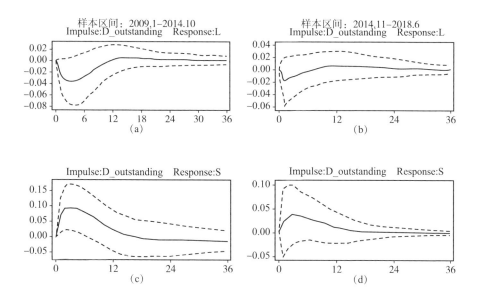

---

　　①　实证研究中，使用 $2y_t(24) - y_t(3) - y_t(120)$ 作为曲度因子的代理变量，即两年期收益率的 2 倍减去 3 个月期和 10 年期国债。曲度因子的增加对于短期和长期收益率的影响很小，但会提升中期收益率。

　　②　脉冲响应分析结果取决于模型中变量的排序，检验模型结论的稳健性，我们改变变量向量的排序，结果并未发生明显改变，$D\_outstanding$ 对水平因子 L、斜率因子 S 和曲度因子 C 的影响方向及强度没有随变量排序发生明显改变。

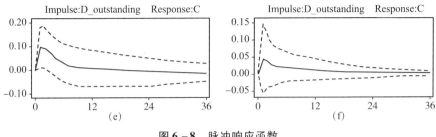

图 6 - 8　脉冲响应函数

（3）稳健性检验，有以下几个方面：

第一，采用城投债余额/GDP 指标考察地方政府性债务扩张的溢出效应。本小节将地方政府性债务扩张的代理变量由城投债净发行量 D_out-$standing$ 替换为城投债余额/GDP。表 6 - 4 报告的是根据式（6 - 1）估计出的城投债余额/GDP 的滞后 1 期对各期限国债收益率的影响。回归结果显示，城投债余额/GDP 的滞后一期 $(SNG\_Debt/GDP)_{t-1}$ 对 6 个月、1 年期和 3 年期国债到期收益率的影响显著为正，溢出效应显著，这一结果与表 6 - 4 的结果相符。而交互项 $Policy \times (SNG\_Debt/GDP)_{t-1}$ 对 6 个月、1 年期和 3 年期国债收益率的影响显著为负，说明政策颁布之后 $(SNG\_Debt/GDP)_{t-1}$ 对上述期限国债收益率的影响系数由 0.771、1.004 和 0.718 依次减弱为 -0.27、-0.044 和 0.001。以一年期国债收益率为被解释变量的结果为例分析，在政策颁布前，城投债余额/GDP 每上升 1%，国债收益率就会上升 1.004%，而在政策颁布后，城投债余额/GDP 对 1 年期国债收益率的影响系数变为 -0.044(=1.004-1.048)，即城投债余额/GDP 上升 1%，1 年期国债收益率下降 4.4BP。政策的颁布减弱了城投债余额/GDP 对国债溢出效应。这一结果与前文的结果一致。

表 6 - 4　　　　　　　　　　SNG_Debt/GDP 对国债收益率的影响

项目	(1) TB_3M	(2) TB_6M	(3) TB_1	(4) TB_3	(5) TB_5	(6) TB_7	(7) TB_10
$(SNG\_Debt/GDP)_{t-1}$	0.567 (1.33)	0.771 * (1.96)	1.004 ** (2.59)	0.718 * (1.88)	0.519 (1.56)	0.390 (1.45)	0.306 (1.20)
$Policy \times$ $(SNG\_Debt/GDP)_{t-1}$	-1.140 *** (-3.31)	-1.041 *** (-2.94)	-1.048 *** (-2.89)	-0.717 ** (-2.05)	-0.523 * (-1.67)	-0.361 (-1.45)	-0.240 (-1.06)

续表

项目	(1) TB_3M	(2) TB_6M	(3) TB_1	(4) TB_3	(5) TB_5	(6) TB_7	(7) TB_10
Policy	0.578 ** (2.46)	0.475 ** (2.22)	0.468 ** (2.13)	0.275 (1.20)	0.195 (0.92)	0.105 (0.59)	0.033 (0.20)
Trend	0.005 (1.36)	0.002 (0.80)	−3.3e−04 (−0.12)	−0.001 (−0.27)	−0.001 (−0.33)	−4.4e−04 (−0.22)	−4.8e−04 (−0.24)
r	0.251 *** (9.37)	0.189 *** (7.70)	0.154 *** (4.20)	0.068 *** (3.19)	0.047 ** (2.48)	0.037 ** (2.15)	0.034 ** (2.18)
inflation	0.009 (0.60)	0.017 (1.23)	0.029 ** (2.06)	0.003 (0.22)	−0.007 (−0.53)	−0.007 (−0.64)	−0.014 (−1.45)
Growth	0.034 (0.47)	0.004 (0.06)	0.035 (0.50)	0.064 (0.96)	0.081 (0.96)	0.098 (1.38)	0.123 * (1.85)
de_TBdemand	1.604 (0.84)	2.264 (1.43)	3.633 ** (2.35)	1.331 (0.76)	0.786 (0.43)	0.710 (0.42)	0.178 (0.11)
de_TBoutstanding	3.932 ** (2.59)	4.170 *** (2.74)	4.063 *** (2.94)	3.424 *** (2.90)	3.132 *** (3.02)	2.086 ** (2.37)	2.101 ** (2.53)
TB_{t-1}	0.755 *** (10.13)	0.856 *** (10.19)	0.901 *** (8.95)	1.003 *** (13.12)	1.017 *** (12.97)	1.135 *** (14.92)	1.095 *** (14.18)
TB_{t-2}	−0.194 *** (−2.72)	−0.238 *** (−3.04)	−0.250 *** (−3.26)	−0.225 ** (−2.62)	−0.189 ** (−2.17)	−0.288 *** (−4.10)	−0.219 *** (−2.82)
截距项	−2.682 (−1.34)	−1.189 (−0.72)	0.335 (0.21)	0.682 (0.45)	0.732 (0.52)	0.555 (0.45)	0.523 (0.43)
样本量	112	112	112	112	112	112	112
调整 R 方	0.946	0.952	0.950	0.935	0.915	0.918	0.925
F 统计量	178.320	200.342	192.831	146.947	109.111	114.602	124.950
残差序列 ADF 统计量	−9.55 ***	−9.56 ***	−10.00 ***	−9.97 ***	−10.82 ***	−10.77 ***	−11.12 ***
BG 自相关检验 P 值	0.181	0.159	0.473	0.279	0.365	0.472	0.114

注：各期限国债收益率作为被解释变量，单位是%。括号中异方差自相关稳健标准误（HAC）计算得到的 T 统计量，*、**、*** 分别表示系数在10%、5%和1%的水平上显著。由于变量（SNG_Debt/GDP）存在时间趋势，因此在模型中加入了时间趋势项 trend。各模型残差序列的 ADF 统计量显示残差序列在1%的水平上平稳；BG 检验的原假设为"残差序列不存在自相关"，各模型 P 值表明无法拒绝原假设。

第二，国债收益率序列结构突变点检验：上文的分析是根据地方政府债务治理政策的变化时点定义虚拟变量 policy，研究政策变化对地方性债务溢出效应的影响。本节检验将溢出效应的结构突变点设定在 2014 年 10

月是否合理。本书的样本区间是 2009 年 1 月至 2018 年 6 月，我们在其中选择子区间 2010 年 5 月至 2017 年 1 月，[①] 对结构突变点进行搜索，即逐次回归，将 2010 年 5 月作为结构突变点，设定 2010 年 5 月及以后 policy 变量为 1，之前为 0，回归得到式（6-1）中 β_1 和 δ 的联合显著性检验的 F 统计量，之后再以下一个月为结构突变点进行如上操作，依此类推直到 2017 年 1 月。取 F 统计量最大值，对比 QLR 统计量临界表，据此判断是否接受"序列无结构变动的原假设"。以 1 年期国债为被解释变量的模型为例，结果表明，经以上格点搜索结果得到的最大 F 统计量为 8.576，对应的结构突变点恰好为 43 号文政策颁布的时点 2014 年 10 月，大于 QLR 统计量 1% 的临界值 7.78，且拒绝了"序列无结构变动"的原假设。图[②] 6-9 显示了上述方法计算得到的 F 统计量的变动范围。

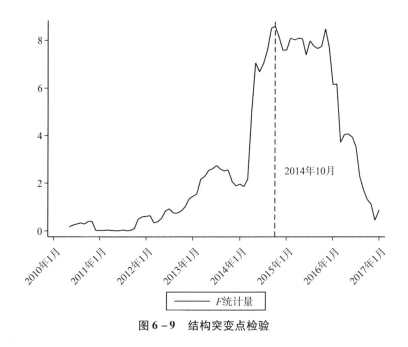

图 6-9　结构突变点检验

① 匡特似然比统计量检验方法，通常设置检验的起始点为 $0.15 \times T$，终点为 $0.85 \times T$。T 为样本长度，本书中 $T = 114$。

② 横坐标为时间，表示以该月份定义结构突变的虚拟变量，即在该月及之后，虚拟变量赋值为 1，在该月之前，虚拟变量赋值为 0。

3. 结论与启示

中央对地方政府性债务的隐性担保责任，使得地方债务扩张成为中国财政和金融领域系统性风险的隐忧。王永钦等（2016）认为，地方政府性债务的违约风险问题的焦点是，一旦地方融资平台违约，地方财政将难以填补窟窿，地方政府与商业银行必将陷入危机，从而促使中央政府救援，其结果无非是通过各种方式（比如，向银行系统注入资本金，成立新的资产管理公司以帮助银行剥离不良资产，甚至帮助地方政府还款），将地方政府性债务与商业银行不良资产，转变为地方政府的当期财政赤字与中央政府的累积政府债务，这会为地方和全国的经济发展带来深远的负面影响。由于数据的不透明性和中央—地方关系的复杂性，理论界对中国地方政府性债务溢出效应的研究大多是基于商业银行贷款渠道构建理论模型进行分析。而本节则以债券市场信息，选择城投债余额数据作为反映地方政府性债务规模的市场化变量，采用线性回归模型和 DRA 模型实证研究地方政府性债务扩张对国债收益率的溢出效应以及地方债务治理政策对溢出效应的影响。主要的估计结果显示：城投债规模扩张对短中期国债收益率有显著的正向影响；而国务院 43 号文等地方债务治理政策的颁布，降低了市场对城投债的隐性担保和救助预期，导致城投债规模扩张对国债市场的溢出效应减弱。

值得注意的是，上述结论只是基于样本期内的城投债规模数据；仍需要警惕地方债务规模风险累积带来的系统性风险，在未来一定条件下可能导致国债的风险溢价急剧上升，进而造成地方债务对国债收益率的溢出效应扩大。另外，地方性政府债务扩张对国债市场的溢出效应还取决于地方政府债务风险外溢行为的制度约束是否能够持续有效地贯彻和执行。尽管近期以来，多个政策性文件已经向市场传达了中央政府对地方政府债务不担保不救助的信号，但不可否认的是现行分权体制下地方政府面临巨大的财政压力。从这个意义上讲，在党的十九大报告提出建立"权责清晰、财力协调、区域均衡"的央地财政关系的基础上，加快地方政府财政体制的供给侧结构性改革，推进构建"财权—事权对等"的央地财政关系，有助于形成地方政府融资的长效约束机制。而本书所发展的实证方法——通过考察市场化的城投债规模对国债收益率的影响来测度地方政府性债务的溢出效应，对于我们理解中国地方政府债务风险、构建即时有效的地方政府性债务风险预警和防范机制具有参考价值。

6.3 地方政府债务置换对货币政策的影响

6.3.1 中国地方政府债务置换概述

针对快速增长的地方政府债务，特别是地方政府融资平台所积累的债务风险，国务院在 2014 年 10 月印发《国务院关于加强地方政府性债务管理的意见》，明确"对甄别后纳入预算管理的地方政府存量债务，各地区可申请发行地方政府债券置换，以降低利息负担，优化期限结构，腾出更多资金用于重点项目建设"。这是首次提出地方政府债务置换的概念。其具体方式是各省在财政部规定的限额之内，发行利率较低、期限较长的地方政府债券，以置换前期形成的利率较高、期限较短的商业银行贷款和城投债等地方政府存量债务。2015 年 3 月，财政部向地方下达 1 万亿地方政府债券额度置换存量债务，置换范围是 2013 年政府性债务审计确定截至 2013 年 6 月 30 日的地方政府负有偿还责任的存量债务中在 2015 年到期需要偿还的部分。自此，地方政府债务置换拉开序幕。2016 年以后，中央不再硬性下达置换额度，置换原则上由省级政府根据偿债需要、市场情况自行确定。2015 年至 2018 年之间，各地政府共发行了 12.2 万亿元的地方政府置换。发行量各年的变化情况如图 6 - 10 所示。由图 6 - 10 可见，2015 ~ 2016 年是置换债券发行的高峰年度，2017 年开始发行有所回落。2018 年 8 月剩余的地方政府债务置换完成。

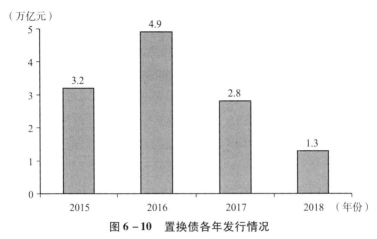

图 6 - 10　置换债各年发行情况

资料来源：Wind 数据库。

目前，地方置换债券的发行方式包括公开发行和定向发行两种，其中定向发行指的是定向承销，公开发行则包括招标和公开承销。发行流程，一般需要经过信用评级——组建债券承销团、确定主承销商——招标/承销——发行定价——缴款——登记托管——上市交易等几个阶段。根据相关规定，地方置换债券的发行款均需缴入国家金库省（自治区、直辖市、计划单列市）一级分库对应账户，相关登记托管通过中央国债登记结算系统完成，债券发行时，缴款清算通过金融市场支付清算系统完成。因此，如果置换债券的认购方是商业银行，地方置换债券发行缴款时的资金流动的形式是商业银行在中央银行的超额准备金直接转入国家金库省（自治区、直辖市、计划单列市）一级分库对应账户；进行债务置换时，资金则从国家金库省（自治区、直辖市、计划单列市）级分库直接拨付至地方政府债务融资主体（比如地方政府融资平台）的银行账户，由相关主体进行还款。在地方政府置换债券到期偿还时，其流程与发行流程相似。还本资金先缴入国家金库省（自治区、直辖市、计划单列市）级分库，然后通过金融市场支付清算系统完成还本，最终资金进入商业银行准备金账户和非银行机构存款账户。如果置换债券的购买主体是非银行机构，其清算过程则通过商业银行进行。

地方政府债务置换后，原来即将到期须偿还的债务，可以展期 3～10

年才偿还；同时，置换后支付的利息较置换前平均降低了20%~56%，继而减轻了过去地方政府债务过重的利息负担，进一步调整了债务错配的期限，大大地缓解了地方政府的还债压力，为地方政府调整优化产业结构，增加财政实力赢得了时间和空间。从银行的角度，地方债券置换从国家层面进一步明确了地方政府负有偿还银行贷款责任的债务，减缓了银行不良贷款发生的速度，缓释了银行信贷风险，有利于银行盘活信贷存量，防止在建项目资金链破裂，避免对当地经济产生重大冲击。同时地方政府债券作为较高信用等级资产进入商业银行，这有效降低了金融系统性风险。

6.3.2　地方政府债务置换影响货币政策的基本框架——基于银行资产负债表的分析

地方政府债务置换对货币政策的影响效果取决于置换方式、中央银行相关政策配合等多方面因素。根据国务院相关规定，地方债发行采取定向承销与公开招标发行两种方式。理论上看，定向承销方式直接面向特定贷款银行，实质上相当于将银行贷款直接转换为政府债券，债权人和债务人未发生改变，在银行资产负债表中表现为资产项目中债券资产增加和同规模的贷款资产减少。银行贷款的置换可看作对企业的续贷：银行资产方变动上，经历了"银行超储减少 - 债券持有增加 - 贷款被偿还、相应等量减少"的过程，最后只是发生了"贷款→债券"的变化，相当于用债券对原有贷款续借，规模并不发生改变。例如，一个商业银行简单的资产负债表可表示如图6-11所示。

资产	负债
存款准备金 R	存款 D
贷款 L	所有者权益 E
债券 B	

图6-11　商业银行简化的资产负债表

其中，银行负债只有存款 D，所有者权益为 E，银行资产方由贷款 L、

债券 B 和存款准备金 R 组成。满足资产负债表等式 $D + E = L + B + R$。假设定向承销方式发行额度为 q，则：$D + E = (L - q) + (B + q) + R$，即：$D + E = L + B + R$。可见，银行资产负债表负债项目未发生变化，对货币供应量没有影响。类似地，在央行的资产负债表中，政府存款先增加再等量减少，规模也不变，整个过程没有增加货币供给。

但值得注意的是，在定向承销方式的实际操作过程中，地方债置换仍可能通过以下机制对货币市场流动性、甚至货币供给量造成冲击或影响。具体的机制包括：

（1）国库收支存在时间错配。由于央行履行经理国库的职能，"国库存款"对应央行资产负债表的"政府存款"，地方置换债券发行款缴入国库，债务置换时从国库支出，债券发行资金到位和被置换债务偿还、进而国库存款收支过程存在时间的错配，导致央行资产负债表中政府存款发生变动，对银行体系流动性产生影响。

（2）债券发行与存量债务置换的实施存在着显著的时差。2015 年 5 月启动的地方政府债务置换分为两个阶段：2015 年的到期发行置换债券、2016～2017 年允许提前发行置换债券。无论是哪一种，从省级政府安排债券发行、分配债券额度，到资金到位，再到实际债务置换完成，资金到位时间与存量债务到期、置换开始实施的时间往往存在着很大的偏差，导致地方债务置换对债券市场产生了较大冲击。特别是自 2016 中期开始允许提前发行置换债券，使得债券发行与实际置换时间错配的情况增多，更容易造成财政性存款的滞留并影响金融机构资产负债表波动，其影响程度取决于资金管理的规范性以及时间差。实际操作中，置换债券所募集的资金既有直接交付企业，也有规范性的由地方财政部门负责具体债务的偿还。如果是前者，由于债务尚未到期，企业存款增加，M1 扩大；如果是后者，公开发行置换债券的募集资金可能同时存在于国库存款和其他财政性存款中。在置换债资金上缴国库的情况下，商业银行消耗超储配置地方政府债券，负债端财政性存款暂时增加，但由于采用 100% 的准备金缴存比例，虽然金融机构的资产负债表规模未变，但过去的超储通过"持有债券－财政资金上缴"转变为法定准备金，流动性收紧。这部分国库资金只有通过财政部门的债务支出（预算支出的一部分）才能重新回到流通领域；而在置换募集资金存入其他财政性存款或者企业存款（上述不规范的做法）的情况下，商业银行按照一般性存款缴存准备金，存款增加的同时也是意味着信用派生的进行，该过程类似于银行增加借贷，商业银行资产规模将继续扩大，并反映在 $M1$ 的快速增长。在当前我国债券市场规模相对较小，数万亿元的地方债置换规模可能由于时间的错配造成货币市场资金利率的剧烈波动，需要央行短期流动性管理来冲销相关冲击。

例如，有研究报告显示[①]：粗略估计，2016 年 3 月份以来地方政府债务置换对央行政府存款带来的增量规模 700 亿～3400 亿元不等。相比于央行的政府存款，债务置换对于其他金融机构的财政性存款造成的波动仅体现在部分月份，主要是公开置换债券发行量较大的 3 月、4 月和 6 月，预估额外带来的增量资金大约为 1440 亿元、2490 亿元和 338 亿元左右。另外，在置换资金大比例上缴期间，货币市场利率的波动幅度明显增加。唐仲（2017）对地方债置换的货币效应进行了实证评估。结果显示：由于少量置换资金滞留国库，2015～2016 年地方债置换事实上对银行体系的流动性有一定影响，初始冲击在 6000 亿元/年至 7500 亿元/年之间；财政部门国库现金管理、加快支出节奏、盘活存量资金的系列措施"对冲"了部分流动性影响；地方债置换能创造的 M2 总量约为 2.4 万亿元，按三年计算约为 8000 亿元/年，长远来看这部分货币会"沉淀"下来；地方债置换意外推动了地方政府国库现金管理的发展，对货币政策实施可能产生长远影响，地方债置换在一定程度上加大了国库管理难度，扰动了货币金融指标，挤压了货币政策空间。

（3）银行风险资产结构变化。从货币政策的角度看，我国以银行信贷为主的间接融资结构仍未改变，信贷渠道在我国货币政策传导机制中仍起到关键作用。尽管地方政府债务置换本身并不造成商业银行资产负债表的扩张，只是资产方内部的结构调整，对地方政府的贷款减少，而持有的地方政府债券增加。但是银行所持有的地方融资平台银行贷款的风险权重为100%；而置换进来的地方政府债券的风险权重则仅为 20%。将高风险权重（高权益比例要求）的地方政府融资平台债务置换为低风险权重（低

---

① 民生证券：《债务置换对银行资产负债表的影响》，2016 年 11 月 21 日研究报告。

权益比例要求）的地方政府债券，有助于减少银行风险资产规模、提高资本充足率，造成银行可贷资金的增加，而银行信贷具有信用创造功能，银行在增加贷款的同时创造着新的存款，新的存款的增加又可再次放出贷款，如此循环引起信用持续扩张，进而导致货币供应量的变化。

张晓斌（2016）构建了地方政府债务置换影响银行信贷及货币供给的简单数理模型。假定银行负债只有存款 D，所有者权益为 E，银行资产方由贷款 L、债券 B 和存款准备金 R 组成。

满足资产负债表：

$$D + E = L + B + R \tag{6-4}$$

存款规模要满足于存款准备金率 k 的要求，进而有：

$$R = k \times D \tag{6-5}$$

银行资产方要满足于巴塞尔协议关于资本充足率的监管要求，a_1 对应着贷款 L 的权益要求比率，a_2 对应着债券 B 的权益要求比率。

$$E = a_1 \cdot L + a_2 \cdot B \tag{6-6}$$

银行基于市场情况以及自身管理目标等因素决定资产在 L 与 B 之间的配置，假定债券与贷款的比率为 b，而 b 受到贷款利率 i_L 与债券利率 i_b 的利差的影响，利差 $i_L - i_b$ 越大，银行资产配置中持有债券的比重越低。进而有：

$$b = f(i_L - i_b)，其中，f' < 0 \tag{6-7}$$

$$对债券的需求 B = b \cdot L \tag{6-8}$$

另外，假设 C 为流通中的现金，其与存款 D 的比率为 c，进而

$$货币供应量 M：M = C + D \tag{6-9}$$

$$基础货币：H = C + R \tag{6-10}$$

$$流通中的现金：C = c \cdot D \tag{6-11}$$

根据式（6-4）至式（6-7），得出存款与贷款的关系式：

$$D = \frac{1 - a_1 + (1 - a_2) \cdot b}{1 - k} \cdot L \tag{6-12}$$

由式（6-5）、式（6-10）和式（6-11）得出基础货币与存款的关系式：

$$H = (c + k) \cdot D \tag{6-13}$$

将式（6-9）、式（6-11）代入式（6-12），可以得出货币供应量

与贷款的关系式：

$$M = (1 + c) \cdot D = \frac{1 - a_1 + (1 - a_2) \cdot b}{1 - k} \cdot (1 + c) \cdot L \qquad (6 - 14)$$

由式（6－14）可见，对商业银行而言，原来的地方政府融资平台贷款转化为持有地方政府债券，这会导致资产结构中的债券与贷款比率 b 增加，进而导致货币供应量 M 增加。

（4）抵押品再贷款效应。2015 年 5 月，财政部、中国人民银行和银监会联合发布《关于 2015 年采用定向承销方式发行地方政府债券有关事项的通知》，正式将地方债纳入中央国库和地方国库现金管理抵押品范围，并允许地方债纳入央行货币政策操作工具，如常备借贷便利（SLF）、中期借贷便利（MLF）和抵押补充贷款（PSL）的抵押品范围，且可在交易所展开回购交易。商业银行以地方政府债为抵押从中央银行申请相对低利率的再贷款，商业银行的资产负债表出现扩张，体现为资产端的"准备金存款"和负债端的"对中央银行负债"增加；而同时，央行的资产负债表也实现扩张，即资产端的"对其他存款性公司债权"增加，负债端的"其他存款性公司存款增加"，从这个意义上讲，地方政府债券纳入部分货币政策操作的抵（质）押品范围实际上为央行向市场投放基础货币提供了一个新工具。

除了定向招标方式外，地方政府债券也可采取公开招标发行方式、即面向不特定投资者发行。银行与其他机构在债券市场共同参与公开招标购买地方债，银行根据债券利率、资产管理需要等因素决定购买地方政府债券的规模。地方债募集资金后用于归还银行贷款，银行贷款减少，银行可贷资金增加。银行可贷资金的增加，可用于购买债券和发放贷款。由于发放贷款具有信用放大功能，而购买债券无信用放大功能，因此，通过地方债置换后银行资金在贷款与债券之间的配置将导致货币供给效应的变化。但总的来看，地方债置换采取公开招标发行方式对货币供给政策的影响具有不确定性，可能会导致银行原有贷款规模扩张，也可能导致贷款规模收缩，这取决于银行贷款市场上具体的供需环境。

6.3.3　政府债务置换对货币政策效应的影响——基于动态—般均衡模型的分析

本节进一步采用动态一般均衡模型来分析政府债务置换对货币政策效应的影响。国内一些文献在动态一般均衡模型框架下探讨了中国地方政府债务对宏观经济变量的影响。例如，吴盼文（2013）结合我国实际，考察政府性债务扩张对居民家庭、房屋所有者、房地产商、企业家或批发商、资本品厂商、零售商、商业银行、中央银行等经济主体的生产要素配置和行为决策机制，并采用数值模拟方法研究政府性债务扩张这一冲击对金融稳定相关变量的影响，结果显示政府性债务扩张对货币供应和通胀影响较大。在政府性债务的正向冲击下，货币供应量明显上升且影响持续时间较长。政府性债务冲击还导致通胀水平的上升，需要关注政府性债务扩张促进房地产投资扩张和房价上涨，推动资产价格泡沫积累。王仕进和刘杰（2017）以期限溢价为切入点构建 DSGE 模型，考察了政府债务扩张冲击对期限溢价、长债收益率、投资、消费、产出等变量的影响。数值模拟结果表明，政府债务扩张导致期限溢价上升，长期利率上行，社会融资成本上升，投资活动被挤出，产出减少。文章进一步研究了政府债务扩张下的货币政策选择问题，发现盯住期限溢价的货币政策可以减少政府债务扩张所导致的扭曲，提高社会福利。武彦民和竹志奇（2017）认为地方存量债务置换主要在两个方面影响宏观经济。一是大规模低利率的置换债券发行，可以大幅减轻政府债务挤占社会资本的额度，从而使利率下降，造成利率的负向冲击。二是大量的短期债务转化成了中长期债务，这使得财政规则对负债率的反应变得缓慢。基于这两个方面，他们构建了包括家庭、企业、中央银行和财政部门四个主体的 DSGE 模型，模拟地方政府存量债务置换对产出、消费、通货膨胀率等宏观变量的影响。结果显示：地方政府存量债务置换在短期内可以通过利率负向冲击作用来刺激经济，财政规则对于政府负债率的反应延迟也有利于发挥财政扩张政策对经济的周期性调节作用，提高政策效果的持续性。但从中长期角度来看，利率冲击过后，投资、消费和就业的持续下降会使经济出现一段时间的衰退，同时使负债率在较长一段时间内高于稳态水平，造成政府债务负担加重。但这篇文章的缺陷是没有考虑到商业银行部门没有对发生置换的主要部门－商业银行的行为机制进行分析，只是直接给出"地方政府债务置换产生对利率的负向冲击"这一先验判断，然后在给定"利率负向冲击"的情况下，研究其对各宏观变量造成的脉冲影响。朱军等（2018）针对中国金融杠杆、财政高压力的特征，将化减财政压力、保证政府债务可持续性的政府债务管理行为设定为"财政整顿"的概念，构建具有财政压力特征、财政整顿规则和宏观审慎监管的动态随机一般均衡模型，讨论应对债务问题的财政—货币政策，并讨论最优政策选择问题。本节借鉴多门（Tamon，2013）、斯特凡和奥雷利安（Stéphane & Aurélien，2019）及梁琪和郝毅（2019）等文的做法，通过细致描绘商业银行持有的地方政府债务发生置换的微观机制，构建一般均衡模型框架，研究政府债务置换对货币政策效果的影响。

1. 理论模型构建

（1）家庭。假设经济中存在大量无限期生存的家庭，它们通过消费最终品，提供劳动获取工资，通过在银行存款获取利息，购买置换债券获取收益，向政府支付税收，获得来自银行的分红，最大化其跨期效用：

$$\max E_0 \sum_{t=0}^{\infty} \beta \Big(\ln(C_t - bC_{t-1}) - \varphi \frac{N_t(l)^{1+\eta}}{1+\eta} \Big)$$

其中，参数 β 表示主观贴现因子，参数 b 表示家庭外生的消费习惯；参数 φ 表示家庭对闲暇的相对偏好，$1/\eta$ 表示劳动力供给弹性。

家庭的收入来自银行存款利息收入 $r_t^d D_t$、持有置换债券利息收入 $r_t^{z2} \frac{B_t^{z2}}{P_t}$、持有国债收入 $r_t^g \frac{B_t^g}{P_t}$、工资 $w_t(l)N_t(l)$、银行分红 div_t，家庭支出用于消费 C_t、实际存款 D_t、购买置换债券 $\frac{B_t^{z2}}{P_t}$、购买国债 $\frac{B_t^g}{P_t}$、缴纳税收 T_t。

家庭面临的预算约束：

$$C_t + D_t = (1 + \varphi_t^r r_t^d) D_{t-1} + w_t(l)N_t(l) + T_t + div_t$$

φ_t^r 为利率冲击，假设其为 $AR(1)$ 过程，$\log(\varphi_t^r) = \rho^r \log(\varphi_{t-1}^r) + \varepsilon_t^r$。

由效用最大化，我们可求出最优消费、最优实际存款量、最优置换债券持有量、最优劳动供给的一阶条件：

$$\frac{1}{C_t - bC_{t-1}} - \beta b E_t \frac{1}{C_{t+1} - bC_t} = \lambda_t \tag{6-15}$$

$$\lambda_t = \beta E_t [\lambda_{t+1}(1 + r_t^d)] \tag{6-16}$$

最优工资设定：

我们采用卡尔茨（Calvo，1983）定价法，来引入黏性工资的设定，假设有 φ_w 的家庭仍然使用上一期工资，有 $1 - \varphi_w$ 的家庭调整工资，在劳动需求曲线的约束下，家庭选择最优工资最大化其效用：

$$\max E_t \sum_{n=0}^{\infty} (\beta\varphi_w)^n \left(-\varphi \frac{N_{t+n}(l)^{1+\eta}}{1+\eta} + \lambda_{t+n} \left(\frac{W_{t+n}(l)}{P_{t+n}} N_{t+n}(l) \right) \right)$$

$$s.t. : N_t(l) \leqslant \left(\frac{W_t(l)}{W_t} \right)^{-\varepsilon_w} N_t$$

假设所有家庭都最优选择工资 w_t^*，可得一阶条件：

$$w_t^* = \frac{\varepsilon_w E_t \sum_{n=0}^{\infty} (\beta\varphi_w)^n \varphi w_{t+n}^{\varepsilon_w(1+\eta)} \left(\frac{P_{t+n}}{P_t} \right)^{\varepsilon_w(1+\eta)} N_{t+n}^{1+\eta}}{(\varepsilon_w - 1) E_t \sum_{n=0}^{\infty} (\beta\varphi_w)^n \lambda_{t+n} w_{t+n}^{\varepsilon_w} \left(\frac{P_{t+n}}{P_t} \right)^{\varepsilon_w - 1} N_{t+n}^{1+\eta}} \tag{6-17}$$

（2）最终劳动。假设家庭提供异质性劳动力，以打包的形式提供给中间品厂商。假设最终的劳动需求形式如下：

$$N_t = \left(\int_0^1 N_t(l)^{\frac{\varepsilon_w - 1}{\varepsilon_w}} di \right)^{\frac{\varepsilon_w}{\varepsilon_w - 1}} \tag{6-18}$$

其中，ε_w，$0 \leqslant \varepsilon_w \leqslant \infty$ 为不同劳动力之间的替代弹性。

劳动打包者最大化其利润：

$$\max_{N_t(l)} W_t^P \left(\int_0^1 N_t(l)^{\frac{\varepsilon_w - 1}{\varepsilon_w}} dl \right)^{\frac{\varepsilon_w}{\varepsilon_w - 1}} - \int_0^1 W_t(l) N_t(l) dl$$

根据一阶条件，得到个体劳动需求：

$$N_t(l) = \left(\frac{W_t(l)}{W_t} \right)^{-\varepsilon_w} N_t \tag{6-19}$$

根据零利润条件，得到工资指数：

$$W_t = \left(\int_0^1 W_t(l)^{1-\varepsilon_w} dl \right)^{\frac{1}{1-\varepsilon_w}}$$

（3）资本品厂商。假设资本积累方程为：

$$K_t = (1-\delta)K_{t-1} + (1-\Gamma(\tau_t^I))I_t$$

假设投资调整成本为：

$$\Gamma\left(\frac{I_t}{I_{t-1}}\right) = \frac{\varsigma}{2}\left(\frac{I_t}{I_{t-1}}-1\right)^2$$ 其中，ς 为投资调整成本参数。

所产生的利润为：

$$\prod{}_t^k = Q_t^k K_t - Q_t^k(1-\delta)K_{t-1} - I_t$$

资本品厂商最大化其期望利润：

$$\max E_t \sum_{s=0}^{\infty}\beta^s\Lambda_{t,t+s}\left(Q_{t+s}^k\left(1-\Gamma\left(\frac{I_t}{I_{t+s}}\right)\right)I_{t+s} - I_{t+s}\right), \ \Lambda_{t,t+s} = \frac{\lambda_{t+s}}{\lambda_t}$$

则资本厂商投资的一阶条件为：

$$Q_t^k\left(1-\Gamma\left(\frac{I_t}{I_{t+1}}\right)\right)-1-Q_t^k\frac{I_t}{I_{t+1}}\Gamma'\left(\frac{I_t}{I_{t+1}}\right)+\beta E_t\Lambda_{t,t+1}Q_{t+1}^k\left(\frac{I_{t+1}}{I_t}\right)^2\Gamma'\left(\frac{I_{t+1}}{I_t}\right)=0$$

由此，我们可得资本价格方程为：

$$Q_t^k = \cfrac{1}{1-\dfrac{\varsigma}{2}\left(\dfrac{I_t}{I_{t-1}}-1\right)^2 - \varsigma\dfrac{I_t}{I_{t-1}}\left(\dfrac{I_t}{I_{t-1}}-1\right)+\beta E_t\left(\Lambda_{t,t+1}\dfrac{Q_{t+1}^k}{Q_t^k}\left(\dfrac{I_{t+1}}{I_t}\right)^2\varsigma\left(\dfrac{I_{t+1}}{I_t}-1\right)\right)}$$

$$(6-20)$$

（4）中间品厂商。假设中间品厂商的生产函数为 $C-D$ 生产函数：

$$Y_t(j) = A_t(K_{t-1}(j))^{\alpha}N_t(j)^{1-\alpha}$$

其中 A_t 为技术冲击符合 $AR(1)$ 过程，即 $\log(A_t) = \rho^a\log(A_{t-1})+\varepsilon_t^a$

假设中间品厂商以价格 P_t^m 出售其产品，则中间品厂商最大化其期望利润：

$$\max E_t \sum_{i=0}^{\infty}\beta^i\Lambda_{t,t+i}\left(P_t^m A_t(K_{t-1}(j))^{\alpha}N_t(j)^{1-\alpha} + Q_t^k(1-\delta)K_{t-1}(j)\right.$$
$$\left. - (1+r_t^k)Q_{t-1}^k K_{t-1}(j) - w_t N_t(j)\right)$$

根据均衡时的零利润条件，可得资本回报率为：

$$r_t^k = \frac{\alpha P_t^m Y_t(j) + Q_t^k(1-\delta)K_{t-1}(j)}{Q_{t-1}^k K_{t-1}(j)} - 1$$

则一阶条件可写为：

$$K_{t-1}(j) = \frac{\alpha P_t^m Y_t(j)}{Q_{t-1}^k(1+r_t^k)-Q_t^k(1-\delta)} \qquad (6-21)$$

$$N_t(j) = \frac{(1-\alpha)P_t^m Y_t(j)}{w_t} \tag{6-22}$$

以及中间品价格：

$$P_t^m = \alpha^{-\alpha}(1-\alpha)^{\alpha-1}A_t^{-1}(w_t^{1-\alpha}(Q_{t-1}^k(1+r_t^k) - Q_t^k(1-\delta))^\alpha) \tag{6-23}$$

（5）零售品厂商。零售品厂商以价格 P_t^m 从中间品厂商购买商品 Y_t 使其变成最终产品 Y_t，参考卡沃尔（Cavol，1983）和云（Yun，1996），假设每一期有 $1-\psi$ 部分的零售品厂商可以重新定价，剩下 ψ 部分零售品厂商不能重新定价。零售品厂商使自己期望利润最大化：

$$\max_{P_t(j)} E_t \left[\sum_{h=0}^{\infty} (\beta\psi)\Lambda_{t,t+h}\left(\frac{P_t}{P_{t+h}}\right)(P_t(j) - P_{t+h}^m) \right] Y_{t+s}(j)$$

则最优调整价格：

$$P_t^* = \frac{\varepsilon_p}{\varepsilon_p - 1} \frac{E_t \sum_{m=0}^{\infty} (\beta\psi)^m \lambda_{t+m} P_{t+m}^{\varepsilon_p} P_t^{-\varepsilon_p} P_t^m Y_{t+m}}{E_t \sum_{m=0}^{\infty} (\beta\psi)^m \lambda_{t+m} P_{t+m}^{\varepsilon_p-1} P_t^{-\varepsilon_p} Y_{t+m}} \tag{6-24}$$

（6）最终品厂商。我们假设最终品厂商的生产函数为 Dixit-Stiglitz 函数：

$$Y_t = \left(\int_0^1 Y_t(j)^{\frac{\varepsilon_p-1}{\varepsilon_p}} \, \mathrm{d}j \right)^{\frac{\varepsilon_p}{\varepsilon_p-1}},$$

ε_p 为不同中间品之间的替代弹性，$Y(j)$ 为中间品。

通过利润最大化：

$$\max_{Y(j)} P_t Y_t - \int_0^1 P_t(j) Y_t(j) \, \mathrm{d}j$$

得第 j 种中间品价格需求函数：

$$Y_t(j) = \left(\frac{P_t(j)}{P_t} \right)^{-\varepsilon_p} Y_t$$

通过最终厂商的零利润条件的价格函数：

$$P_t = \left(\int_0^1 P(j)^{1-\varepsilon_p} \mathrm{d}j \right)^{\frac{1}{1-\varepsilon_p}} \tag{6-25}$$

（7）商业银行。未发生置换时商业银行资产负债表，如表 6-5 所示。

表 6 – 5   未发生置换时商业银行资产负债表

资金运用	资金来源
地方政府借贷：$Q_t^b \cdot S_t^b$ 资本品厂商借贷：$Q_t^k \cdot S_t^k$	家庭存款：D_t 净资产：N_t

商业银行流动性约束为：

$$Q_t^k \cdot S_t^k + Q_t^b \cdot S_t^b = N_t + D_t$$

我们假定地方政府预期一部分信贷 χ 会发生违约，那么为了规避违约，地方政府把即将违约的那部分信贷置换成地方政府债券 B_t^z，其为商业银行持有，则：

$$B_t^z = \chi Q_t^b S_t^b$$

发生置换后资产负债表，如表 6 – 6 所示。

表 6 – 6   发生置换后资产负债表

资金运用	资金来源
地方政府借贷：$(1-\chi) Q_t^b \cdot S_t^b$ 资本品厂商借贷：$Q_t^k \cdot S_t^k$ 置换债券：B_t^z	家庭存款：D_t 净资产：N_t

则银行净资产：

$$N_{t+1} = (r_{t+1}^k - r_t^d) Q_t^k S_t^k + (r_{t+1}^b - r_t^d)(1-\chi) Q_t^b S_t^b + (r_{t+1}^z - r_t^d) B_t^z + r_{t+1}^d N_t$$

我们假设商业银行归家庭所有，假设商业银行在下一期退出行业的概率为 $1-\theta$，继续经营的概率为 θ，并以随机折现因子 $\beta\Lambda_{t,t+1}$ 折现未来价值，$\Lambda_{t,t+1} = \lambda_{t+1}/\lambda_t$，商业银行的目标函数为最大化其价值函数（未来净资产的期望值）：

$$V_{t+1} = E_t \sum_{i=1}^{\infty} (1-\theta) \theta^{i-1} \beta \Lambda_{t,t+i} N_{t+i}$$

商业银行的贝尔曼方程可以表示为：

$$V_t = \max E_t [\beta \Lambda_{t,t+1} ((1-\theta) N_{t+1} + \theta V_{t+1})]$$

即，$V_t = E_t \beta \Lambda_{t,t+1} \left[(1 - \theta) N_{t+1} + \theta \max V_{t+1} \right]$

我们假设以上贝尔曼方程的解为以下线性形式：

$$V_t = \nu_t^k Q_t^k S_t^k + \nu_t^b (1 - \chi) Q_t^b S_t^b + \nu_t^{z1} B_t^{z1} + \nu_t^n N_t$$

为了防止贷款无限制的增长，商业银行会在期初把 α 部分的资产给家庭，保留 $1 - \alpha$ 部分的资产。那么银行想要继续经营会有动机约束：

$$V_t \geqslant \alpha \left(Q_t^k S_t^k + (1 - \chi) Q_t^b S_t^b + B_t^{z1} \right)，即：$$

$$\nu_t^k Q_t^k S_t^k + \nu_t^b (1 - \chi) Q_t^b S_t^b + \nu_t^{z1} B_t^{z1} + \nu_t^n N_t \geqslant \alpha \left(Q_t^k S_t^k + (1 - \chi) Q_t^b S_t^b + B_t^{z1} \right)$$

令银行杠杆率：$\phi_t = \dfrac{\nu_t^n}{(\alpha - \nu_t^k)}$

可得商业银行最大化其利润函数的一阶条件为：

$$\nu_t^n = E_t \left[\Omega_{t+1} (1 + r_{t+1}^d) \right] \tag{6-26}$$

$$\nu_t^k = E_t \left[\Omega_{t+1} (r_{t+1}^k - r_{t+1}^d) \right] \tag{6-27}$$

$$\nu_t^b = E_t \left[\Omega_{t+1} ((1 - \chi) r_{t+1}^b - r_{t+1}^d) \right] \tag{6-28}$$

$$\nu_t^{z1} = E_t \left[\Omega_{t+1} (r_{t+!}^{z1} - r_{t+1}^d) \right] \tag{6-29}$$

$$\Omega_{t+1} = \beta \Lambda_{t,t+1} E_t \left[(1 - \alpha) + \alpha (\gamma^n + \gamma^k \phi_{t+1}) \right] \tag{6-30}$$

（8）地方政府。

基于本书的研究问题，我们假设地方政府的目标函数为跨期追求支出最大化，表示为：

$$\max E_0 \sum_{t=0}^{\infty} \beta \left(\ln \left(G_t^g - b^g G_{t-1}^g - \varphi_t^g \right) \right)$$

其中，b^g 为外生的地方政府支出习惯的持续性，φ_t^g 为地方政府支出偏好冲击，$\log(\varphi_t^g) = \rho^g \log(\varphi_{t-1}^g) + \varepsilon_t^g$。

地方政府的预算约束为：

$$G_t^g + r_{t-1}^z B_{t-1}^z = \chi Q_t^b S_t^b + T_t^g$$

得到一阶条件：

$$\frac{1}{G_t^g - b^g G_{t-1}^g - \varphi_t^g} - \beta b^g E_t \frac{1}{G_{t+1}^g - b^g G_t^g - \varphi_{t+1}^g} = \lambda_t \tag{6-31}$$

（9）中央银行。

中央银行遵循泰勒规则调节名义利率，

$$r_t^n = (1 - \rho^r)(r^n + \kappa^\pi(\pi_t - \bar{\pi}) + \kappa^y(\log Y_t - \log Y_{t-1})) + \rho^r r_{t-1}^n + \xi_t^r$$

$$(6-32)$$

（10）市场均衡。

在劳动力市场中，家庭提供的劳动即为劳动供给，各个中间品厂商所需的劳动之和为劳动的总需求，则劳动力市场的均衡条件为：

$$N_t = \int_0^1 N_t(l) \, dl \qquad (6-33)$$

在资本市场中，资本品厂商持有资本即为资本总供给，各个中间品厂商所需的资本之和即为资本的总需求，则资本市场的均衡条件为：

$$K_t = \int_0^1 K_t(j) \, dj \qquad (6-34)$$

在中间品市场中，第 j 个中间产品的供给与需求分别为中间品生产商 j 的供给与最终品厂商的对中间产品 j 的需求，则市场的均衡条件为：

$$A_t(K_{t-1}(j))^\alpha N_t(j)^{1-\alpha} = \left(\frac{P_t(j)}{P_t}\right)^{-\varepsilon_p} Y_t \qquad (6-35)$$

加总中间产品市场，可得到最终产品市场的均衡条件：

$$A_t K_{t-1}^\alpha N_t^{t-\alpha} = Y_t \int_0^1 \left(\frac{P_t(j)}{P_t}\right)^{-\varepsilon_p} dj \qquad (6-36)$$

经济的总资源约束为：

$$Y_t = C_t + I_t + G_t \qquad (6-37)$$

2. 模型参数设定及数值模拟

（1）模型参数的设定。模型参数校准采用季度数据。根据不同的利率，家庭效用函数的主观贴现因子在国内大多数文献中在 0.980 ~ 0.999 之间取值（王君斌和王文甫，2004；王立勇等，2012；康立和龚六堂，2014），本书参考康立和龚六堂（2014）将参数 β 校准为 0.99；依据王君斌（2011）的研究，将家庭的外生消费习惯参数 b 校准为 0.583；异质性劳动替代弹性 ε_w 校准为；借鉴王云清（2013）的研究将劳动供给弹性倒数 η 校准为 2；参考马文涛和魏福成（2011），假定工资每四个季度调整一次，故将工资粘性系数 φ_w 取值为 0.75；借鉴张佐敏（2014）投资调整成本参数 ς 取值为 2.1；由模型设定部分假定生产函数为规模报酬不变的

$C-D$ 函数，生产要素的指数则表示分配中要素所占的份额，因我国资本占比比较大，基本设定范围为 0.4~0.6；对于资本的产出份额的估计国内文献大多为 0.5（张军，2002；黄赜琳，2005；王仕进和刘杰，2017），故本书将资本的产出份额 α 取值为 0.5；参考斯特贝尔（Strobel，2016）的研究将折旧率 δ 校准为 0.0204；参考张佐敏（2014）不同中间品之间的替代弹性 ε_p 校准为 10；根据陈昆亭和龚六堂（2004）的研究，假定价格每四个季度调整一次，价格粘性系数 ψ 取值为 0.75；政府消费习惯 b^g 取值为；根据张（Zhang，2009）的研究，将利率政策对通货膨胀的反馈系数 κ^π 校准为 1.5，将利率政策对产出反馈系数 κ^y 校准为 0.025，参考王君斌和王文甫（2010）的研究将平滑系数 ρ^r 校准为 0.92。其他参数的设定参考梁琪和郝毅（2019）的研究。

（2）数值模拟结果与分析。本节采用比较静态的思想，通过将政府债务置换比例 χ 分别设定为 0、0.3 和 0.6，模拟比较不同政府债务置换比例的情况下，面对货币政策紧缩冲击，通货膨胀和产出变量的脉冲响应函数，以此反映货币政策冲击对宏观变量产生作用的程度是否受到政府债务置换因素的影响。

比较图 6-12 中三种置换数量下（$\chi=0$、$\chi=0.3$ 和 $\chi=0.6$）的脉冲图可知，当基准利率上调引发货币政策紧缩冲击时，产出在短期内做出负向响应，随后开始出现回升，达到峰值后逐步回归到稳态水平。其主要的分析逻辑是：紧缩性的货币政策冲击引起的利率上升，短期内提高了企业扩大生产规模的机会成本，企业投资下降，对总产出造成负向影响。而伴随着产出的减少和物价水平的上升，在工资黏性的情况下企业实际生产成本下降，促使企业增加投资并由此带动产出逐渐回升，最终各变量均恢复到稳态水平。类似地，通货膨胀率也表现为现先下降后逐步上升至稳态。另外，随着存量债务置换的不断进行（$\chi=0$、0.3、0.6），一方面，地方政府债务的利息负担和还债压力下降，财政政策的空间和有效性得到提高；另一方面，从银行的角度，地方债务置换减缓了银行不良贷款的发生速度，盘活银行信贷存量，减少银行风险资产规模、提高资本充足率，有利于银行可贷资金的增加和信用扩张；在这两方面因素的影响下，债务置换比例越高，货币政策紧缩冲击引发产出及通货膨胀率的下降幅度越小。

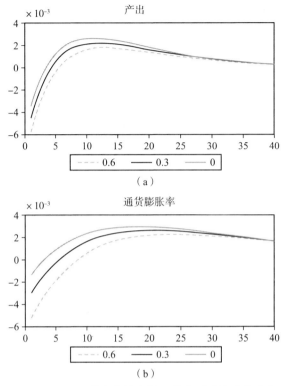

图 6 - 12　不同债务置换比例下的货币政策冲击响应

　　值得注意的是，尽管债务置换在短期内有利于发挥财政政策和货币政策对宏观经济的扩张效应，遏制经济下行风险，但从中长期看，随着财政支出效应的减弱、政府债务累积导致的风险溢价上升及对实体经济挤出效应的增强，债务置换对经济产生负面影响。地方政府要充分利用存量债务置换所带来的短期刺激效应，集中投资于能够显著促进经济增长的领域，在控制债务规模的前提下，提高政府支出效率，合理分配信贷资源，以提高经济新常态下政府债务融资的可持续性。

参 考 文 献

［1］卞志村．泰勒规则的实证问题及在中国的检验［J］．金融研究，2006（8）．

［2］卞志村．通货膨胀目标制：理论、实践及在中国的检验［J］．金融研究，2007（9）．

［3］曾耿明，牛霖琳．中国实际利率与通胀预期的期限结构——基于无套利宏观金融模型的研究［J］．金融研究，2013（1）．

［4］陈浪南，郑衡量．我国宏观经济变量影响国债利率期限结构的实证研究［J］．经济管理，2015（4）．

［5］陈小亮，马啸．"债务—通缩"风险与货币政策财政政策协调［J］．经济研究，2016（8）．

［6］储德银，刘宏志．财政政策与价格稳定——兼论 FTPL 理论在中国的实证检验［J］．财政研究，2013（4）．

［7］邓晓兰，黄玉，黄显．论国债政策与货币政策的协调配合［J］．当代经济科学，2010（3）．

［8］邓晓兰，李铮，黄显林．公共债务货币化对利率的影响研究：理论与美国经验［J］．经济问题探索，2014（11）．

［9］丁志国，徐德财，李雯宁．宏观经济因素影响利率期限结构的稳定性判别［J］．数量经济技术经济研究，2014（9）．

［10］伏润民，缪小林，高跃光．地方政府债务风险对金融系统的空间外溢效应［J］．财贸经济，2017，38（9）．

［11］耿迎涛，丁志国．基于仿射模型的中国国债市场利率期限结构动态检验［J］．数量经济研究，2015（3）．

［12］龚强，王俊，贾珅．财政分权视角下的地方政府债务研究：一个综述［J］．经济研究，2011，46（7）．

［13］巩方强.金融危机与政府债务管理改革的国际经验［J］.债券，2014（1）.

［14］郭玉清，何杨，李龙.救助预期、公共池激励与地方政府举债融资的大国治理［J］.经济研究，2016，51（3）.

［15］郭玉清.逾期债务、风险状况与中国财政安全——兼论中国财政风险预警与控制理论框架的构建［J］.经济研究，2011，46（8）.

［16］郭豫媚，戴赜，彭俞超.中国货币政策利率传导效率研究：2008～2017［J］.金融研究，2018，12.

［17］郭豫媚，周璇.央行沟通、适应性学习和货币政策有效性［J］.经济研究，2018（4）.

［18］韩国文，吴雍瑾，邓颖婷.我国国债供给与利率期限结构关系的实证检验［J］.财经纵横，2016（10）.

［19］贺京同，刘倩，贺坤.市场化程度、供给侧管理与货币政策效果［J］.南开学报：哲学社会科学版，2016（2）.

［20］黄国桥，徐永胜.地方政府性债务风险的传导机制与生成机理分析［J］.财政研究，2011（9）.

［21］黄佳琳，秦凤鸣.中国货币政策效果的区域非对称研究［J］.金融研究，2017（12）.

［22］金成晓，李雨真.中国货币政策与利率期限结构——基于利率—信贷渠道的宏观—金融模型分析［J］.数量经济研究，2015（9）.

［23］金春雨，张龙，贾鹏飞.货币政策规则、政策空间与政策效果［J］.经济研究，2018（7）.

［24］金中夏，洪浩.开放经济条件下均衡利率形成机制——基于DSGE模型对中国利率变动规律的解释［J］.金融研究，2013（7）.

［25］李春琦.中国货币政策有效性分析［M］.上海：上海财经大学出版社，2003.

［26］李琼，王志伟.泰勒规则与中国宏观经济波动——1994～2006的实证检验［J］.经济科学，2009（2）.

［27］梁琪，郝毅.地方政府债务置换与宏观经济风险缓释研究［J］.经济研究，2019（4）.

［28］刘金全，张小宇．时变参数"泰勒规则"在我国货币政策操作中的实证研究［J］．管理世界，2012（7）．

［29］刘澜飚，马珊珊，郭步超．政府债务拐点、经济增长与系统性风险——资本成本视角的门限分析［J］．经济学动态，2018（5）．

［30］罗荣华，刘劲劲．地方政府的隐性担保真的有效吗？——基于城投债发行定价的检验［J］．金融研究，2016（4）．

［31］马文涛，马草原．政府担保的介入、稳增长的约束与地方政府债务的膨胀陷阱［J］．经济研究，2018，53（5）．

［32］马勇，陈雨露．经济开放度与货币政策有效性：微观基础与实证分析［J］．经济研究，2014（3）．

［33］毛锐，刘楠楠，刘蓉．地方政府债务扩张与系统性金融风险的触发机制［J］．中国工业经济，2018（4）．

［34］缪小林，伏润民．地方政府债务风险的内涵与生成：一个文献综述及权责时空分离下的思考［J］．经济学家，2013（8）．

［35］牛霖琳，洪智武，陈国进．地方政府债务隐忧及其风险传导——基于国债收益率与城投债利差的分析［J］．经济研究，2016，51（11）．

［36］潘敏，夏庆，张华华．货币政策周期与国债利率期限结构［J］．财贸研究，2012（1）．

［37］尚玉皇，郑挺国，夏凯．宏观因子与利率期限结构：基于混频Nelson-Siegel模型［J］．金融研究，2015（6）．

［38］沈根祥，陈映洲．双斜率因子动态Nelson-Siegel利率期限结构模型及其应用［J］．中国管理科学，2015（10）．

［39］沈根祥，闫海峰．利率期限结构的宏观金融模型［J］．经济学动态，2011（2）．

［40］孙皓，石柱鲜．中国的货币政策与利率期限结构：基于宏观金融模型的研究途径［J］．经济科学，2011（1）．

［41］孙皓，俞来雷．财政政策与利率期限结构：一个经验研究［J］．南方金融，2012（3）．

［42］孙力军，盛文军，段军山．中国股价与物价的关系研究——基于FTPL的理论视角和结构突变的实证检验［J］．金融研究，2016（2）．

[43] 孙丽. 通货膨胀目标制实践经验的国际考察 [J]. 当代财经, 2007 (10).

[44] 唐仲. 地方债置换的货币效应研究 [D]. 中国财政科学研究院硕士论文, 2017.

[45] 王博森, 吕元稹, 叶永新. 政府隐性担保风险定价: 基于我国债券交易市场的探讨 [J]. 经济研究, 2016, 51 (10).

[46] 王国松. 对股市波动作出反应的泰勒规则在中国适用性研究 [J]. 商业经济与管理, 2014 (2).

[47] 王建国. 泰勒规则与我国货币政策反应函数的实证研究 [J]. 数量经济技术经济研究, 2006 (1).

[48] 王经绫, 周小付. 论债务政策的政策定位——兼谈财政政策和货币政策的协调 [J]. 中南财经政法大学学报, 2014 (2).

[49] 王君斌. 通货膨胀惯性、产出波动与货币政策冲击: 基于刚性价格模型的通货膨胀和产出的动态分析 [J]. 世界经济, 2010 (3).

[50] 王仕进, 刘杰. 政府债务、期限溢价与货币政策选择 [J]. 财经研究, 2017 (11).

[51] 王雪标, 龚莎. 我国利率期限结构与宏观因子的关联——基于无套利 DRA 模型的实证分析 [J]. 数量经济研究, 2013 (9).

[52] 王永钦, 陈映辉, 杜巨澜. 软预算约束与中国地方政府债务违约风险: 来自金融市场的证据 [J]. 经济研究, 2016, 51 (11).

[53] 王蕴波, 景宏军. 地方债管理模式与构建地方政府资产负债管理能力的探析 [J]. 经济与管理研究, 2012 (6).

[54] 吴吉林, 金一清, 张二华. 潜在变量、宏观变量与动态利率期限结构——基于 DRA 模型的实证分析 [J]. 经济评论, 2010 (1).

[55] 吴盼文. 我国政府性债务扩张对金融稳定的影响——基于隐性债务视角 [J]. 金融研究, 2013 (12).

[56] 武彦民, 竹志奇. 地方政府债务置换的宏观效应分析 [J]. 财贸经济, 2017 (3).

[57] 肖奎喜, 徐世长. 广义泰勒规则与中央银行货币政策反应函数估计 [J]. 数量经济技术经济研究, 2011 (5).

［58］谢平，罗雄．泰勒规则及其在中国货币政策中的检验［J］．经济研究，2002（3）．

［59］徐忠．新时代背景下中国金融体系与国家治理体系现代化［J］．经济研究，2018（7）．

［60］闫红蕾，张自力．利率期限结构预测、国债定价及国债组合管理［J］．统计研究，2018，35（3）．

［61］杨婉茜，成力为．利率期限结构与宏观经济的区制依赖关联机制——基于宏观－金融 MSV－DRA 模型建模及实证［J］．系统工程，2018，36（1）．

［62］袁靖，薛伟．中国利率期限结构与货币政策联合建模的实证研究［J］．统计研究，2012（2）．

［63］张翔，何平，马菁蕴．人民币汇率弹性和我国货币政策效果［J］．金融研究，2014（8）．

［64］张晓斌．地方政府债券置换对银行信贷及货币供给的影响［J］．财经理论与实践，2016（11）．

［65］张旭，刘晓星，李绍芳．渐进式利率市场化对我国货币政策传导的影响——基于利率期限结构的非线性分析［J］．世界经济文汇，2016（4）．

［66］张雪莹．国债供求因素对利率期限结构的影响——基于中国数据的研究［J］．财经论丛，2014（2）．

［67］张屹山，张代强．前瞻性货币政策反应函数在我国货币政策中的检验［J］．经济研究，2007（3）．

［68］赵新泉，陈旭．政府债务影响经济增长的非线性效应研究［J］．国际金融研究，2018（2）．

［69］郑挺国，王霞．泰勒规则的实时分析及其在我国货币政策中的适用性［J］．金融研究，2011（8）．

［70］朱军，李建强，张淑翠．财政整顿、"双支柱"政策与最优政策选择［J］．中国工业经济，2018（8）．

［71］朱莹，王健．市场约束能够降低地方债风险溢价吗？——来自城投债市场的证据［J］．金融研究，2018（6）．

［72］Hamilton J D，Jing Cynthia Wu. The effectiveness of alternative monetary policy tools in a zero lower bound environment [J]. Journal of Money Credit & Banking, 2012, 44 (S1): 3 – 46.

[73] Meaning J, Zhu F. The impact of Federal Reserve asset purchase programmes: another twist [J]. BIS Quarterly Review, 2012 (3): 23 – 30.

[74] Timothy C Irwin. Defining the government's debt and deficit [J]. Journal of Economic Surveys, 2015, 29 (4): 711 – 732.

[75] S Ali Abbas, Alex Pienkowski, Kenneth Rogoff. Sovereign debt: a guide for economists and practitioners [D]. London: Oxford University, 2019.

[76] Goodhart C. Monetary policy and public debt [J]. Financial Stability Review, 2012, 16.

[77] Anna Sokolova. Fiscal limits and monetary policy: default vs. inflation [J]. Economic Modeling, 2015, 28: 189 – 198.

[78] Andrew Hughes Hallett, John Lewis. Monetary policy and sovereign debt: Does the ECB takethe eurozone's fiscal risks into account? [J]. Empirica, 2015 (42): 499 – 520.

[79] Joanna Mackiewicz Lyziak. Are central banks in CEE countries concernedabout the burden of public debt? [J]. Comparative Economic Research, 2017, 20 (1).

[80] Franta M, Libich J, Stehlik P. Tracking monetary-fiscal interactions across time andspace [J]. International Journal of Central Banking, 2018, 14 (3): 167 – 227.

[81] Mitra S. Is the quantity of government debt a constraint for monetary policy? [J]. IMF Working Paper, 2007, 7 (62).

[82] Joselito R, Basilio. Cross-country comparison of taylor-type rules, their patterns and performances [C]. BSP International Research Conference Paper, 2012.

[83] Joselito R Basilio. Empirics of monetary policy rules: the taylor rule in different countries [D]. Chicago: The University of Illinois, 2013.

[84] Chang Yoosoon, Kwak Boreum. U. S. monetary-fiscal regime changes in the presence of endogenous feedback in policy rules [J]. IWH Discussion Pa-

pers, 2017.

［85］ Vayanos, Dimitri, Jean-Luc Vila. A preferred-habitat model of the term-structure of interest rates ［J］. SSRN Electronic Journal, 2009 (7547): 1 – 36.

［86］ Greenwood, Robin, Dimitri Vayanos. Bond supply and excess bond returns ［J］. Review of Financial Studies, 2014, 27 (3).

［87］ Vargas H, González A, Lozano I. Macroeconomic effects of structural fiscal policy changes in Colombia ［J］. BIS Papers, 2012 (67): 119 – 160.

［88］ Tanweer Akram, Huiqing Li. What keeps long-term U. S. interest rates so low? ［J］. Economic Modelling, 2017 (60): 380 – 390.

［89］ S Avouyi-Dovi, G Horny, P Sevestre. The stability of short-term interest rates pass-through in the euro area during the financial market and sovereign debt crises ［J］. Journal of Banking and Finance, 2017, 79: 74 – 94.

［90］ Nguyen, Thien Tung. Public debt and the slope of the term structure ［R］. Fisher College. 2018.

［91］ Checherita-Westphal C, Rother P. The impact of high government debt on economic growth and its channels: an empirical investigation for the euro area ［J］. European Economic Review, 2012, 56 (7): 1392 – 1405.

［92］ Faraglia E, Marcet A, Oikonomou R, et al. The impact of debt levels and debt maturity on inflation ［J］. The Economic Journal, 2013, 123 (566): F164 – F192.

［93］ Nastansky A, Mehnert A, Strohe H G. A vector error correction model for the relationship between public debt and inflation in Germany ［J］. University of Potsdam, Economic and Social Sciences, 2014, 51.

［94］ Nguyen Van Bon. The relationship between public debt and inflation in developing countries: empirical evidence based on difference panel GMM ［J］. Asian Journal of Empirical Research, 2015, 5 (9): 128 – 142.

［95］ Martin Kliem, Alexander Kriwoluzky, Samad Sarferaz. Monetary-fiscal policy interaction and fiscal inflation: A tale of three countries ［J］. European Economic Review, 2016, 02.

［96］ Gali J. The Effects of a Money-Financed Fiscal Stimulus ［R］. NBER Working Paper, No. 26249, 2019.

［97］ Marco A F H, Cavalcanti L V, Rebeca de B Doctors, et al. The macroeconomic effects of monetary policy shocks under fiscal rules constrained by public debt sustainability ［J］. Economic Modelling, 2018 (71): 184 – 201.

［98］ C G F van der Kwaak S. J. G. van Wijnbergen. Financial fragility, sovereign defaultrisk and the limits to commercial bank bail-outs ［J］. Journal of Economic Dynamics & Control, 2014, 43.

［99］ Aeimit Lakdawala, Raoul Minetti, María Pía Olivero. Interbank markets and bank bailout policies amid a sovereign debt crisis ［J］. Journal of Economic Dynamics & Control, 2018, 93: 131 – 153.

［100］ Eric Leeper, Campbell Leith. Understanding inflation as a joint monetary-fiscal phenomenon ［J］. Handbook of Macroeconomics, 2016, 2.

［101］ Clara De Luigi, Florian Huber. Debt regimes and the effectiveness of monetary policy ［J］. Journal of Economic Dynamics & Control, 2018 (8): 218 – 238.

［102］ Huixin Bi, Eric M Leeper, Campbell Leith. Sovereign default and monetary policy tradeoffs ［J］. International Journal of Central Banking, 2018 (6): 289 – 324.

［103］ Kulish M. Should monetary policy use long-term rates? ［J］. Journal of Macroeconomics, 2007, 7 (1).

［104］ Vasco Cúrdia, Andrea Ferrero. The macroeconomic effects of large-scale asset purchase programs ［J］. Federal Reserve Bank of New York Staff Reports, 2011, 527.

［105］ Mark Gertler, Peter Karadi. QE 1 vs. 2 vs. 3... A framework for analyzing large scale asset purchases as a monetary policy tool ［J］. International Journal of Central Banking, 2013 (1): 5 – 53.

［106］ Jagjit S Chadha, Philip Turner, Fabrizio Zampolli. The interest rate effects of government debt maturity ［J］. BIS Working Paper, 2013, 415.

［107］ Woodford M. Fiscal requirement for price stability ［J］. Journal of

Money, Credit, and Banking, 2001 (33): 669 – 728.

［108］Eusepi S, Preston B. Fiscal foundations of inflation: imperfect knowledge ［R］. CAMA Working Paper No. 34, 2017.

［109］Campbell J Y. A defense of traditional hypotheses about the term structure of interest rates ［J］. The Journal of Finance, 1986, 41: 617 – 630.

［110］Cuthbertson K. Quantitative financial economics: stocks, bonds and foreign exchanges ［M］. 2nd Edition. New York: John Wiley Press, 2005.

［111］Samuel G Hanson, David O Lucca, Jonathan H Wright. The excess sensitivity of long-term rates: a tale of two frequencies ［J］. Federal Reserve Bank of New York Staff Reports, 2018.

［112］Chadha J S, Waters A. Applying a macro-finance yield curve to UK quantitative Easing ［J］. Journal of Banking & Finance, 2014, 39 (1): 68 – 86.

［113］Kaminska, Zinna. Official demand for U. S. debt: implications for U. S. real interest rates ［R］. IMF Working Paper, 2014, WP14/16.

［114］Eser F, Schwaab B. Evaluating the impact of unconventional monetary policy measures: Empirical evidence from the ECB's Securities Markets Programme ［J］. Journal of Financial Economics, 2016, 119 (1): 147 – 167.

［115］Alfonso Palacio Vera. "Debt monetization, inflation, and the 'neutral' interest rate" ［J］. International Review of Applied Economics, 2012, 26 (2): 267 – 285.

［116］Barbara Annicchiarico. Government deficits, wealth effects and the price level in an optimizing euro-model ［J］. Journal of Policy modeling, 2007.

［117］Campbell Leith, Leopold von Thadden. Monetary and fiscal policy interactions in a New Keynesian model with capital accumulation and non-Ricardian consumers ［J］. Journal of Economic Theory, 2008, 140 (1): 279 – 313.

［118］Joaquim Pinto de Andrade, Manoel Carlos de Castro Pires. Implications of public debt indexation for monetary policy transmission ［J］. Journal of Applied Economics, 2011, 14: 2, 257 – 268.

［119］Jácome Li, Matamoros-Indorf M, Sharma M, et al. Central bank credit to the government: what can we learn from international practices? ［R］.

IMF Working Papers, 2012, 12 (16).

［120］ Menuet, Minea, Patrick Villieu. Deficit rules and monetization in a growth model with multiplicity and indeterminacy ［R］. LEO Working Papers, 2015.

［121］ Buiter, Willem H. The simple analytics of helicopter money: why it works-always ［R］. CEPR Discussion Papers 9998, C. E. P. R. Discussion Papers, 2014.

［122］ Josh Ryan Collins. Is monetary financing inflationary? a case study of the canadian economy, 1935 – 75 ［J］. The Levy Economics Institute Working Paper, 2015, 848.

［123］ Krishnamurthy A, Vissing-Jorgensen A. The aggregate demand for treasury debt ［J］. Journal of Political Economy, 2012, 120 (2): 233 – 267.

［124］ Krishnamurthy A, Vissing-Jorgensen A. The impact of Treasury supply on financial sector lending and stability ［J］. Journal of Financial Economics, 2015, 118 (3): 571 – 600.

［125］ Greenwood R, Hanson S G, Stein J C. A comparative-advantage approach to government debt maturity ［J］. The Journal of Finance, 2015, 70 (4): 1683 – 1772.

［126］ Aleksander Berentsen, Christopher Waller. Liquidity premiums on government debt and the fiscal theory of the price level ［J］. Journal of Economic Dynamics & Control, 2018, 89 (C): 173 – 182.

［127］ David A, Fernando M. Monetary policy and liquid government debt ［J］. Federal Reserve Bank of St. Louis, Working Papers, 2018 (2): 1 – 37.

［128］ Niall Ferguson. The Cash Nexus: Money and Power in the Modern World, 1700 – 2000 ［M］. New York: Basic Books, 2001.

［129］ Keynes J M. The General Theory of Employment Interest and Money ［M］. London: Macmillan, 1963.

［130］ Keynes J M. A Treatise on Money ［M］. London: Macmillan, 1930: 331 – 332.

［131］ Keynes J M. Activities 1940 – 1946: Shaping the Post-War world-

employment and commodities［M］. London：Macmillan，1980：392.

［132］ Tobin James. Fiscal and debt management policies ［M］. Chicago：Markham Publishing Company，1971（1）.

［133］ Friedman M. Debt management and banking reform ［M］. New York：Fordham University，1960.

［134］ Her Majesty's Treasury and Bank of England. Report of the debt management review ［EB/OL］. www. dmo. gov. uk/documentview. aspx？ docname = remit/report95. pdf&page = Remit/full_details，1995.

［135］ Her Majesty's Treasury. Debt and reserves management report ［EB/OL］. http：//www. dmo. gov. uk/documentview. aspx？ docname = remit/drmr1112. pdf&page = Remit/full_details. ，2011.

［136］ Bernanke B. Monetary policy since the onset of the crisis ［J］. Financial Market Research，2013.

［137］ Greenwood R，Hanson S G，Rudolph J S. Debt management conflicts between the U. S treasury and the federal reserve ［M］. Washington：Brookings Institution Press，2015：43 – 75.

［138］ Blommestein H J，Turner P. Interactions between soverign debt management and monetary policy under fiscal dominance and financial instability ［J］. OECD Working Papers on Sovereign Borrowing & Public Debt Management，2012，65.

［139］ Mike Williams. government debt management：new trends and challenges ［M］. 北京：中国金融出版社，2010.

［140］ Sundararajan，V P Dattels，H J Blommestein. Co-ordination of monetary and public debt management：design and management of institutional and operating arrangement ［J］. IMF Working Papers，1997.

［141］ Cassard，Folkerts-Landau. Risk management of sovereign assets and liabilities ［J］. IMF Working Paper，1997，66.

［142］ Goodhart C. A. E. The changing role of central banks ［J］. Financial History Review，2011，18（2）：135 – 154.

［143］ Grzegorz Golebiowski，Kamilla Marchewka-Bartkowia. Governance of the public debt management agency in selected OECD countries ［J］. Holistica, 2010, 2.

［144］ Charan Singh. Separation of Debt and Monetary Management in India ［J］. IIMB Management Review, 2015, 27 （1）: 56 –71.

［145］ W Raphael Lam, Jingsen Wang. China's local government bond market ［J］. IMF Working Paper, 2018, WP/18/219.

［146］ Ang A, M Piazzesi. A no-arbitrage vector autoregression of term structure dynamics with macroeconomic and latent variables ［J］. Journal of Monetary Economics, 2003, （50）: 745 –787.

［147］ Canlin Li, Min Wei. Term structure modeling with supply factors and the Federal Reserve's large-scale asset purchase programs ［J］. Finance & Economics Discussion, 2013, 9 （1）: 59 –72.

［148］ Favero C, Niu L, Sala L. Term structure forecasting: no-arbitrage restrictions versus large information set ［J］. Journal of Forecasting, 2012, 31 （2）: 124 –156.

［149］ Chen R R, Scott L. Maximum likelihood estimation for a multi-factor equili rium model of the term structure of interest rates ［J］. Journal of Fixed Income, 1993, 3 （3）: 14 –31.

［150］ Dai Q, Philippon T. Fiscal policy and the term structure of interest rates ［J］. NBER Working Paper, No. 11574, 2005.

［151］ D'Amico S, King T B. Flow and stock effects of large-scale treasury purchases: Evidence on the importance of local supply ［J］. Journal of Financial Economics, 2013, 108 （2）: 425 –448.

［152］ Diebold F X, C Li. Forecasting the term structure of government bond yields ［J］. Journal of Econometrics, 2006, 130 （2）: 337 –364.

［153］ Diebold F X, G D Rudebusch, S B Aruoba. The macroeconomy and the yield curve: a dynamic latent factor approach ［J］. Journal of Econometrics, 2006b, 131 （s1 –2）: 309 –338.

［154］ Fan L, Canlin Li, Zhou G. The Supply and Demand Factor in the Bond Market: Implications for Bond Risk and Return ［J］. Journal of Fixed Income, 2013, 23 (2): 62 – 81.

[155] Gagnon J, Raskin M, Remache J, The Financial Market Effects of the Federal Reserve's Large-Scale Asset Purchases [J]. International Journal of Central Banking, 2011, 7 (1): 45 – 51.

[156] Greenwood R, D Vayanos. Bond supply and excess bond returns [J]. Review of Financial Studies, 2013, 27 (3): 663 – 713.

[157] Jagjit S Chadha, Alex Waters. Applying a macro-finance yield curve to UK quantitative Easing [J]. Journal of Banking & Finance, 2014, (39): 68 – 86.

[158] Krishnamurthy A, Annette Vissing-Jorgensen. The effects of quantitative easing on long-term interest rates [C]. Meeting Papars. Society for Economic Dynamics. 2011: 1 – 55.

[159] Ronald H Lange. The Canadian macroeconomy and the yield curve: A dynamic latent factor approach [J]. International Review of Economics and Finance, 2013 (27): 261 – 274.

[160] Clarida R, J Gali, M Gertler. The science of monetary policy: a new keynesian perspective [J]. Journal of Economic Literature, 1999, 37 (2): 1661 – 1707.

[161] Fouejieu A, Roger S. Inflation targeting and country risk: an empirical investigation [R]. IMF Working Paper, 2013.

[162] López-Villavicencio A. Interest rates, government purchases and the Taylor rule in recessions and expansions [J]. Journal of Macroeconomics, 2013 (38): 382 – 392.

[163] Newey W K, K D West. A simple, positive semi-definite, heteroskedasticity and autocorrelation consistent covariance matrix [J]. Econometrica, 1987, 55 (3): 703 – 708.

[164] Roger M S. Inflation targeting at 20: achievements and challenges [M]. International Monetary Fund, 2009.

[165] Wilde W. The influence of Taylor rule deviations on the real exchange rate [J]. International Review of Economics & Finance, 2012 (24):

51 – 61.

[166] Talor J B. Discretion versus policy rules in practice [C]. Carnegie-Rochester Conference Series on Public Policy North-Holland, 1993 (39): 195 – 214.

[167] Andrew T Levin, Volker Wieland, John Williams. Robustness of simple monetary policy rules under model uncertainty [R]. NBER Working Papers, 1998, 6570: 263 – 318.

[168] Orphanides. Monetary policy rules based on real-time data [J]. American Economic Review, 2001, (4): 964 – 985.

[169] Brian Sack and Volker Wieland. Interest-rate smoothing and optimal monetary policy: a review of recent empirical evidence [J]. Journal of Economics and Business, 2000 (52): 205 – 228.

[170] William L Seyfried. Using a dynamic talor-type rule to examine the behavior of bond yields: some international evidence [J]. International Business & Economics Research Journal, 2009 (3): 25 – 32.

[171] Taylor J B. A historical analysis of monetary policy rules [R]. NBER working paper, 1998, No. 6768.

[172] Clarida, Gali, Gertler. Monetary policy rules and macroeconomic stability: evidence and some theory [J]. The Quarterly Journal of Economics, 2000 (2): 147 – 180.

[173] Mehra Y P. A forward-looking monetary policy reaction function [J]. Federal Reserve of Richmond Economic, 1999 (2): 33 – 54.

[174] Sauer, Stephan, Jan-Egbert Sturm. Using taylor rules to understand the ECB monetary policy [J]. German Economic Review, 2007 (3): 375 – 398.

[175] Ardagna S, F Caselli, T Lane. Fiscal discipline and the cost of public debt service: some estimates for OECD countries [J]. The B. E. Journal of Macroeconomics, 2007, 7 (1).

[176] Laubach T. New evidence on the interest rate effects of budget deficits and debt [J]. Journal of the European Economic Association, 2009, 7

（4）：858 – 885.

［177］ Mohanty M S, P Turner. Monetary policy in overindebted econo-mies ［R］. 2012, BIS Papers, No. 67.

［178］ Ellison M, Tischbirek A. Unconventional government debt purcha-ses as a supplement to conventional monetary policy ［J］. Journal of Economic Dynamics and Control, 2014 （43）: 199 – 217.

［179］ Christiano L J, Trabandt M, Walentin K. DSGE models for monetar-y policy analysis ［J］. Handbook of Monetary Economics, 2010, 3 （16074）: 285 – 367.

［180］ Johnson R. Fiscal reaction rules in numerical macro models ［J］. Research Working Paper RWP 01 – 01, Federal Reserve Bank of Kansas City, 2001.

［181］ Schmitt-Grohe S, Uribe M. Optimal simple and implementable mo-netary and fiscal rules ［J］. Journal of Monetary Economics, 2007, 54 （6）: 1702 – 1725.

［182］ Matteo Falagiarda. Evaluating quantitative easing: a DSGE ap-proach ［R］. Bologna. 2013.

［183］ Zagaglia Paolo. Forecasting with a DSGE model of the term structure of interest rates: the role of the feedback ［J］. Research Papers in Economics, 2009, 14, Stockholm University, Department of Economics.

［184］ Stefano Eusepiy, Bruce Prestonz. The maturity structure of debt, monetary policy and expectations stabilization ［J］. Working Papers, Federal Reserve Bank of New York, 2011.

［185］ McCallum Bennett T. Alternative monetary policy rules: a compari-son with historical settings for the United States, the United Kingdom, and Ja-pan ［J］. NBER Working Paper, 2000, 7725.

［186］ Judd John P, Glenn D Rudebusch. Taylor's rule and the Fed: 1970 – 1997 ［J］. Federal Reserve Bank of San Francisco Economic Review, 1998 （3）: 3 – 16.

[187] Nelson Edward. UK'monetary policy 1972 – 97: a guide using taylor rules [J]. Bank of England Working Paper, 2000, 120.

[188] Kobi Braude, Karnit Flug. The interaction between monetary and fiscal policy: insights from two business cycles in Israel [J]. BIS paper, 2012: 205 – 215.

[189] Carlos Montoro, Elod Takats, James Yetman. Is monetary policy constrained by fiscal policy [J]. BIS Paper, 2012 (67): 11 – 30.

[190] Manuel Gonzalez-Astudillo. Monetary-Fiscal Policy Interactions: Interdependent Policy Rule Coefficients [J]. FEDS Working Paper No. 58, 2013, 58.

[191] Thomas Laubach. New evidence on the interest rate effects of budget deficits and debt [J]. Journal of the European Economic Association, 2009, 7 (4): 858 – 885.

[192] Cristina D Checcherita-Westphal, Philipp Rother. The impact of high and growing government debt on economic growth: an empirical investigation for the euro area [J]. ECB Working Paper, 2010, 1237.

[193] IMF. The commodities roller coaster: a fiscal framework for uncertain times [J]. Fiscal Monitor, 2015.

[194] World Bank. Revised guidelines for public debt management [J]. 2014.

[195] Andrew Filardo, Madhusudan Mohanty, Ramon Moreno. Central bank and government debt management: issues for monetary policy [J]. BIS Papers, 2012, 67.

[196] Blommestei H J, A Hubig. A Critical analysis of the technical assumptions of the standard micro portfolio approach to sovereign debt management [J]. OECD Working Papers, 2012.

[197] World Bank. Debt Management Performance Assessment (DeMPA) Methodology [J]. 2015.

[198] Bernanke B, Gertler. Agency costs, net worth, and business fluctuations [J]. American Economic Review, 1989, 79 (1): 14 – 31.

[199] Jagjit S Chadha, Philip Turner, Fabrizi Zampolli. The ties that

bind: monetary policy and government debt management [J]. Oxford Review of Economic Policy, 2013, 29 (3): 548 –581.

[200] Davide Dottori, Michele Manna. Strategy and tactics in public debt management [J]. Journal of Policy Modeling, 2016, 38 (1): 1 –25.

[201] Udaibir S Das, Michael Papapioannou, Guilherme Pedras, et al. Managing public debt and its financial stability implications [J]. IMF Working Paper, 2010.

[202] Beck R, Ferrucci G, Hantzsche A, et al. Determinants of sub-treasury bond yield spreads-the role of fiscal fundamentals and federal bailout expectations [J]. Journal of International Money and Finance, 2017, 79 (12): 72 –98.

[203] Jenkner M E, Lu Z. Sub-national credit risk and treasury bailouts: who pays the premium? [J]. IMF Working Paper, 2014.

[204] Landon S, Smith C E. Government debt spillovers and creditworthiness in a federation [J]. Canadian Journal of Economics, 2000, 33 (3): 634 –661.

[205] Plekhanov A, Singh R. How should subnational government borrowing be regulated? some cross-country empirical evidence [J]. IMF Staff Papers, 2006, 53 (3): 426 –452.

[206] Sola S, Palomba G. Sub-nationals' risk premia in fiscal federations: fiscal performance and institutional design [J]. Journal of International Money and Finance, 2016, 63 (5): 165 –187.

[207] Tamon Takamura. A General Equilibrium Model with Banks and Default on Loans, Staff Working Paper, Bank of Canada, 2013 (3): 1 –43.

[208] Stéphane Auray & Aurélien Eyquem, 2019. "On the Role Of Debt Maturity In A Model With Sovereign Risk And Financial Frictions," Macroeconomic Dynamics, Cambridge University Press, 2019, 23 (5): 2114 –2131.

[209] Van Hecke A. Vertical debt spillovers in EMU countries [J]. Journal of International Money and Finance, 2013, 37 (10): 468 –492.